“十三五”江苏省高等学校重点教材

学习分析技术与方法

张 琪 编著

本书为“十三五”江苏省高等学校重点教材（编号：2017-2-090）
江苏师范大学教育技术学省品牌专业（PPZY2015C204）资助

科 学 出 版 社
北 京

内 容 简 介

“互联网＋”时代，技术支撑的教与学日益常态化，人类的认知规律、教学的交互规律及知识生产和进化规律正发生重要的变化。对过程性学习数据进行评价、发现学习者行为习惯的规律、预测学习者反应及提供及时反馈的学习分析日益受到重视。学习分析的“引人入胜”之处在于能够对教育行为进行更直接的干预。与此同时，学习分析又依赖对学习现象本身的深入理解，而不只强调分析手段在技术上的先进性和数据量的大小。学习分析的出现，为认识教育教学规律、探究个性化教学提供了全新的研究范式。全书共 5 章，前两章分别介绍学习分析的概念、本质、相关模型与最新进展；第 3 章讨论学习分析的关键技术与应用；第 4 章介绍学习者画像、个性化推荐系统与学习分析工具；第 5 章讨论学习分析工具的综合设计。

本书是“十三五”江苏省高等学校重点教材，是教育技术专业系列教材之一。本书既可作为高等院校教育技术专业课程的教材，又可供教育学科、心理学科、信息技术学科、计算机学科的研究人员、开发人员和学习者参考。

图书在版编目（CIP）数据

学习分析技术与方法 / 张琪编著. —北京：科学出版社，2018.12

“十三五”江苏省高等学校重点教材

ISBN 978-7-03-059977-3

Ⅰ. ①学… Ⅱ. ①张… Ⅲ. ①学习方法–研究–高等学校–教材 Ⅳ. ①G791

中国版本图书馆 CIP 数据核字（2018）第 282856 号

责任编辑：任俊红 赵微微 / 责任校对：贾娜娜

责任印制：赵 博 / 封面设计：华路天然工作室

科学出版社 出版

北京东黄城根北街 16 号

邮政编码：100717

http://www.sciencep.com

固安县铭成印刷有限公司印刷

科学出版社发行 各地新华书店经销

*

2018 年 12 月第 一 版 开本：787 × 1092 1/16

2024 年 6 月第五次印刷 印张：15

字数：356 000

定价：59.00 元

（如有印装质量问题，我社负责调换）

前　言

对教与学本质、教学绩效和相关影响因素的分析一直是全球教育研究者面临的挑战。"互联网＋"时代，技术支撑的教与学日益常态化，人类的认知规律、教学的交互规律及知识生产和进化规律正发生重要的变化，认清这些变化的规律，将从根本上解决新时代背景下"教什么"及"如何教"的问题。学习分析在测量、收集学习者及学习环境数据的基础上，利用相关技术，构建有效模型，深入刻画学习者及其学习过程，将学习者内部学习机制可视化呈现，以此评价学习者的真实表现，发现存在的问题，从而预测学习成就并及时进行干预，最终实现改善学习的目的。学习分析助力教育研究从宏观群体走向"每一个体的真实"，被称为教育技术发展的"第三次浪潮"。推动学习分析的研究，对新时期教育质量的提升、教育个性化的实现具有重要的意义。

当前，自然科学和人文社会科学正深度交融。从跨学科层面统筹教育研究规划，展开多学科协同攻关，对推动教育发展具有极其重要的作用。教育规律是教育研究问题域框架的根本，是教育研究问题落地与实践的基础。学习分析的深度应用将进一步促使数据驱动范式探究学习本质与规律的研究，即有别于传统的基于学习科学、神经科学以脑和神经科学为着眼点，探究人类学习与认知规律的一般方法。这正是教育信息化的理想愿景。

学习分析自提出以来，受到了中国研究者的广泛关注，迅速成为教育领域的研究热点。在国内，类似的教材还比较稀少。本书凝聚作者多年来在学习分析领域的研究，力求整合国际的研究成果与成熟实践，形成一整套知识理论体系。通过聚焦个体的真实表现、以及客观数据获取、采集与分析呈现，学习者可以全面、系统地掌握学习分析的相关技术与方法。

本书作为"十三五"江苏省高等学校重点教材，作者力图使本书内容既能生动地描绘本领域的最新发展，又具有严谨、完整的理论体系。一方面期待本书的出版能够促进领域内的共识、共享与共建，为推进学习分析学的建立做出贡献；另一方面期待能把较为系统的研究成果进行推广。

本书由江苏师范大学张琪博士主编，编写团队为此书付出了许多努力：

第 3 章，赖松（博士，北京师范大学，执笔）；

第 5 章，黄志南（研究员，中央电化教育馆，执笔）；

第 2 章，张艳（博士，美国亚利桑那州立大学，参与）；

第 1、2、3、4 章，王红梅、庄鲁（硕士，江苏师范大学，参与）；

第 1、2、4、5 章，周晨韵（本科生，江苏师范大学敬文书院，文案与校对）；

第 3、4 章，张国玺、马亦良（本科生，江苏师范大学敬文书院，参与）。

此外，江苏师范大学现代教育技术教研室荏良生、李静两位老师参与了全书的教学设计与案例整理。

本书在编写过程中，得到了陈琳教授的大力指导与关心，武法提教授、束克定教授、胡咏梅教授、孙波教授、杨成教授、王佑美教授百忙之中审阅了本书。江苏师范大学教务处领导对本书的出版给予了大力支持。江苏师范大学的本科生和研究生在作者授课时提出了诸多建议，他们的勤奋、真诚与鼓励是作者最大的精神慰藉；科学出版社为本书的出版做了持续的推动。凡此种种，使得本书得以高效率完成。此外，本书参考与引用了国内外有关文献资料，在此一并深致谢意。

AECT05 定义将创新作为教育技术的重要实践范畴，这种创新包括创新精神和创新能力的形成。中国学习分析的发展应在扎实的基础上碎步前行，结合国内的教学情境推陈出新，发出我们的声音。今天，惟创新者进。

张　琪

2018 年 7 月于翠湖

目　　录

第1章　学习分析概述

学习目标

（1）阐释学习过程数据化的作用。
（2）了解量化学习的概念。
（3）辨析教育数据挖掘与学习分析的区别。
（4）识记学习分析的概念与内涵。
（5）列举学习分析产生的时代背景。
（6）描述学习分析支撑教育变革的相关要素与重要意义。
（7）说出学习分析的研究现状与发展趋势。

核心概念与内容结构

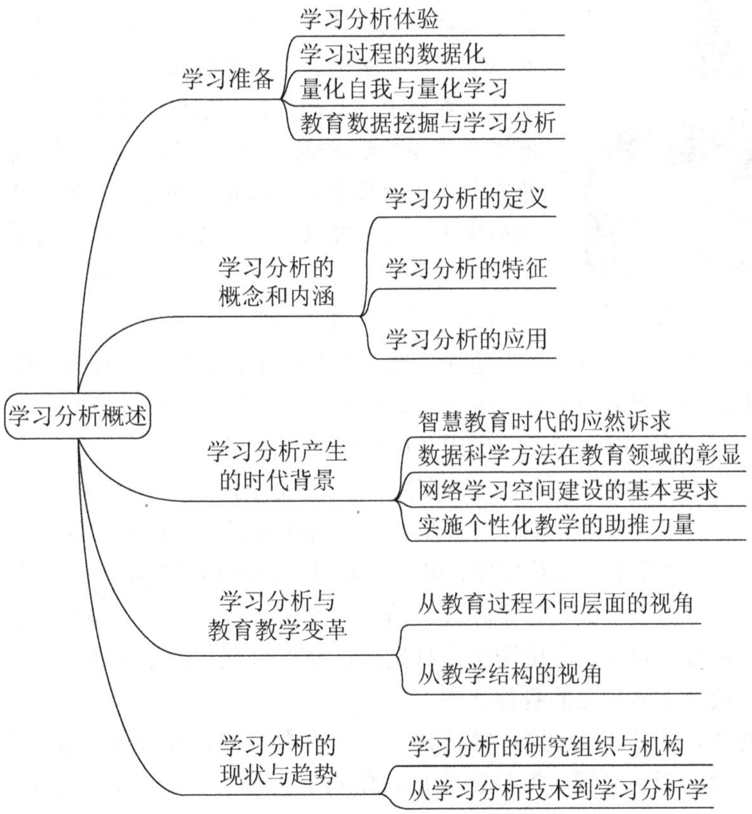

1.1 学 习 准 备

1.1.1 学习分析体验

关于学习本质、影响关系和背景因素的分析一直是教育研究者面临的全球性挑战。“互联网＋”时代，技术支撑的教与学日益常态化，对原始学习数据进行评价、发现学习者行为与习惯的规律、预测学习者反应及提供及时反馈的学习分析（learning analytics）日益受到重视，这种现象称为教育技术发展的“第三次浪潮”。学习分析致力于“测量、收集、分析、报告学习者及其学习环境数据”，助力教育研究从宏观群体走向“每一个体的真实”，使得规模化教学过程中提升学习者的学习绩效及个人成就得以实现，已成为极具热点与潜力的研究领域。学习分析，顾名思义，是对过程性学习数据的深入洞察与剖析。不妨通过如下相关例子说明数据分析的重要性。

图 1-1 大庆油田王进喜照片

图 1-1 中，中国大庆油田的“铁人”王进喜头戴大狗皮帽，身穿厚棉袄，冒着严寒，握着钻机手柄眺望远方，在他身后散布着星星点点的高大井架。普通人看来，这张照片除了体现出石油工人的豪迈之气，并未体现什么特别之处，但是在分析人员看来却透漏出许多关键信息。首先，它间接给出了大庆油田的位置。根据王进喜穿的厚棉袄和戴的大狗皮帽，可以断定油田定是在中国极北的地区。根据照片上王进喜的衣着判断，只有在北纬 46°至 48°的区域内，冬季才有可能穿这样的衣服，可推断大庆油田位于齐齐哈尔与哈尔滨之间。此外，从背景中井架的密度，大致可以估算出油田的产量。从王进喜握手柄的方式，则能推算出油井的直径。凭一张照片就能窥探出足够的技术细节，足见深度挖掘信息的重要性。

生活中的“学习分析”亦是随处可见。以“王者荣耀”手游为例，在每局游戏最后都会呈现一个游戏结果分析界面。游戏采集玩家本局的等级、攻击与死亡次数，以及获得的经验值等数据，以可视化图表的形式对玩家的技术表现、操作水平、游戏过程进行综合评分。智能手环、生物腕表、Google 眼镜、智能脂肪测量仪、血压和心率设备等一系列可穿戴设备，提供了如运动计步、睡眠监测、脑电测量、动态血压、心率监测等信息追踪的方式。依托可穿戴设备中的传感器，可以实现对生物数据的收集。内嵌的智能算法与云数据库结合，可以提供步数、行走距离、消耗卡路里、专注程度、睡眠质量、脂肪百分比、体质指数、基础代谢量、心电图等多种指标，并以可视化数字或图表的方式反馈给用户，使用户可以随时了解自己的身体状态。

智能时代，人类社会逐渐“数据化”。教育数据多以超文本、富媒体、弱耦合、高速度、大容量的形式呈现。数据密集型科学将成为继实证研究、理论推演、计算机仿真之后的第四种科学研究范式。利用学习分析技术可以帮助教师有效地改进教学方式。例如，教师可以查看学生在线提问的次数、参与讨论的多少、修改答题的方式、做题的顺序、停留的时间、观看视频的快进与暂停情况等。通过海量教与学的数据，将有可能挖掘分析出学习者最为本质的认知规律与学习规律，找到最合适的教学方法和教学策略，有助于更深入理解与优化教学。

1.1.2 学习过程的数据化

1. 教育大数据

伴随着物联网、云计算、传感器技术、移动通信等现代信息技术的快速发展，人类社会进入数据体量爆炸、数据传输便捷、数据种类多样、数据价值巨大的大数据时代。据国际数据公司（International Data Corporation，IDC）和易安信（EMC）公司发布的报告中估计，2013 年全球共产生了 4.4ZB 有用数据（1ZB 等于 1 万亿 GB），到 2020 年预计将达到 44ZB。大数据通常指一般软件工具难以捕捉、管理并分析的海量数据。与传统数据相比，它具有数据量巨大、非结构化、分布式而且大量采用可视化展现等特点。研究者普遍认为，“大数据”可以变革人类的教育方式与学习方式。

大数据方法起源于 20 世纪宇宙学与基因科学的发展需要，是为了应对传统数据方法无法处理累积的大量观测数据时产生的新方法。维基百科中“大数据”的定义是：大数据由巨型数据集组成，这些数据集大小常超出人类在可接受时间下的收集、使用、管理和处理能力。继演绎法和归纳法之后，大数据方法以其独特的方法论价值逐渐发展成人类认识客观世界规律性的具有划时代意义的方法，并已成为人类认识和改造世界的新工具。

教育大数据，顾名思义，特指教育领域的大数据，是在整个教育活动中产生并根据教育需要采集到的、一切用于教育发展并可创造巨大潜在价值的数据集合。教育大数据产生于各种教育实践活动，主要有四大来源。

（1）在教学活动过程中直接产生的数据，如课堂教学、考试测评、网络平台的记录与交互数据等。

（2）在教育信息管理活动中采集到的数据，如学习者的家庭信息、学习者的健康体检信息、教职工基础信息、学校基本信息、财务信息、设备资产信息等。

（3）在科学研究活动中采集到的数据，如论文发表、科研设备运行、科研材料采购与消耗等记录信息。

（4）在校园生活中产生的数据，如餐饮消费、移动学习、场馆学习、健身洗浴等记录信息。

教育大数据是学习分析的基础。大数据凭借完整的信息采集，运用严密的逻辑推理，可以客观全面地对学习者进行刻画，从而使教师能对每个学生置于真实的场景中进行审视与评估，在此基础上可给予学生客观全面的评价，进而对其学习过程进行有效干预。

2. 未来学习空间

学习环境的构建是信息技术革新教学的关键所在。如图 1-2 所示，未来学习空间具有四大特征。

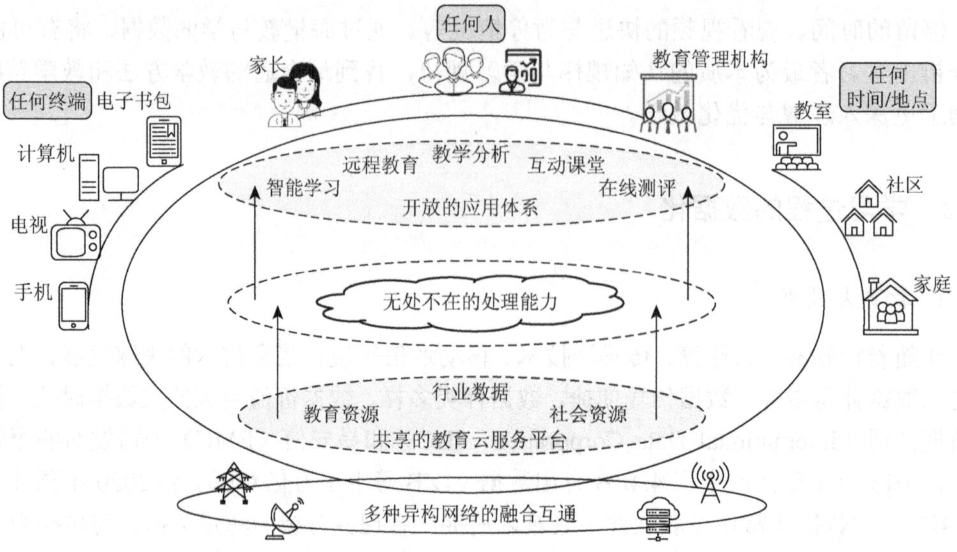

图 1-2　未来学习空间

（1）开放的应用体系。教育云平台无缝连接智能学习系统、远程教育系统、教学分析系统、互动课堂系统与在线测评系统。通过模块化服务全面覆盖教学、教务、教育管理等方面的需求，学习者联通网络后通过单一账号便可获取订制的集学习、互动、测评于一体的自适应教育信息化服务。

（2）无处不在的处理能力。基于大数据的计算环境可以快速、自动地进行扩展以支持海量数据的处理。通过大规模并行处理数据库、数据挖掘、分布式文件系统、分布式数据库与可扩展的存储系统，未来学习空间可以有效地处理大量在一定时间间隔内的数据，根据数据实际分布情况分析出现某类情况的可能性。

（3）共享的教育云服务平台。教育云服务平台在基础设施与基础接口的基础上，以个人终端应用为核心，提供“云 + 端”模式的教学支持服务，满足不同层次与不同教学模式适应性教学的需要。

（4）多种异构网络的融合互通。采用通用的、开放的技术以实现不同网络或网元的互联、互通和集成。

1.1.3　量化自我与量化学习

1. 量化自我

量化自我（quantified self）最早于 2007 年提出，指那些不断探索自我身体，以求生活能更健康的群体。随着可穿戴式设备的普及、各类运动健身类 App 的出现，以及数据处理技术的进步和人们数据意识的觉醒，人们可以更方便地管理自己的开销、睡眠、工作周期和饮食习惯等。依赖各种类型的传感器技术的发展，如蓝牙和无线网络传输的普及、智能手机与其他移动终端的进步，以及 App 的硬件化，可实现采集的数据可视化、交叉引用分析及与其他数据的相关性探索。

“6:10,0:45,1,61,123/74,0……”这是 2010 年戛纳的 TED(technology,entertainment,design）会议上 Gary Wolf 在进行“量化自我”报告时屏幕上出现的一连串数字。伴随大屏幕数字的跳动，开场白是：“我今晨 6 点 10 分起床。在昨晚 0 点 45 分入睡以后，夜里我醒了 1 次，我的心率是每分钟 61 次，我的血压为 123/74 mmHg，昨天我锻炼了 0 分钟，所以我不能计算运动时每分钟的最大心率……”

随着实时数据与教育的不断融合,越来越多的过程性数据产生并用来描述和洞察学习者的学习状态。借助移动终端的各种移动应用程序，将更方便地为用户提供易于阅读的可视化数据表。因此，人们对更加精准地了解自己的学习过程和状态，从而实现学习的个性化与自我掌控，提高学习的效率和自由度也将有更迫切的需求。帮助学习者采集（量化）、查看（可视化）和分析（意义化）他们的个人指标，构成了量化自我的核心。量化的需求也从身体过渡到心理，从生活延伸到教育。

从更为上位的视角看，量化自我更像是一种自我的哲学和信仰：你对自己身体的数据了解得越详细，尤其是对每日的变化都了如指掌时，你就能更好地利用与提升它。《地平线报告》也多次指出，量化自我技术将会在教育领域内广泛应用。

2. 量化学习

量化学习（quantified learning）是量化自我在学习领域的延伸。量化学习是指面向学习者的学习活动和成长过程，采用适当的策略与方法，获得学习者外显和内隐的学习行为特征数据。通过对数据的理解与分析，进而实施干预和提供学习服务来满足学习者的个性化需求，形成新的学习方式，助力人的全面发展。

从教育哲学的视角，学习的本质是学习个体与群体的自我意识与自我超越。可见，学习的本质与量化学习的内涵高度契合。随着学习分析在教育的深度介入，势必也会掀起一场教育的量化革命。量化学习的内涵表现在 3 个方面。

（1）量化学习是构建数据化认知的基础。自我教育是最为有效的教育形式之一。通过自身努力，不断地改变自己，这本身就是学习的内在要义。基于实际经验的认知模式向基于量化信息的数据化认知模式的转变，更能发现教与学的内在关系，使教育更科学化和精确化成为可能。以数据为基础的量化学习使得教育过程性考查成为可能，透过数据能够理解、分析、预测过程性和综合性的内在规律，为学习者的自我学习监控、教师的教学决策和教育机构的管理决策提供科学依据。

（2）量化学习的本质是提供“多元智能”的学习服务。学习过程涉及复杂的生理过程与内隐思维。在传统的教学中，即使是一对一课程，也很难做到对每个学习者具体的问题进行精准定位。量化学习关注的核心是学习服务、学习场景、学习活动和成长过程中人的行为，以及学习个体的内隐特征。借助量化自我工具，教育工作者可以较为全面地发现学习者的优势与特长及不足与弱点，能够更好地了解学习者的特点及个性差异，并对学习者展开高度个性化的数据刻画，对其学习活动进行更为准确与广泛的研究，从而进行智能的、个性化的辅导服务及学习支持，提供处于学习者最近发展区的课程材料及多元智慧的学习服务。

（3）量化学习的目标是学习方式的变革。对学习者个体而言，最佳的学习路径是根据学习内容、学习环境，以及自身情况选择相应的学习方式。量化学习以互联网、物联网、智能设备作为信息获取和交互的载体，在学习分析技术的深度协同作用下，可有效支持混合学习、泛在学习空间、多场景学习、场馆学习及非正式学习。学习者的各类行为及生理数据可供教师、课程设计者、系统分析师和平台开发者在后续修改课程、设计平台时参考，使其能够满足数字化时代学习多样性与复杂性的要求，有助于构筑新的学习方式。

1.1.4 教育数据挖掘与学习分析

教育数据挖掘与学习分析是两个具有交叉内涵的概念。两者密切相关，又有区别。

教育数据挖掘（education data mining）是从大量不完全、有噪声、模糊、随机的教育数据中，提取隐含在其中、事先未知但又潜在有用的信息和知识的过程。教育数据挖掘是一种深层次的数据分析方法，主要依靠人工智能、机器学习和统计学技术，对数据进行归纳推理。教育数据挖掘更加重视建立模型，同时也依赖于智能辅导系统。

学习分析的兴起源于教育数据挖掘、商业智能（business intelligence）及近年来快速发展的大数据。商业智能主要通过分析顾客的行为和模式达到利益的最大化，而学习分析更多关注学习者本身及他们获得成就的改进过程。学习分析作为一门新兴的学科，试图借助数据挖掘、机器学习、统计学等领域的技术，发展出一套针对教育数据的分析方法，可视为大数据在教育领域的应用。学习分析指向理解学习及学习发生的整个过程，重视教与学的交互状态和教学过程的不确定性，分析基础之上的评价与干预是学习分析的核心。学习分析与教育数据挖掘的区别体现在以下 3 个方面。

1. 研究目的

学习分析：更多关注教与学的过程与规律，强调发现学习者的潜在问题，解释问题产生的原因。利用数据研究学习者与技术的交互如何影响个人学习，分析基于教学原则的学习过程，追踪学习者的学习痕迹，并以此为依据进行形成性评价及针对性指导。

教育数据挖掘：侧重开发分析数据的方法和技术。通过严格的规则进行数据挖掘、改进算法、提升精度、指出趋势或计算指标。尤其注重比较不同建模方法的异同，发现模型和结构的合理性，其规则和方法可为学习分析提供借鉴。

2. 研究对象

学习分析：构建更易理解的方法模型，理解学习过程，分析学习者学习行为、认知、情感，以及与课程、资源、媒体、环境的相关数据。

教育数据挖掘：识别数据间的关系和规律，分析学习过程、社交媒体、人因行为相关数据。

3. 研究方法

学习分析：强调自动发现，同时还需要人为干预。多采用系统论研究方法，综合运用统计学、数据挖掘、社会学、心理学和学习科学的技术和方法。除使用教育数据挖掘方法外，还综合使用循证研究、调查分析、归纳演绎、社会网络分析与话语分析等方法。

教育数据挖掘：强调自动发现，侧重于建立模型和发现模式。探索各组成部分及要素之间的关系时，多采用分结论研究方法。综合运用统计学、机器学习、数据挖掘与深度学习的技术和方法，如情感分析、话语分析、关系挖掘、聚类、神经网络等。

1.2　学习分析的概念和内涵

1.2.1　学习分析的定义

2011 年，西蒙斯（George Siemens）对学习分析进行了如下定义，该定义被国际学者普遍认同并广泛应用：

Learning analytics is the measurement, collection, analysis and reporting of data about learners and their contexts, for purposes of understanding and optimizing learning and the environments in which it occurs.

译文：学习分析是测量、收集、分析和报告学习者及其学习情景产生的数据，以期了解并优化学习和学习发生的情境。

2011 年，美国高等教育信息化协会对学习分析的定义如下：

Learning analytics refers to the interpretation of a wide range of data produced by and gathered on behalf of students in order to assess academic progress, predict future performance, and spot potential issues.

译文：学习分析技术利用数据和模型，预测学习者在学习中的进步和表现，进而预测未来表现并发现潜在问题。

学习分析自从在教育领域出现后，便被赋予了不同的定义。例如：学习分析是为了提升教学和学习的数据采集、信息处理、知识应用与分享的过程；学习分析是为了评估学业进程、发现当前问题、预测未来表现，从而对学习者所代表并被收集的大量数据进行分析与解释；学习分析是利用松散耦合的数据收集工具和分析技术，研究分析学习者学习参与、学习表现和学习过程的相关数据，进而对课程教学和评价进行实时修正的方法论。

虽然学习分析有着不同的定义，但在这些定义中存在共性，如大数据挖掘，预测未来表现，提供干预及提升教学质量和学习效率。经过多年的概念迭代，学术界对其定义和内涵已形成共识。何克抗教授认为，学习分析是指利用各种数据收集和数据分析工具，基于教育领域的海量数据(包括在“教学过程”“学习过程”“教学管理过程”中所产生的海量数据)，通过收集、测量、分析和报告等方式，提取出隐含的、有潜在应用价值的、涉及“教与学”或“教学管理”过程及行为的各种信息、知识与模式，从而为教师的“教”、学习者的“学”及教学管理提供智能性辅助决策的技术。

学习分析在测量、收集学习者及学习环境数据的基础上，利用相关技术、构建特定模型，深度分析学习者及其学习过程，将学习者内部学习机制以可视化的形式呈现，以此为依据评价学习者的学习表现、发现学习者存在的问题，进而预测学习成就并及时进行干预，最终实现改进学习、促进学习者个性化学习的目的。学习分析内容架构如图 1-3 所示。

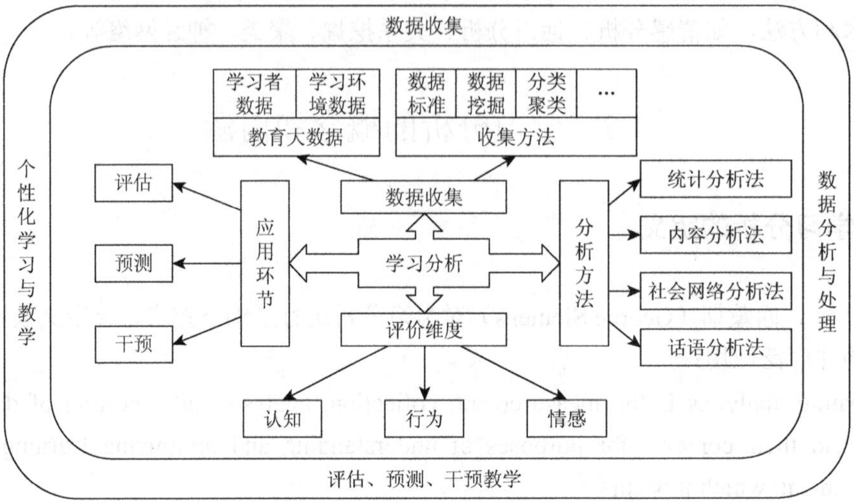

图 1-3　学习分析内容架构

教育大数据收集是学习分析的基础。学习者在学习过程中会产生海量数据，学习分析所需的大数据包括学习者数据和学习环境数据。根据数据挖掘标准，采用关系挖掘、文本挖掘等数据挖掘方法或工具收集学习者的相关数据，并根据数据类型和特点对数据进行存储。将收集到的数据利用统计分析、内容分析、社会网络分析和话语分析的方法，从大量冗余信息中挖掘出有用的信息。根据挖掘到的有用的数据信息，从行为、认知和情感三个维度来评估学习者的学习状态和学习成就，并将评估、预测和干预的相关结果呈现给学习分析的利益相关者，即学习者、教师、教育管理者和教育研究者。

分析和评估是学习分析的实现过程。将采集到的包括结构化数据、非结构化数据和半结构化数据在内的数据，运用分析方法来评估学习者的学习状态和学习效率。对于不同的利益相关者，学习分析的作用和价值不同。学习者根据评估预测的结果进行自我导向的学习；教师根据呈现结果改进教学策略，完善教学内容，个性化地干预学习者的学习；学习管理系统（learning management system，LMS）根据学习者特征和遇到的学习问题个性化推送学习资源；教育研究者和管理者以可视化学习结果为依据评估课程及相关资源，不断改善教学模式和教学决策。

评估、预测和干预是学习分析的具体应用。学习者以呈现的评估、预测结果作为依据进行自我反思，采取恰当的措施改进自己的学习方式，从而推动自我导向的学习。教师、教育研究者和管理者以呈现的结果为依据，反思并改进教学策略，完善教学内容，设计适合的教学和学习方法，并预测教师教学和学习者学习效果，进而实现数据驱动下的“以学定教与因学定导”。

1.2.2　学习分析的特征

运用学习分析技术与方法可全面记录学习者的学习行为，挖掘学习者的学习习惯、分析学习者的学习方式及潜在问题，从而为学习者提供个性化的学习内容和自适应学习方式。学习分析融合学习科学、知识挖掘、知识加工、知识计算等技术与方法，建立数据驱动的知识演化模型，实现从大数据到信息、信息到知识的自动获取与生成。通过对可观测的教育数据进行采集、存储、分析与解释等深层次变换，更精准地理解学习者主体的认知行为，建立与学习行为相关的模型结构，以挖掘数据背后的学习信息，从中提炼规律，与已有知识进行关联理解与表征，最终形成具有概念识别、动态实用的知识图谱，明晰学习者当下的学习状况，并预测其未来的学习动向，促使学习者的学习回归本真世界。

1. 跨学科特性

学习分析是一种数据密集型科学，具有跨学科性。学习分析理论是融合教育学、心理学和生命科学属性的学习科学理论。

早期教育研究关注学习者成绩，将学习者视作“学习机器”。因此，学习分析的研究注重使用量化方法描述教学过程，分析教学行为指标与学习者成绩之间的联系。随着学习科学理论的发展，“成功”的含义也在发生变化。现在教育研究更注重学习者的全面发展和个性化发展，关注学习者的身心健康。学习分析研究也因此扩展至心理学领域，高阶思维能力和自我调节学习能力等被纳入学习评价指标，以求更为精准地进行诊断。生命科学的发展和脑成像等技术的成熟推动了教育神经科学和人工智能的发展。学习分析的研究开始采用多模态方法系统、全面地观察和分析作为“人”的学习者全景图谱，以期从本质上理解学习，从根源上改进学习。学科的多元和交叉是学习分析的发展趋势，也是未来学习分析研究的常态。

2. 数据来源的广泛性和多样性

各类在线学习平台、云平台的深入使用，可以多方面采集学习者学习行为数据。物联网感知技术、智能录播技术、校园一卡通技术的综合使用可以采集个体生理数据、学习习惯与校园生活数据。近年来，智能眼镜、智能手表、智能手环等不断出现的新产品，基于可穿戴设备可以采集更为丰富的生物数据。从数据来源类型看，搜集的数据包括学习行为数据、情绪状态、表情特征、脑认知活动、注意力水平等。

3. 过程的完整性

区别于统计分析与质性分析功能的单一性和独特性，学习分析更注重分析过程的完整性。其中数据采集阶段主要是对教育情境中的数据利用多种感知设备、输入设备进行获取，并采用大数据技术对数据进行存储和清洗。数据分析和报告阶段主要是采用相关的数据挖掘技术，对有价值的数据进行分层处理，并以可视化的方式展现数据分析结果。预测阶段主要是基于数据分析结果，参照学习者模型对学习者未来的学习行为结果进行预测，以便及时发现问题。行动干预和调整阶段是依据预测结果，对学习者的学习行为、学习内容、学习方式等方面进行干预，并对可能存在的问题进行修改和调整。各阶段之间紧密相连且循序渐进，最终形成一个迭代循环的分析技术路线。

4. 研究的系统性

学习分析强调对学习行为有引导意义的解释，对复杂的教育行为来说，这无疑更需要前人的发现和理论的支持。对学习过程的理解是学习分析的根基。该领域方面的计算、分析、开发和研究必须和现有教育研究结合。此外，学习分析需要整合数据科学（data science）和学习科学（learning science）的相关内容。数据科学主要以统计学、机器学习、数据可视化和领域知识为理论基础，主要研究内容包括数据科学基础理论、数据预处理、数据计算和数据管理。学习科学旨在建立心智、脑与教育之间的桥梁，将生物科学的最新成果，包括认知神经科学、情感神经科学、基因科学和生物分子学等应用于教育和学习过程。

类似于对教育技术演进过程中的概念辨析，学习分析学也是一门系统化的学问。对其理解应超越分析（analysis）和技术（technique）本身，或者只关注数据科学、数据挖掘的狭义化倾向。发现教与学的新规律、发现学习理论的价值并强调分析结果能带来的具体教育应用是学习分析的价值取向。

1.2.3 学习分析的应用

学习分析的实践应用在美国起步较早且较为成熟，Course Signals、eCART、Degree Compass 等都是学习分析典型应用案例。其中的 Course Signals 是美国普渡大学的经典应用。该项目利用信号灯的颜色来直观地告诉学习者目前的学习状态，绿灯表示正常，黄灯表示学习出现了一点问题，需要及时进行调整，红灯表示学习问题很大，需要予以重视。三年较大规模实践应用的结果显示，Course Signals 会对学习者留存率和学业成绩产生积极的影响，使用该项目的学习者在学习完成率方面显著高于未使用的学习者。

1. 追踪学习

过程性学习数据涵盖数字、文本、音视频、肢体、面部表情等多种数据类型，映射了学习者的基本信息、行为和认知特征，具有情境性、时序性和层级性的特点。学习管理系统、移动应用程序和社交媒体环境为学习分析研究提供了丰富的数据支撑。通过追踪学习者外显行为数据，从行为科学的角度探究其行为模式，可以挖掘其潜在认知规律。物联网时代的学习分析有了新的发展，让真实环境中的生物数据收集和处理成为可能。追踪学习者的生理数据，如脑电、皮肤电、激素分泌等，可以从神经科学和心理认知科学的角度探究学习者深层次的认知与情感变化。例如，借助图像传感器可以记录学习者在概念解释时的手部动作，使用音视频手段记录学习者小组内的交流协作，通过捕捉现实环境中学习者外显的行为模式探知和诊断其内隐的认知活动。学习过程中的脑电波、心率变异性、眼动指标、表情分析等指标将成为构建学习者心智模型的可靠数据源。

2. 理解学习：多角度分析学习过程

理解学习者行为及其在学习过程中的话语一直是学习分析领域关注的要点。理解学习过程要求关注学习者参与的学习内容和学习者之间的交互。目前一般用聚类、预测、关系挖掘、文本挖掘、深度学习等数据挖掘方法及工具采集学习者的相关数据，根据数据类型和特点对其进行存储。学习分析技术还可通过分析学习者的各种学习数据和档案来进行学习评估。

1）学习行为建模

学习行为是学习过程的重要体现，对学习结果起着决定性作用。研究者结合教学情境，通过分析学习者对教师、同伴、学习资源和学习环境的行为反馈，探究学习者不同的行为模式与其学习成效之间的关系。

2）认知水平分析

认知水平是指学习者的学习精力分配及对学习材料的理解程度。传统网络学习环境中，通常采用内容分析法对论坛帖子进行分析以此来表征认知水平。基于大数据的学习分析技术，从多模态视角全面分析学习者的认知水平。多模态数据环境中，一方面，学习分析研究的数据源从以数字为代表的结构化数据扩充至文本、话语等非结构化数据。文本是知识传播的重要载体，话语是社会交流的重要途径，对文本和话语等自然语言的有效分析，可以帮助教育研究者更好地理解学习过程，把握学习规律。另一方面，借助数据挖掘技术挖掘学习者学习过程中的生物数据，进而分析学习者的认知水平。

（1）在线学习社区的讨论文本。以在线学习社区的论坛、展示平台和留言板中师生在线交流的大量文本数据为基础，通过社会网络分析探究师生社交网络，通过文本挖掘与内容分析挖掘师生研讨内容，并从时间维度阐释学习过程。

（2）总结反馈类文本和话语。总结反馈类文本和话语表述主要包括学习者对主观测验题目的回答、自我阐述，以及教师或学习者在一定学习阶段后的总结与反思写作情况。

（3）真实课堂情境中的师生话语。课堂教学是教育的核心环节，也是教育量化研究的难点。师生话语是课堂教学的主要组成部分，也是知识传递和共享的重要载体。

（4）多模态学习数据。随着跨学科领域的融合，对学习者的心理测量逐渐成为研究热点。通过这些安置在周围环境中的“不引人注目”的多模态数据采集装置，可以实现基于生物数据学习分析从实验环境到真实课堂环境的突破。从关注外显的行为特征到关注内隐的认知机能，学习分析实现了由学习表现到学习本质的深入研究。

3）情感分析

学习者的情绪状态已被证明是学习成功与否的关键因素。同步在线学习活动的可视化学习者情绪，可以帮助教师建立和维持与学习者的社会情感关系。真实课堂环境中的心理和情感监测在帮助教师理解和支持学习者学习的同时，也帮助研究者理解学习发生的原理和过程。除了传统的心理量表和问卷，研究者试图从学习者的表情、动作和生理反应中探知其情感状态。

4）学习结果可视化呈现

随着教育数据呈指数形式的增长趋势，可视化工具日益成为研究者关注的重点。可视化技术充分发挥媒体的整合优化作用并利用个体对可视模式的快速识别能力，将多维数据集以图形或图像形式表示，学习者可从不同维度观察、操纵、探索和理解海量数据，进而可以发现信息背后的趋势和规律，从而做出有效的决策。可视化分析工具是为了支撑学习者反思、改进学习表现、对学习分析过程与结果进行可视化和直观呈现的学习分析工具。在学习分析领域，可视化分析工具特指“学习仪表盘”。

3. 改进学习：多方位教学支持

（1）多方位教学支持体现在两个方面：一是关注学习者的个体差异，以学习者的能力图谱为依据，为不同学习者匹配个性化学习路径、精准的学习资源服务和学习支持；二是要求学会分析和培养学习者自我调节学习的能力，充分挖掘和发挥每个学习者的兴趣和潜能。学习分析通过整合学习者的知识背景、动机、元认知和态度等信息，创建学习者的知识模型、行为模型和经历模型，进而对学习者进行分类建档，对其学习进行评估预测，主要包括领域知识模型的改进和教学序列的优化，学习组件和教学策略分析，效果与效益分析及学习趋势分析。

（2）多方位教学支持提供评估知识掌握程度、学业是否成功、辍学可能性、学业表现、毕业率等信息，评估学习者在整个学习群体中的位置和作用、教学安排的合理性及学习群体的整体学习情况等。借助学习分析工具，教师可以对学习者的学习表现（学习时间投入、与资源或共同体交互的频度、测评成绩）、自主学习路径、影响混合学习环境中学习者学习表现的各种因素等进行分析。在对这些数据收集、分析的基础上，教师能了解学习者的学习需求、学习风格、学习进展等学习状态，从而制订满足学习者学习需求的教学方案，以不断改进教学。

香港中文大学医学院课程管理系统中的实习日志管理模块就记录了学生在医院的实习过程、见习日志。通过这些记录，课程管理系统可以清晰显示学生实习项目的完成情况，并以此提醒学生后续实习项目的时间和地点。最重要的是，通过分析系统中记录的数据，实习指导教师可以更好地制订下一步的实习计划和安排。另外，美国教育发展中心（Education Development Center）和学生与技术中心（Center for Children and Technology）也对如何利用数据帮助美国纽约市公立学校的教师进行教学决策开展了研究实践。他们与某一公司合作，对学生在数学学习过程中的数据进行了记录与分析，最后生成了可供教师分析的书面报告和网络报告。书面报告为教师提供了基于标准的全班学生学习情况，能为教师根据学生的需求分组、关注学生个体的特点提供依据。网络报告为学校不同层次的用户提供不同层次的信息和重点。

（3）分析不同学习群体的学习特点和具体学习环境数据，以可视化的结果为教育管理者评估课程及相关资源提供依据，优化教学决策、预测教学效果，改善现有学校考核方式、课程设置，协调学校与区域层面均衡教育资源配置。

4. 学习分析支撑的课堂教学

课堂的优化与重组是教学变革的核心与关键要素。学习分析支撑的课堂教学以优化课堂互动的教学应用为方向，将这一目标映射为对应需求的课堂互动数据，经过数据来源、数据处理、数据分析和结果呈现四个步骤，最后落脚到课堂互动的精准定位与互动干预上。图 1-4 给出了学习分析支撑的课堂教学框架。该框架包含数据收集层、行为分析层与教学应用层 3 个层级，层级之间互通连接。

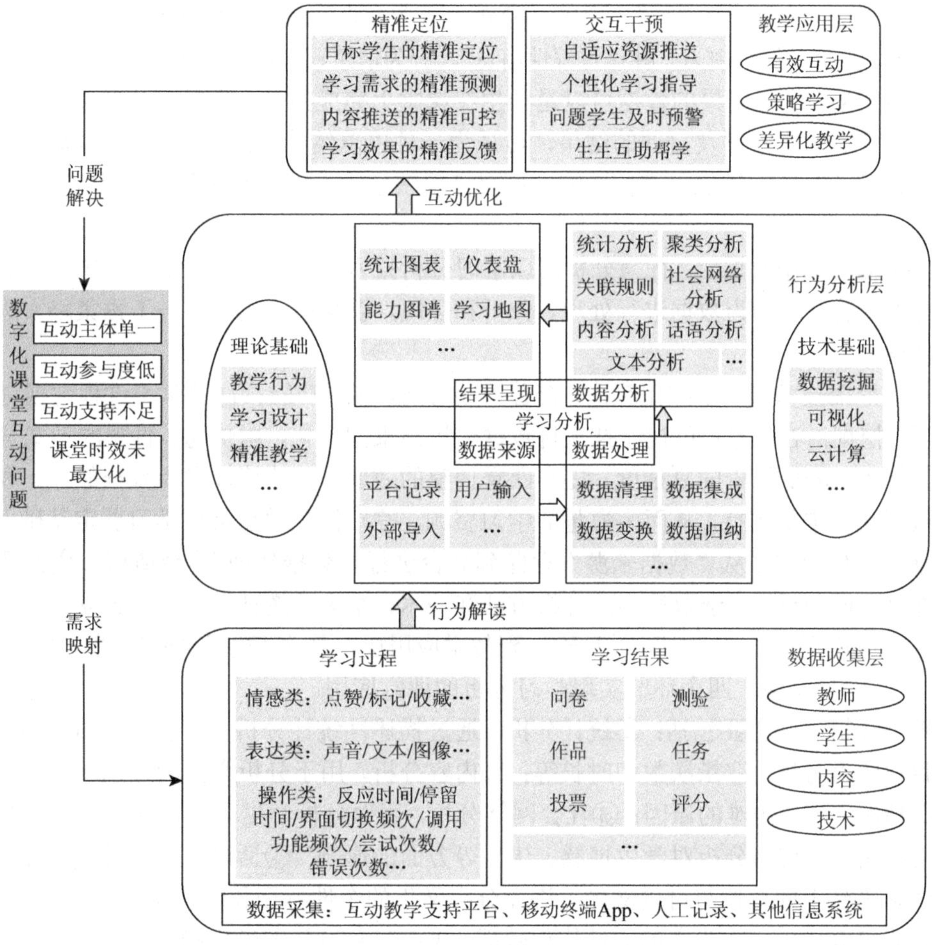

图 1-4　学习分析支撑的课堂教学框架（郁晓华和黄沁，2018）

图 1-4 框架借鉴了课堂教学行为、学习设计和精准教学方面的研究成果。其中，教学行为的核心是通过探究教与学之间关系的本质和规律，分析如何更好地设计课堂教学序列以有效实现教学目标；学习设计的核心是学生活动的设计，基于详细的步骤计划和明确的阶段目标，从活动根源和过程保证学习分析技术的合理性；精准教学是面向知识教学的高效教学方法指导，在学习分析的赋能下，全面、精准、快速地实时记录学生的各项行为数

据，进一步清晰地呈现学生的学习状态，帮助教师进行精准学情评估及预测当前教学交互活动与教学策略的合理性。

1）数据收集层

数据收集层是分析当前课堂教学情况和学生学习状态的主要依据，数据源于数字化课堂互动行为主体——教师、学生、内容与技术四者之间的传递信息。通过互动教学支持平台、移动终端 App、人工记录和其他信息系统等多种采集途径，进行综合数据采集。结合教学行为理论，数据收集层的互动数据可分为学习过程与学习结果两大类，两者需整合为最终的教学干预提供真实、实时的数据流支撑。

学习过程：学习行为的产生过程中出现的交互类数据，如标记与收藏、声音与文本、反应时间等，这类数据可视为一种“过程性信息”，分为情感、表达与操作 3 类。

学习结果：学习结果的数据可以是学生在课堂上完成的某次测验、某项任务，也可以是教师评价、学生互评及自评的结果，可视为一种“总结性信息”。尤其是客观的题型，与习题或任务对应的知识点进行匹配，可直接反映学生当下对某个知识点的掌握情况。

2）行为分析层

作为框架的中心层级，行为分析层以学习分析技术为核心，在上述理论与技术的支持下，对采集的互动行为数据进行处理、分析和呈现，以互动优化策略与干预策略实现“精准”教学。

数据挖掘技术对单击按钮频次、查看界面时间、调用功能频次等学习过程数据进行加工处理，挖掘潜在信息；可视化技术将数据分析结果图示化，以快速、直观的形式呈现给教师与学生，降低报告的复杂度，提升课堂调整的效率；云计算技术为数据储存、数据运算及数据共享提供支持，从而为海量的学习资源、差异化教学与策略学习奠定基础。数字化课堂互动行为数据从“数据来源”存储到后台进行“数据处理”，经清理、变换及集成后再在“数据分析”中选取适当的分析方法和技术，结果以统计图表、仪表盘、能力图谱等方式可视化到“结果呈现”，最后输出到教学应用层。通过“数据来源”“数据处理”“数据分析”“结果呈现”四个环节实现学习分析的课堂应用。

数据分析方法主要包括：①统计分析，通过描述性统计分析，了解学生的成绩、达到课程目标的百分比、登录次数和时长等；②内容分析，用于分析学生的知识掌握程度、在线互动情况、产生困难的原因；③社会网络分析，用以分析学生与其他学生之间的互动关系与交往情况，进而分析对学生情感、认知等方面的影响；④话语分析，用于分析学生在在线学习平台上的发帖与讨论文本，进而分析学生的个性特征和情感状态；⑤文本分析，通过编码表量化以文本为主的非结构化数据，进而对复杂问题做出描述与评判。基于上述方法，从认知、行为、情感这三个维度，对学生的具体学习情况进行分析。

3）教学应用层

教学应用层以有效互动、策略学习与差异化教学为核心。其中有效互动体现在教师可根据课堂现状即时调整教学进度，通过精准定位和交互干预，实现课堂的高效互动，促进深度学习的发生。策略学习体现在通过对学生个性化学习轨迹的记录与跟踪，分析学生的学习风格及偏好，推断学习需求与可能存在的问题，在推送学习资源或调整学习步骤时结合这些因素实现自适应。差异化教学体现在有效定位每个学生的学习进度及状态，教师分类推送不同难度级别的课堂资源或学习任务，满足个性化学习需求。在学习分析技术支持下，课堂互动状态随时得以反馈和诊断，教师可进行快速诊断、多维跟进与有效干预。

1.3　学习分析产生的时代背景

从 19 世纪至 21 世纪，技术科学经历了口耳相传、机械技术、信息技术至智能技术的变迁。学习科学经历了由传统教育学关注教学过程，以心理学视角研究认知规律，发展至以脑科学视角探索学与教的本质。技术科学与学习科学的发展催生了数据科学。从传统课堂教学中的统计分析与描述聚类方法的运用，至学习云平台中社会网络分析、领域知识与学习者综合建模，再发展到智慧学习环境的生理数据采集与智能分析系统，无不体现出数据科学“点石成金”的魅力。此外，学习分析的发展与信息技术、教育智能也有着极为密切的渊源，如图 1-5 所示。

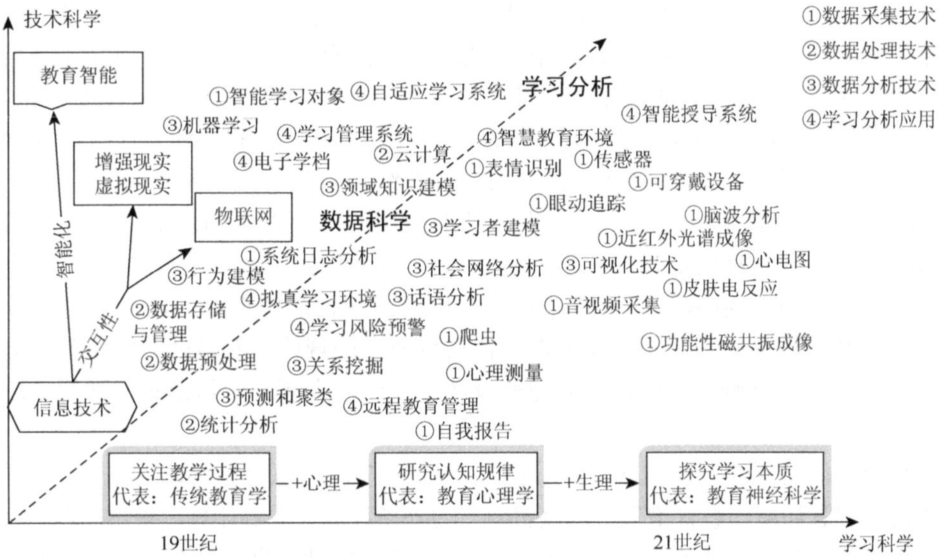

图 1-5　学习分析产生的演进过程

1.3.1　智慧教育时代的应然诉求

智慧教育是由学校、区域或国家提供的高学习体验、高内容适配和高教学效率的教育行为（系统），它能利用现代科学技术为学生、教师和家长等提供一系列差异化的支持并按需服务，能全面采集并利用参与者群体的状态数据和教育教学过程数据来促进公平。从技术的视角来看，智慧教育是一个集约化的信息系统工程，其核心技术特征可以概括为：情境感知、无缝连接、全向交互、智能管控、按需推送与可视化。

“智慧教育”的理想趋势和状态，是学习分析技术在教育中的深度应用。它不仅能向学生、教师和家长提供差异化的支持与服务，还能通过所采集的教育教学过程数据，持续改进绩效并孕育卓越的教育。智慧教育提倡让学习者舒适地沉浸在技术支持的智慧环境中，允许学习者根据自己发展需求有选择地自主学习。为学习者提供个性化的适需学习服务是智慧教育的关键要素。对此，需在对学习者的数据挖掘与学习分析的基础上，全面客观地了解每位学习者的学习偏好、学习状态、优势与不足，以此精准地向学习者推送符合其特征的学习资源，激发学习者的学习热情，提高学习效率。此外，智慧教育需要更具"智慧"的教育评价方式。学习分析的发展为教育评价从"经验主义"走向"数据主义"提供了技术条件，可以实现各种教育管理与教学过程数据的全面采集、存储与分析，并通过可视化技术进行直观的呈现。智慧教育环境下包括中小学学业成就评价、高校教学质量评估、体质健康测试、教育信息化与教育现代化发展评价等各种教育评价与评估，由此使教育更具智慧性、科学性和可持续性。

1.3.2 数据科学方法在教育领域的彰显

伴随教育领域对数据分析的需求增加与复杂化，聚焦于数据科学的研究逐渐兴起。数据科学的发展不仅改变了传统数据分析的数据来源，也影响了数据分析的模式。与传统的数据分析相比，数据科学不再局限于对过去的描述和解释，更侧重于对未来的预测。数据科学的目的是利用不同的数据来源，围绕发生了什么事件，诊断事件为什么会发生，预测接下来会发生什么，以及针对即将发生的事件给出策略。数据科学不仅包括大数据的研究方法和研究背景，还包括对数据软件的使用、对数据库的理解，甚至包括对算法的理解等。学习分析正是数据科学方法在教育领域不断成熟的标志，由此产生的"数据驱动"教学范式，超越了"从基本原理的角度去寻找模型"的方法，通过全样本、多数据集、及时性分析与可视化呈现以表征教育教学的规律，对教师、学习者、交互过程与学习环境全面刻画与诊断，进而为教育政策、资源定制、教学决策、学习策略等提供精准的支持。

数据科学驱动下的教育生态系统，通过三个方面实现互联互通和动态循环。一是数据驱动下的"智慧环境—教育治理—制度机制"的外循环。基于云计算、感知技术、人工智能和数据挖掘等技术构建的信息化环境，可以实现教育宏观数据和教与学微观数据的伴随式搜集和分析。二是通过"资源推送—学习活动—教学活动—真实评估—教育管理—科学研究"的内循环。每一部分生成的教育数据都能动态、实时汇聚，不断推动该链路的发展进化。三是教育数据信息打通内外环形成循环圈。内外环之间发生的数据、制度、服务与机制之间的相互影响，使教育生态系统不断达到新的有序平衡。

1.3.3 网络学习空间建设的基本要求

2018 年教育部发布的《网络学习空间建设与应用指南》中，第 5 部分明确指出了数据分析服务的功能要求：提供学习成绩、学习水平、知识结构、认知风格等学习分析工具，实现学习分析服务。网络学习空间建设已成为促进个性化学习、提升教育质量及推动教与学方式变革的有效手段，成为落实《教育信息化 2.0 行动计划》及《中国教育现代化 2030》

远景目标的重要基石。网络学习空间本质是一种技术增强学习环境，包括 Moodle、Blackboard、ILIAS 等学习管理系统及 Udacity、Coursera、edX 等大型开放式网络课程（MOOC）平台。

网络学习空间的建设与应用日益受到教育管理者、研究者和教师的重视。如何对学习空间中积累的学习行为数据进行分析，进而为教育决策与教学提供指导，是网络学习空间应用所面临的重要问题。“互联网＋”教育时代，人人都可以成为知识资本的持有者、开发者和创造者，教育也呈现出了深层学习、自主导向、众智开放等新特征。如今，教育不仅在技术上发生了变革，更具有了“人的维度”。学习分析系统基于对大量网络学习数据的获取与分析，能够建立预测模型，对学生可能取得的成就或遇到的困难做出预测，为教师或教学管理者采取相应干预措施提供参照，以实现个性化学习环境或个别学习指导。对学习者而言，学习者首先查看学习任务，并结合自身的学习经验和先前知识的积累情况对选择的任务进行分析，制订出具体学习计划，并以学习者为中心，以自我导向学习为网络学习空间主要的学习方式。

学习分析支撑的网络学习空间的创新应用，探索优质教育资源服务的创新供给模式与机制，推动了数据驱动的教育顶层设计和管理决策，其将对缩小教育鸿沟，满足学习者个性化发展诉求，以及促进高校供给侧结构性改革起到至关重要的作用。

1.3.4 实施个性化教学的助推力量

个性化学习，是指以学习者个性差异为基础，强调学习过程要针对其个性特征和发展潜能而采取恰当的方法、手段、策略、内容、过程、评价等，使学习者在各方面能充分、自由发展，以促进学习者个性发展为目标的学习范式。教育信息化 2.0 时代，教育信息化的发展方向，将从注重“物”的建设向满足“人”的多样化需求和服务转变。个性化教学和学习作为当今教育改革与发展的核心内容，已成为信息社会的重要发展趋势。

学习分析通过营造师生互动、生生互动、人机互动、资源共享的“互联网＋”学习环境，正推动个性化教学步入常态化发展阶段。在个性化学习环境中，从学生基本信息数据、学习数据、活动数据等集合中抽取学生成长周期日志，可探索追踪整个学习周期中学生的成长轨迹，建立学生成长档案，发现学生身心发展规律。通过学习行为、教学行为数据的深度挖掘和分析，提炼学生真正的需求，推荐最合适的学习内容和学习方式。学生可以根据自己的学习兴趣和需求，按照自己的学习进度和步调选择所需的学习资源和服务，并通过各种工具和服务搜索、选择和整理信息，从而完成对信息的加工，实现知识的吸收和创新。学习分析能够改变工业时代的流水线人才培养模式，通过驱动教师个性化的“教”和学生个性化的“学”，为每个学生提供最适合的个性化教育。

1.4 学习分析与教育教学变革

在理论层面，学习分析通过数据科学引领教育教学研究。通过技术视角全面、系统地追踪学习并理解学习，为掌握学习科学、脑科学、教育技术中关于研究改进学习的相关研究提供数据支持。在实践层面，从学习者个体发展，到课堂混合式教学实践，再到智能教学环境建设，学习分析为教育信息化的深入推进提供了多层级的度量手段，对全面衡量教育信息化发展进程、精准定位教育信息化发展阶段、合理分配教育信息化资源具有重要的现实意义。

当前，自然科学和人文社会科学正趋向于高度交融，从跨学科层面统筹教育研究规划，推动多学科联合攻关，对推动教育发展具有极其重要的作用。基础教育规律是教育研究问题域框架的根本，是整个教育研究问题落地开展的前提，同时也是支持新时代教育强国目标实现的重要依据。教育领域的基础规律探究离不开教育主体、主体间的相互关系及教育内容三大要素。学习分析的出现，为认识教育教学规律、探究个性化教学提供了全新的研究范式。此外，学习分析深度应用还将进一步促使教育大数据技术成为探究学习本质与规律的关键力量，即有别于传统的基于学习科学、神经科学，以及以脑和神经科学为着眼点，探究人类学习与认知规律的一般方法。学习分析对构建适合国情的教育服务、教育治理、教育评价及教育供给模式均具有重要的指导意义，其将成为教育研究的重要环节。

1.4.1　从教育过程不同层面的视角

1. 教与学的微观层面

对学生而言，学习分析工具能对教学提供更全景的认识。这些对日常行为数据和学习行为数据的挖掘、整合和分析，可以更清晰地呈现学生的行为模式，进而使个性化教学和服务成为可能。脑神经科学的研究已表明，当学习者能够自我掌控学习时，内啡肽、催产素的分泌会增多，生理和心理的健康水平会提高，展开行动和追求成就的动力因此会增强，进而可使学习变得更“沉浸”。这将有助于提高学习成绩，培养学习者的创造性思维能力和解决问题能力。学习分析技术能跟踪采集学生基本数据、学习活动数据等过程性数据，从而改进甚至变革学生评价模式，使我们一直强调的过程性评价、多元性评价得以实现。在学习情境正处于深刻变化的大环境下（如非正式学习、新网络媒体、教育游戏），通过学习分析技术洞悉并汇报不同情境中学习的发生，将有益于拓展教育者和公众对学习的认识，进而孕育新的学习形态。

对教师而言，学习分析可以促进教师专业发展并改进教师评价模式。教师可利用协作备课、团队研讨、网络研修、学生过程性信息留下的痕迹等做出过程性评价。通过对教师教学进行分析，总结教师教学的优势与不足，支持教师开展个性化教学与专门指导，进而记录教师专业发展的轨迹，向教师反馈教学过程中存在的问题，以提供改进的方向。教师发展中心等相关部门还可以借助学习分析工具为教师提供个性化支持，支持教师自我探究，并促进教师的有效决策，帮助其有针对性地改进教学。

2. 学校的中观层次

学习分析技术可推进学校教学质量的全面评估，可用于评估课程、院系所或整所学校的绩效表现，帮助教学服务人员提高工作质量和效率，促进学校教学改革和教育质量的提升。通过对各级别与学习相关的活动的追踪和分析，可获得关于学习者课程完成度、资源分配情况的数据信息，从而为调整学习空间资源的分配、优化学校政策提供依据。对不同层次的教育机构而言，学习分析工具能提供对教学更全面的认识。学习者日常行为数据和学习行为数据的挖掘、整合和分析，可以更清晰地呈现学生的行为模式。此外，学习分析给教师的信息素养提升带来新的机遇，有助于在培训教师时根据反馈信息及时调整培训计划，更有效地实现适应性培训。

3. 教育的宏观层次

在有效数据汇总、存储和解读的基础上，地区教育局等部门可利用学习分析工具更全方位地了解区域内的教育态势制定发展方略。基于不同的地域差异，再从学科能力分析的角度看学校个性，学生差异将会更加明显。依托学科能力分析体系设计教学活动，利用大数据实现个性发展管理与个性服务，有利于解决共享机制不健全、评价体系不完善的问题，有利于政府高等教育管理机构做出科学、宏观的教育决策，促进教育信息化均衡发展。

1.4.2　从教学结构的视角

学习分析技术的出现加速了教育系统的结构性变革。教学结构是指在一定的教育思想、教学与学习理论指导下，由教师、学生、教材和教学媒体四个要素相互联系、相互作用而形成的教学活动进程的稳定结构形式。

1. 学习分析促进教师角色的转换

学习分析技术的运用使教师从“经验范式”转向“靶向指导”。传统意义上的教学主要是经验式的，教师凭借自己的主观判断来选择教授课程的内容和方式，通过一次次的反复实践进行验证。学习分析技术有助于教师从这种传统的教学模式中解放出来，教师所做的决策将不再是纯粹的经验式判断，而是建立在数据分析基础上的精准定位与指导。利用学习分析技术及其相关分析工具，教师可获得有关学习者的学习绩效、学习过程及学习环境的信息，这些信息可以为教师从教学改进角度提供依据。学科能力分析体系助力群体个性学科优势分析，便于个性化教学管理学科能力分析体系，可以个性化地分析出群体的优势学科和弱势学科，有利于教师协调班级的个性优势，重点突破。教师能对学习者的学习需求、学习风格、学习进展进行判断，可分析出擅长某几个学科的群体，利于开展群体分类教学，并逐点突破，针对不同类型的群体设计不同的活动和教学策略。

2. 学习分析促进学习者学习体验的提升

借助学科诊断工具，为每个学习者配一个智能导学教师，提供一对一的实时个性化在线辅导。个性化同伴助学服务是站在同龄人的角度为学习者推荐个性学伴，同样按照学科能力分析体系来标识，智能推荐可以根据汇聚的大数据来分析学习者的优势和不足，从而进行自适应推荐。教师可从平台智能提炼同级学科能力的测评工具和学习资源，干预学习者的学习表现，给予个性化指导，让学科作业的支持更加有效。

1）学习者自我评估工具

作为学习者自我评估工具，通过学习分析技术得到的报告，可用于学习者的自我评价，帮助学习者了解自己的优势和不足，认识自我、发展自我、规划自我。将可视化的学习绩效结果反馈给学习者，有望使学习者成为利用数据发展自我的主动学习者。

美国马里兰大学巴尔的摩分校（UMBC）在 Blackboard 课程管理系统中利用学习分析技术创建了一个名为“检查我的活动”（CMA）的学生反馈工具，帮助学生评估自己的学习过程。这一工具可以分析从 Blackboard 课程管理系统中获取的原始数据，并为学生和教师提供不同的数据分析报告。从分析报告中，学生可以了解自己在系统中学习的所有课程的情况，包括访问的次数、在每一门课程中学习活动的平均水平，以及在班级横向比较中的学习程度，如作业中的得分情况、参与学习活动的频率等。如果学生对某门课程的参与程度不高，系统会将其在此课程中的成绩以红色标注，提醒该学生应该采取行动，并提示任何人都愿意在本学期或者整个大学期间为其提供帮助，直至其成功。此工具成功地提高了学生的学习效果：在教师自愿使用 CMA 的 131 门课程中，有 39%的学生原来成绩是 D 级或 F 级的已经上升到 C 级以上。虽然不能确定运用 Blackboard 课程管理系统就能造就好的学生，但 CMA 是为学生量身定做的一个自己使用并自己制订适合自己行动的评价工具。

2）学习者自我诊断工具

作为学习者自我诊断工具，基于数据的决策应用在诊断（学生学习）差距、缩小差距等方面起到了关键作用。因此，学习分析技术这一能从系统角度及课堂角度获得学生绩效数据并加以分析的技术，可以用来诊断学生的学习需求。

美国几乎所有州都在公立学校建立了高技术支持的学生数据系统，用来收集和分析以千兆计的学生数据。美国加利福尼亚大学评估、标准和学生测试研究中心开发了一款基于网络的决策支持工具——QSP（the quality school portfolio），目的是辅助学校或地区通过分析学生行为满足学生个性化学习需求。利用 QSP 可以为每个学生建立一个单独的纵向成长记录，创建个性化的学生进步报告，显示学生在班级内的表现情况及所取得的进步，从而可以分析了解每一个学生的学习需求进而为其提供学习支持。

美国在线学习平台 Knewton 可以通过分析学习者在数学学习方面的需求，为一万多名大学新生提供适应性的在线数学课程。Knewton 所采用的学习分析技术中最大的优势是强大的自适应学习算法，这套算法能用来判断用户的实际水平，为用户提供与其水平相适应的课程指导。Knewton 的做法是通过不断提问和测试，判断学习者的真实水平，再为其提供与之水平相适合的课程辅导。从亚利桑那州立大学的反馈来看，Knewton 确实起到了良好的作用，不少学生都在原定计划前完成了学习任务。

3）学习者自我导向学习的工具

作为自我导向学习的引导工具，学习分析技术为学习者打开了一个与学习内容、同伴和教师交互的窗口。通过学习分析技术，学习者可以分析自己的学习过程数据，通过可视化结果回顾学习的时间、时长和内容，并通过与同伴的比较了解自己的进度、能力缺陷与掌握程度。

比利时勒芬大学研究者在欧盟发起的学习分析项目中，开发了一款内嵌在网页中的应用程序，能用来实时记录学生在“计算机科学”课程中的学习参与活动情况。所记录的数据能够进行可视化分析，以折线图、平行坐标、柱状图等方式来显示学生的学习情况。最后，这一学习分析工具能从个人或小组的层面提供学习反馈及预测课程中的后续活动，为学生自主学习提供了方便。

不列颠哥伦比亚大学研究者运用学习分析技术在学习管理系统中为学习者的自我导向学习提供了支持。这一研究中所收集的学生行为数据主要包括内容传递、参与和讨论及本学期课程资料的使用频率与次数。数据分析阶段，研究者列出检测到的学生行为数据，与教师给出的课程成绩数据整合，并对整合数据进行量化分析，帮助学生了解自己的学习情况。另外，在课程结束时，研究者利用社会网络适应性教学实践(social networks adapting pedagogical practice，SNAPP)应用软件对学习论坛中提取的数据进行对话分析。最后生成可视化的学习网状图，显示学习者在课程中学习行为的相对位置。这一分析结果帮助学习者清晰了解自己的学习投入情况和学习进展，为学习者的自我导向学习提供了支持。

3. 学习分析实现教学内容的差异化设计

实现个性化教学是学习分析的实践指向。利用学习分析技术对与学习者学习过程相关的数据进行深入分析与阐释，能够发现每个学习者学习数据背后的学习偏好和学习模式。如果了解了学习者的学习模式及学习路径的相关规律，教师就可以根据学习者的个性化表现，了解学习者的学习掌握程度，为学习者提供适当的学习内容资源，另外还可以知晓学习中的交互发生过程。

内嵌在 Moodle 系统中的 CoSy LMS Analytics 分析工具可以获取学习者进入学习模式的相关信息，然后通过学习分析技术获取这些数据中所蕴含的学习路径信息。在分析数据时，可以统计出学习者访问系统次数、学习活动的平均时间间隔等应用数据。之后，运用两步聚类算法，把学习者在完成学习活动时的不同表现进行活动分类。在此基础上，探究每一群体的学习者共同的学习行为，从而总结出不同学习者进入学习的模式。最后，对获取的数据进行了更加深入的路径分析，即通过设置复杂的问题，从学习者的学习路径中探索具有相关性的学习规律。研究结果不仅可以分析学习者个体并为其提供帮助，还可以了解群体学习特征及交互规律，为差异化的学习资源设计与服务提供了依据。

4. 学习分析促进媒体的多元表征

多媒体资源能够引起学习者的注意和兴趣，有利于知识的长时记忆，激发学习动机和提高学习成绩。根据认知负荷理论和资源有限理论，针对同一知识点和学习目标的多媒体资源同时且无序呈现，容易使学习者产生学习迷航，分散注意力，增加认知负载，影响其学习情绪，进而影响学习绩效。如何为学习者推荐适合的多媒体资源及适合学习者的人机界面是重要的研究方向。

学习风格与媒体资源的使用具有高相关性。例如，视觉型学习者更愿意观看动画和视频，听觉型学习者喜欢听音频资料，读写型学习者愿意选择阅读学习文档，动觉型学习者倾向在仿真游戏中学习。根据学习风格，适应性地推送媒体资源及其可视化序列导航，可促进学习者对知识的主动建构、自组织有意义的学习及学习者的个性发展。

自适应用户界面（adaptive user interface，AUI）是基于数据挖掘技术，通过系统对学习者的分析判定呈现内容与交互方式，使其适合学习者个性化特征的界面呈现形式。自适应用户界面可以简化界面的复杂度，降低学习者认知负担，激发使用动机与提高满意度，是未来用户界面的发展方向与趋势。相对于传统静态界面，学习者对自适应用户界面操作速度更快，个性化显示的内容可以降低用户定位到需要内容的困难程度，相比于静态结构，自适应提供了最频繁项目的较短搜索路径。

1.5 学习分析的现状与趋势

1.5.1 学习分析的研究组织与机构

学习分析研究协会（Society for Learning Analytics Research，SoLAR）是国际范围的跨学科研究组织，旨在探索学习分析在教学、学习、培训和发展中的作用和影响。协会成员国籍涉及美国、加拿大、澳大利亚、英国、比利时等国家。SoLAR 是涵盖引导国际研究者探索教育、学习、培养和发展中分析学的角色与影响的跨学科的网络，也是许多国际会议与研究的组织者，它的成立为学习分析学领域的研究与组织提供帮助与指导。

SoLAR 队伍由学习分析学领域有经验的专家组成，业务领域包括学习分析与知识国际会议（International Conference on Learning Analytics & Knowledge，LAK）、学习分析暑期研讨会（Learning Analytics Summer Institute，LASI）和电子期刊《学习分析学》。SoLAR的使命是将最高标准的学术研究应用于学习分析中，促进学习分析中开放教育资源的发展，提高教育研究机构和政府中的政治家与决策者对学习分析的认识，为学习分析中的不同利益相关者创造交流、协作与辩论的机会。

1. 学习分析与知识国际会议

LAK 从 2011 年以来，每年举行一次，发展历经了 3 个阶段。历年的会议主题勾勒了从“学习分析技术”到“学习分析”再到“学习分析学”的领域演进历程，如表 1-1 所示。

表 1-1 LAK 主题

年份	地点	会议主题
2011	加拿大班夫	学习分析学
2012	加拿大温哥华	更多的学习分析学
2013	比利时勒芬	中间地带和有效的多义分析
2014	美国印第安纳波利斯	探讨学习分析研究、理论和实践的交叉点
2015	美国波基普西	从大数据到大影响
2016	英国爱丁堡	通过聚合各研究群体的应用、基础和效应来增强影响
2017	加拿大温哥华	用数据理解、引导和提高学习
2018	澳大利亚悉尼	走向用户中心的分析学

（1）以 LAK11 和 LAK12 为主的 1.0 阶段重视学习分析技术层面的研发和应用。

（2）以 LAK13 和 LAK14 为主的 2.0 阶段开始关注教育科学与数据分析两大领域的交叉融合。学习分析被视作一个新兴的研究领域，并从研究、理论和实践三个层面进行领域内部整合。

（3）以 LAK15、LAK16、LAK17、LAK18 为主的 3.0 阶段强调学习分析研究的跨学科性质，以数据理解与学习者为中心，关注学习分析作为一门综合性学科所体现出的多样性和复杂性。通过领域间融合推动学习分析研究领域的发展和成熟，增强领域影响力。

《地平线报告》（*Horizon Report*）是技术在教育领域应用和发展的风向标。每一期的《地平线报告》会介绍未来的 1～5 年，在以教育为主的组织机构里可能成为主流的新兴技术或实践。2011 年，学习分析的名称首次出现在《地平线报告》中；2012～2015 年，学习分析连续 4 年被列为重要的发展趋势；2016 年，《地平线报告》提出自适应学习技术与学习分析；2017 年，《地平线报告》明确了生理数据基础、心理层面支持以及智能化目标；2018 年，《地平线报告》提出持续重视学习测量及跨学科研究的趋势。LAK 展现的发展历程和《地平线报告》中的关键技术发展趋势相一致。如今，物联网、可穿戴技术和移动学习技术为多模态学习分析奠定了学习者行为和生理层数据基础。情感计算为采集、处理和分析学习者心理层数据提供技术支持。人工智能和下一代学习管理系统预示着学习分析的智能化、系统化、全面化发展。

2. 学习分析暑期研讨会

LASI 是一项战略活动，由 SoLAR 和东道主机构共同组织，通过密集“夏令营”的形式加速学科的成熟与实践应用。LASI 下设研究机构，以保持工作坊活动的实践精神，最大限度地增加参与者之间的互动，促进教育工作者、技术专家、研究人员、企业和政策制定者围绕塑造下一代学习基础设施展开讨论。

LASI 机构的领导者包括①：Ryan S.J.d. Baker（哥伦比亚大学），Simon Buckingham Shum（英国开放大学），Shane Dawson（南澳大学），Dragan Gasevic（阿萨巴斯卡大学），Caroline Haythornthwaite（不列颠哥伦比亚大学），Ken Koedinger（卡内基梅隆大学），Grace Lynch（新英格兰大学），Taylor Martin（犹他州立大学），Roy Pea（斯坦福大学），George Siemens（阿萨巴斯卡大学），Stephanie Teasley（密歇根大学）。

LASI 的相关会议包括：LASI 2013（斯坦福大学），LASI 2014（哈佛大学），LASI 2015（现场流媒体形式进行世界各地的主题演讲和小组讨论），LASI 2016（密歇根大学），LASI 2017（密歇根大学），LASI 2018（哥伦比亚大学）。

LASI 2016 有两大目标：一是通过跨学科交互，确定研究和教学需求，推进学习分析方法的成熟，构建学习分析领域。二是培养和丰富博士生与学者的技能和知识，使其积极参与研究和教学。具体体现在 6 个方面：

（1）向学生、教育者和研究者介绍相关研究进展与成果；

（2）描述学习分析的相关工具，重点关注学习分析工具的大规模部署；

① 数据来自 2013 年官网信息，部分专家所在学校可能会有变动。

（3）分析工具对学习者和教育工作者的影响，讨论如何进行前期设计，以建立高质量的数据集；

（4）描述数据如何结合传统的教育分析，并利用机器学习和大数据方法进行研究；

（5）创设可视化分析系统，使不同的利益相关者能够连贯地与数据集进行互动；

（6）展望未来，针对该领域典型案例与难点问题以头脑风暴的形式给出建议。

1.5.2 从学习分析技术到学习分析学

狭义的分析学（analytics）属于基础数学范畴，指数学分析，以微分学、积分学、级数论、实数理论为其基本内容。广义的分析学是多维度与系统化的学问，不仅包含数据分析，更进一步强调数据分析后的反应、行为和决策。分析学不仅强调从数据中获取新的发现，以及使用单个数据分析手段，更强调在对全局掌控的基础上，如何利用多元数据分析寻求可用来指导学习行为的知识与做法。这体现了分析学与传统的学术研究中数据分析的差异。

学习分析的“引人入胜”之处在于能够对教育行为进行更直接的干预。这源自它对分析学中的系统性思想、自动化分析手段和多方参与原则的纳入。与此同时，学习分析又依赖对学习现象本身的深入理解，而不只强调分析手段在技术上的先进性和数据量的大小。作为一个跨学科领域，学习分析的研究者普遍来自于教育技术学、远程教育学、学习科学、计算机科学与高等教育等领域。鉴于各自研究和实践的不同侧重，学术界对学习分析的解读一直都是多元化的，因而导致了不同学科背景下的学者对此领域的不同认识。例如，学习科学领域强调对学习的分析必须考虑认识论和教学法等因素；心理测量领域着重分析手段的信度和效度；人机交互领域重视分析结果对终端用户的可解读性；计算机科学领域侧重算法在具体应用情景中的开发和调试。近年来，学习分析学与“教育数据挖掘”等其他领域的融合与交叉更突显出这一趋势。

学习分析如此宽泛的定义有助于吸纳新成员的加入，引入新鲜血液和观点。近年来学习分析的迅猛发展也印证了这一点。另外，宽泛、包容的定义也势必引发对领域内涵和外延的争论。部分研究者强调学习分析学的根基应该是学习，强调领域计算、分析方面的开发和研究必须和现有教育研究整合。也有研究者更看重数据科学与数据挖掘。从学科发展来看，学习分析的进一步发展必须与认识论、教学法和评价体系有机结合。

我国教育信息化为学习分析学的建立提供了重要语境。关于教育信息化的作用，《国家中长期教育改革和发展规划纲要（2010—2020年）》高瞻远瞩地进行了概括：信息技术对教育发展具有革命性影响，必须予以高度重视。如何可持续地继续推进教育信息化是中国教育技术从业者一直需要思考的问题。当前，我国的教育信息进程中“深度融合”这一词语的高频出现，也体现出信息技术创新发展的主旋律。着眼于利用信息技术优化学习过程和学习环境，让技术服务于教与学本身，这一重要认识预设了学习分析的学科背景。

基于上述趋势，由“学习分析技术”演进至“学习分析学”是时代发展的必然结果。“学习分析学”指多维度、系统化的学问，其范畴包含学习分析技术、学习分析方法、学习分析工具及学习分析的应用。“学习分析技术”（LA-Techniques）指领域内使用的数据捕捉、存储、分析和汇报的手段（如自然语言处理、数据可视化），“学习分析工具”（LA-Applications）指在学习分析技术基础上开发的服务于具体教育目的的工具（如学习分析工具与自适应学习平台）。

1. 构建多模态数据基础

学习分析关注学习行为、情感变化和认知本质，对应了多模态数据的三个层次，即学习过程中持续变化的行为层、心理层和生理层数据。这些数据共同作用，可以记录更全面、立体、动态的真实学习情境。一方面，研究者直接观察和记录学习者的外显行为。便捷、低成本的音视频录制为真实课堂环境中的学习行为数据采集提供了便利，在线学习环境中的点击流数据也以时序为单位更为完整地被记录和存储在数据库中，可以对学习者的学习行为进行编码，追踪其行为序列，探究其行为模式与规律。另一方面，研究者从学习者的话语和写作文本中挖掘其内隐心理变化，利用传感器从学习者的眼动和表情等变化追踪其潜在思维活动，监测其生理反应尤其是心脑活动，为理解学习、改进学习奠定了全维度的数据基础。

2. 寻求跨学科支持

学习分析研究是一种数据密集型科学，具有跨学科性的特点。其教学法、认识论、学习观与教学测评为学习分析提供理论指导，计算机科学、物联网等技术科学为学习分析提供技术支持。学科的多元和交叉是学习分析的发展趋势，也是未来学习分析研究的常态。作为哲学的重要分支，认识论主要关注“什么是知识”和“人如何通晓知识”。因此，认识论无疑会影响教学法和教育测评。例如，实证主义认为知识客观存在并被权威所掌握，秉承实证主义主张的教学法能倾向于强调知识传递或记忆，而对应的教学测量则关注学生对权威知识的掌握。与此相对，基于建构主义知识观的教学法关注学生对现象的主观解读，测评会关注知识的情境性和学生的元认知。对学习分析学而言，教学法及相应的认识论、学习观与教学测评会共同影响学习的形态、学习环境的设计、学习数据的生成及对学习数据的合理解读。对这些重要因素的清晰认识和阐释对学习分析学的建立至关重要。

3. 统筹系统与标准建设

多模态数据为全维度与立体化地理解学习奠定了基础，然而丰富多样的结构化数据和非结构化数据在存储与互通等方面存在壁垒。跨学科帮助拓宽了学习分析研究视野，但也使得学习分析理论和技术体系繁杂，难以复制并推广。为解决这些问题，完善学习分析数据和技术规范至关重要。应结合学习分析过程，从与数据共享，隐私、信任和数据控制，服务质量等相关的互操作性视角，为学习者、教师、教育机构提供针对性术语及参考模型，为学习分析抽象数据流的收集、处理、分析、可视化等一系列学习分析流程提供系统要求。各类学习分析标准研制工作组应结合研究趋势和自身国情，为离散教育系统中教育数据的整合分析建设添砖加瓦。

学习分析作为推动教育技术研究的新生力量，具有成为独立学科的潜力。学习分析研究、理论和实践的交叉整合奠定了领域基础，追踪学习、理解学习和改进学习这三级研究目标明晰了研究范畴，伦理探讨、政策研读和发展指引等可持续研究保障了发展潜力，多模态数据支持和跨学科技术支持拓展了研究方法和应用领域。

从学科发展的视角，作为一门交叉学科，学习分析的学科属性更具复杂性和综合性，发展更应遵循开放性、前瞻性与开创性。应积极运用教育学、心理学、脑科学、社会学、语言学、人类学、管理学、经济学、数据科学和信息科学等领域的知识来解决教育问题，同时应主动与相关学科同行合作，共同破解教育难题。

2018 年，国家自然科学基金委员会设立交叉学科中的信息科学申请代码（F07）专门支撑学习分析的相关研究，包括教育大数据分析与应用（F070108），学习分析与评测（F070109）及自适应个性化辅助学习（F070110）。在国内，北京师范大学、华东师范大学、华中师范大学、东北师范大学、江苏师范大学、江南大学、国家开放大学等相继成立学习分析的研究机构，将学习分析作为构建智慧学习环境、理解和优化学习过程及学习情境、教育智能技术与下一代互联网教育创新的重要支撑。

海明威著名的“冰山隐喻”认为认字和形象是所谓的“八分之一”，情感和思想是所谓的“八分之七”。前两者是具体可见的，后两者是寓于前两者之中的。不断演进的学习分析学正像一座冰山，显露在上层的部分通常由一些物化的工具和应用组成，隐藏在水面之下的部分才是关键，包括对学习过程的假设，师生的角色关系，技术与人文的融合，教育大环境中社会与文化因素等。推动学习分析的学科体系建设，应进行顶层设计，从技术研发、标准规范、信息隐私保护制度、结果公开制度、干预和预警规则等方面统筹推进，进一步厘清学习分析及其跨学科基础的层级关系和领域界限，实现学科体系的逻辑自洽。

思考题

（1）结合自己的学习体验，举例说明如何将学习过程数据化，并阐释量化学习在其中的价值。

（2）辨析数据挖掘与学习分析的联系与区别。

（3）从教学结构的视角阐释学习分析支撑教育教学变革的内涵。

（4）举例说明学习分析的应用场景。

（5）说明学习分析产生的时代背景，解释学习分析与智慧教育的关系。

（6）请查阅《地平线报告》和历届 LAK 相关材料，综述学习分析研究现状与发展趋势。

第 2 章　学习分析的本质与模型

学习目标

（1）了解数据、信息与知识之间的关系。
（2）理解数据驱动教学的内涵。
（3）掌握学习分析的本质。
（4）阐释学习分析的理论基础。
（5）理解学习分析模型。
（6）把握学习分析研究新进展。

核心概念与内容结构

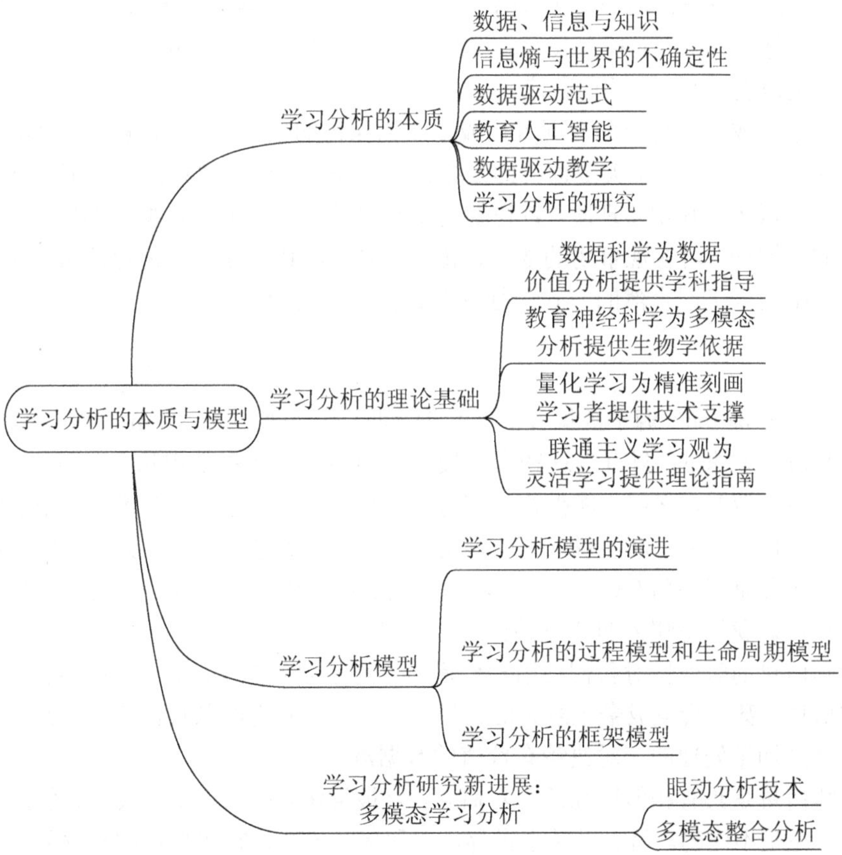

2.1 学习分析的本质

2.1.1 数据、信息与知识

1. 数据

数据（data）是内涵较广的一个概念。网络上的任何内容都是数据，教学信息、各类表格、公司图纸、医学影像报告，甚至古物上的文字、标识、尺寸、材料也都是数据。我们经常说“水的温度是 100℃，礼物的质量是 500g，木头的长度是 2m，大楼的高度是 100 层”。通过水、温度、100℃，礼物、质量、500g，木头、长度、2m，大楼、高度、100 层这些关键词，大脑里就形成了对客观世界的印象。这些约定俗成的字符或关键词就构成了我们探讨的数据基础。数据本身是客观存在的，其范畴是随着文明的进程不断变化和扩大的。

在计算机出现之前，一般书籍上的文字内容并不被看成是数据，而今天，这种以语言和文字形式存在的内容是全世界各种信息处理中最重要的数据，而在教育过程中，如教师的备课环节，测评环节，师生的交流环节，以及学生的学习过程中，都产生了大量由用户产生的内容（user generated content，UGC）。学习活动本身，也可以看成是一种特殊的数据，如我们的学习行为、我们的社会关系、我们每天的作息规律等。因此，数据是文明的基石，人类对它的认识也反映了文明的程度。

这些约定俗成的字符或关键词就构成了我们探讨的数据基础。这就表示不同阶级、不同宗教、不同国家的人对于关键词的约定必然会有差异。认识到数据的有范围性可以帮助我们在一个领域进行知识管理时，首先就注意到要统一关键词或数据的约定。数据是使用约定俗成的关键词，对客观事物的数量、属性、位置及其相互关系进行抽象表示，以适应在这个领域中用人工或自然的方式进行保存、传递和处理。

2. 信息

信息（information）源于数据并高于数据。我们知道如 7℃、50m、300t、大楼、桥梁这些数据是没有联系的。只有当这些数据被用来描述一个客观事物和客观事物的关系，形成有逻辑的数据流时，它们才能被称为信息。除此之外，信息事实上还有一个非常重要的特性——时效性。例如，新闻说北京气温为 9℃，这个信息对我们是无意义的，它必须加上今天或明天北京气温为 9℃。再例如，通告说，在三楼会议室开会，这个信息也是无意义的，必须告诉我们是哪天的几点钟在三楼会议室开会。

注意到信息的时效性对我们使用和传递信息有重要的意义。失去了时效性，信息就不是完整的信息，甚至会变成毫无意义的数据流。信息是具有时效性的、有一定含义的、有逻辑的、经过加工处理的、对决策有价值的数据流。

数据和信息是具有相似特征的一对概念，常被混淆。严格地讲，数据和信息虽然有相通之处，但还是不同的。信息是关于世界、人和事的描述，它比数据的概念要上位。信息既可以在学习活动中产生，如发帖频次；也可以是客观存在的事实，如性别、年龄等人口学变量。在很多时候，信息藏在事物的背后，需要过滤掉没有用的噪声和删除有害的数据，经过挖掘和测量才能获取数据背后的信息。学习分析的目的就在于善用数据，找到数据背后的教育信息，并且用数据和规则把它们描述清楚。

3. 知识

信息虽给出了数据中一些有一定意义的东西，但它的价值往往会在时间效用失效后开始衰减。只有通过对信息的归纳、演绎和比较等手段进行挖掘，使其有价值的部分沉淀下来，并与已存在的人类知识体系相结合，这部分有价值的信息才能转变成知识（knowledge）。例如，北京 7 月 1 日，气温为 30℃，12 月 1 日气温为 3℃。这些信息一般会在时效性消失后，变得没有价值，但当人们对这些信息进行归纳和对比时，就会发现北京每年的 7 月气温会比较高，12 月气温比较低，于是总结出一年有春夏秋冬四个季节。因此，我们认为，知识就是沉淀并与已有人类知识库进行结构化的有价值信息。

4. 数据、信息与知识的关系

图 2-1 给出了数据、信息与知识的关系。数据和信息在处理以后就会得到知识；而知识是数据和信息更加高级和抽象的概念。最高层次的知识具有系统性、规律性和可预测性。

早在数千年前，中国人就已经懂得从持续观察天象获得的信息计算每天的潮汐涨退和日出时间。历法是中国古代天文学的重要内容，它不仅包括年、月、日、时、节气的安排，还包括日、月、行星运动，交食，晷影，漏刻，恒星出没，天空分区等。因此，中国古代历法有现今天文年历的性质。现在保留下来的最古老的典籍之一《夏小正》相传是夏朝（约公元前 21 世纪到公元前 16 世纪）的历书。

测定回归年的长度是历法的基础。根据观测结果，中国古代对历法改进了上百次。许衡、王恂和郭守敬等于公元 1280 年编订了《授时历》，通过三年多的两百多次测量，多次反复计算，采用 365.2425 日作为一个回归年的长度。这个数值与现今世界上通用的公历值相同，这个精密测算的数值比欧洲的格里高利历早了 300 多年。

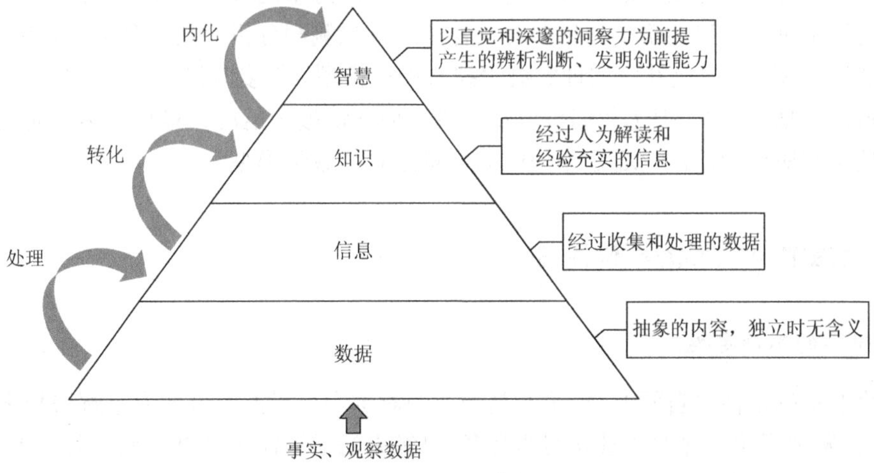

图 2-1　数据、信息与知识的关系

上述例子给出了从获取数据到建立模型表征知识的过程。同时，也说明了好的模型要和数据相吻合的道理，古人已有从数据中总结数学模型的基本能力。该过程如图 2-2 所示。

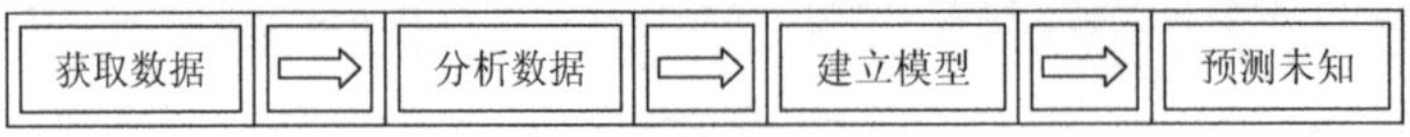

图 2-2　知识表征的过程

2007 年，Google 公司推出“谷歌趋势”（google trends）服务。利用这款产品，任何人都可以看到全世界用户在 Google 上搜索的关键词随着时间和地点变化的趋势。起初，这款服务被用于商业、留学、人口与金融等的发展趋势与搜索量分布。2009 年，人类发现了一种新的流感病毒——甲型 H1N1 流感病毒，该病毒在全球迅速蔓延。在没有研制出对抗这种流感的疫苗时，医疗工作者只能判断流感流行到了哪里。过去预报疫情的传统方法是由各地医院、诊所和医务人员向疾病控制和预防中心上报。这种方法存在一周以上的时间延迟，发现病例时，疫情早已迅速扩散。但是，当研究者将谷歌搜索量和其他事件关联起来后，可以发现非常重要的信息。

2009 年 2 月，*Nature* 刊登的论文 *Detecting influenza epidemics using search engine query data*，论述了 Google 基于用户搜索日志（包括搜索关键词、用户搜索频率及用户 IP 地址等信息）的汇总信息，从 4.5 亿种关键词的组合中，最终挑出 45 个重要的检索词条和 55 个次重要词条（归并成 12 类）作为特征，训练了一个线性回归模型。通过模型预测 2007 年和 2008 年冬季流感传播的趋势和地点，将机器预测的结果和疾病控制与预防中心公布的数据进行比对，发现准确率高达 97%。后续的研究也证明了谷歌趋势可作为预测流感分布有效、及时的工具。

该案例的数据处理只用了简单的 Logistic 回归进行建模，却成功地预测了复杂的流感规模的问题。用简单的方法预测复杂的问题并获得如此高的精度，其根本就在于 Google 所拥有的大数据量。对于小型简单系统，构造理论模型是可行的，而对于大规模的复杂系统，模型的构造则十分艰难。大数据的观点之一是，海量的数据可以弥补模型的不足。

通过以上阐述可以明确，如果要对一件事进行预测和分析，数据分析师要做两件事：一是构造理论模型；二是获取实证数据来拟合构造模型。很多时候，我们无法直接获得信息（如疫情传播情况），但是我们可以将信息（如各地搜索情况）量化，然后通过数学模型间接地得到所要的信息，通过相关联的信息建立其数学模型。

2.1.2　信息熵与世界的不确定性

1. 世界的不确定性

世界的不确定性来自两方面，第一是当我们对这个世界的方方面面了解得越来越细致之后，就会发现影响世界的变量其实非常多，已经无法通过简单的办法或者公式算出结果，这一点很好理解。第二是客观世界本身。我们知道在牛顿力学的宏观世界中，行星与恒星运动的速度和位置可以计算得很准确，从而可以画出它们的运动轨迹。但是在微观世界里，“测不准原理”普遍存在。“测不准原理”是量子力学的一个基本原理。在量子力学里，测不准原理表明，粒子的位置与动量不可同时被确定，一个微观粒子的某些物理量，不可能同时具有确定的数值。

世界上很多事情是难以用确定的公式或者规则集表示的。但是，它们并非没有规律可循，通常可以用概率模型来描述。在概率论的基础上，香农建立起一套完整的理论，将世界的不确定性和信息联系了起来，这就是信息论。信息论赋予我们看待世界和处理问题的新思路。

信息量的多少该如何衡量？我们通常会用信息量大、信息量小这类说法，如果进一步刨根问底，信息究竟能否精确度量？从逻辑上看，信息和数据有直接的关联，能否利用数据量来表示信息量？我们知道，数据量很容易考查，但很显然两者不能直接画等号。例如，*Nature* 期刊发表的 1 万字论文与本科生的 2 万字调研报告，谁的信息量大？这似乎不是由篇幅和字数来决定的。看似大量却不断重复、内容泛泛的数据，其实里面的信息量很少。

《战国策·魏策二》：庞葱与太子质于邯郸，谓魏王曰：“今一人言市有虎，王信之乎？”王曰：“否。”“二人言市有虎，王信之乎？”王曰：“寡人疑之矣。”“三人言市有虎，王信之乎？”王曰：“寡人信之矣。”庞葱曰：“夫市之无虎明矣，然而三人言而成虎。今邯郸去大梁也远于市，而议臣者过于三人矣。愿王察之矣。”王曰：“寡人自为知。”于是辞行，而谗言先至。后太子罢质，果不得见。

上述“三人成虎”的故事，讲述的是魏王用消息的次数来衡量信息。把消息混同为信息，用消息的多少衡量信息的多少，这是人们千百年来最常用的信息度量方法。当然，连古人也知道，谎言传得再多也不会变成真理。刚才的故事中庞葱就道出了信息不等于消息的看法。可见，早在 2000 多年前，我国已有人就认识到不能用消息的多少来度量信息了。

直到 1948 年，香农在《通信的数学理论》一文提出了“信息熵”的概念，才完美地解决了信息的量化问题。同时，香农还把信息和世界的不确定性，或者说无序状态联系到了一起。

2. 信息量的度量

香农用熵来描述一个信息系统的不确定性，并指出信息量与不确定性有关：假如我们需要搞清楚一件非常不确定的事（或一无所知的事），就需要了解大量的信息。相反，如果我们对某件事已经有了较多的了解，那么不需要太多的信息就能把它搞清楚。从这个角度来看，信息量的度量就等于不确定性的多少。这样，熵和信息量就可以联系起来。

在信息论中，熵是接收的每条消息中包含的信息的平均量，信息熵可以理解成某种特定信息的出现概率。一般而言，一种信息出现概率更大，表明它被传播得更广泛，或者说，被引用的程度更高。从信息传播的角度来看，信息熵可以表示信息的价值。

香农定义的信息熵的计算公式如下：

$$H(x) = -\sum_{i=1}^{n}[p(x_i)\cdot\log_2 p(x_i)]$$

其中，x 表示随机变量，随机变量的取值为 $(x_1,x_2,\cdots,x_n)$，$i=1,2,\cdots,n$，$p(x_i)$ 表示事件 x_i 发生的概率，且有 $\sum_{i=1}^{n} p(x_i)=1$。信息熵的单位为比特（bit）。

首先定义时间 x_i 的信息量为其发生概率对数的负数，记为 $I(x_i)$，则有

$$I(x_i)=-\log_2 p(x_i)$$

由该定义可得，$H(x)$ 为随机变量 X 的平均信息量。

由以上公式可知，变量发生概率越小（不确定性越大)，则 $\log_2 p(x_i)$ 越小，$-\log_2 p(x_i)$ 越大，即信息量越大。因此，香农指出，要想消除系统内的不确定性，就要引入信息。至于要引入多少信息，则要看系统中的不确定性有多大。这种思维是大数据时代数据驱动范式的根本依据。我们不妨举一个例子：

在我们对学习者一无所知的情况下，通过 MOOC 平台为其推送学习资源，一般点击率非常低。因为这等于随机猜测用户的需求，所以很不准确。如果有 1000 种个性化推送的资料，只有 10 种与用户相关，那么猜中的可能性就是百分之一。但是如果在 MOOC 平台开始推送学习资源之前让每位参与者填写一个在线问卷，通过选项获取学习者的兴趣信息，准确率会大幅提高，至于提高了多少，取决于问卷能提供的信息量。类似，如果我们能采集学习者的过程性学习信息，如对某些资源的点击率、对某些学习社区的关注程度、与某些学习者的交流情况，将会大大提升信息的匹配程度。

用不确定性眼光看待世界，再用信息消除不确定性，能够把很多智能型的问题转化成信息处理的问题。例如，下象棋，每一种情况都有几种可能，从而难以决定最终的选择，这就是不确定性的表现。再如，要识别一个人脸的图像，实际上可以看成是从有限种可能性中挑出一种，因为全世界的人数是有限的，这也就把识别问题变成了消除不确定性的问题。

人类在机器智能领域的成就，其实就是不断地把各种智能问题转化成消除不确定性的问题，然后再找到能够消除相应不确定性的信息，以解决实际问题。

信息熵的一个重要应用领域就是自然语言处理。例如，求解一本 20 万字的中文书平均有多少信息量。我们知道，常用的汉字约有 7000 字。假如每个汉字等概率，那么大约需要 13bit（即 13 位二进制数，为 8192）表示一个汉字。应用信息熵就是，一个汉字有 7000 种可能性，每个可能性等概率，所以一个汉字的信息熵是

$$H=-\sum_{i=1}^{7000}\left[\left(\frac{1}{7000}\right)\cdot\log_2\left(\frac{1}{7000}\right)\right]=12.773\,(\text{bit})$$

实际上前 10%汉字占常用文本的 95%以上，再考虑词语等上下文，每个汉字的信息熵大约是 5bit。因此一本 20 万字的中文书，平均信息量大约是 100 万 bit。

2.1.3 数据驱动范式

1. 大数据的特征

大数据最显著的特征是体量大，但是仅有大量的数据并不一定是大数据。2013 年各学校都收到来自教育部 10 月底前上报学生学籍等各种信息的要求，这些数据是大数据

吗？答案显然是否定的。它是结构化的管理数据，目的是实现统计和规范化管理，而不是想挖掘某个学生个性。传统数据的目的在于凸显群体水平、学生整体的学业水平、身体发育与体质状况、社会性情绪及适应性的发展等。教育大数据来源于过程性、即时性的行为与现象记录，在每时每刻发生的动作与现象中产生。学习分析是“大数据”发展的产物，“大数据”是学习分析的起始点。如何选择适当的数据集合，开展存储收集、提取、分析和报告是学习分析研究中的一个重要前提。一般来讲，大数据应具备体量大（vast）、及时性（velocity）和多样性（variety）特征，即“3V”特征。

1）体量大

大数据的“体量大”比较容易理解，是指数据的大容量，指增长到百万兆字节甚至千万兆字节的信息。伴随着各种随身设备、物联网和云计算、云存储等技术的发展，人和物的所有轨迹都可以被记录，数据因此被大量生产出来。相对于以往便于存储的以文本为主的结构化数据，非结构化数据越来越多，包括网络日志、音频、视频、图片、地理位置信息等，这些多类型的数据对数据的处理能力提出了更高要求。

截至目前，人类生产的所有印刷材料的数据量是 200PB（$1PB = 2^{10}TB$），而历史上全人类说过的所有的话的数据量大约是 5EB（$1EB = 2^{10}PB$）。当前，典型个人计算机硬盘的容量为太字节量级，而一些大企业的数据量已经接近艾字节量级。

2000 年，斯隆数字巡天项目启动，位于新墨西哥州的望远镜，在几周内搜集到的数据已超过天文学历史上搜集数据的总和。2003 年，人类首次破译人体基因密码时，用了 10 年才完成了 30 亿对碱基对的排序，而 10 年之后，世界范围内的基因仪 15 分钟就可以完成同样的工作量。

2）及时性

数据处理中著名的“1 秒定律”指出，要在秒级时间范围内给出分析结果，超出这个时间，数据就失去价值了。大数据正是以实时数据处理、实时结果导向为特征的解决方案。及时性体现在两个层面。一是数据产生得快。有的数据是爆发式产生的，有的数据是慢速积累的，但是由于用户众多，短时间内产生的数据量依然非常庞大，如点击数量、日志、射频识别数据、全球定位系统（GPS）位置信息等。二是数据处理得快。正如水处理系统可以从水库调出水进行处理，也可以处理直接涌进来的新水流。大数据也有批处理和流处理两种范式，以实现快速的数据处理。

智能交通管理方面，大家经常使用的高德地图、谷歌地图等，可以及时地显示每个地方的路况。其原因在于智能手机足够普及并且大部分用户开放了他们的实时位置信息，使得做地图服务的公司有可能实时得到任何一个人口密度较大的城市的人员流动信息，并且根据其流动的速度和所在的位置，轻易区分步行的人群和行进的汽车。信息可以通过分析历史数据进行预测。一些科研小组和公司的研发部门，已经开始利用一个城市交通状况的历史数据，结合实时数据，预测一段时间以内（如 1h）该城市各条道路可能出现的交通状况，并且帮助出行者规划最好的出行路线。这里的思维体现出，用户从内容使用者到内容创建者的角色转变。

3）多样性

多样性是指数据形式多种多样。随着传感器、智能设备及社交协作技术的飞速发展，组织中的数据也变得更加复杂，不仅包含传统的关系型数据，还包含来自网页、互联网日志文件、搜索索引、社交媒体论坛、电子邮件、文档、传感器数据等原始、半结构化和非结构化数据，涵盖了文本、音频、图片、视频、模拟信号等不同的类型。

大数据不仅是处理巨量数据的利器，更为处理不同来源、不同格式的多元化数据提供了可能。为了使计算机能够理解人的意图，就必须要将需解决问题的思路、方法和手段以计算机能够理解的形式“告诉”计算机，使得计算机能够根据人的指令工作，完成特定的任务。随着自然语言处理技术的发展，人们可以用计算机处理自然语言，实现人与计算机之间基于文本和语音的有效通信。

自然语言无疑是新的大数据来源，而且代表着多种更复杂、更多样的数据，它包含如省略、指代、重复、强调、倒序等大量的语言现象，还包括噪声、含混不清、口头语和音变等语音现象。Siri 就是多样化数据处理的代表。用户可以通过语音、文字输入等方式与 Siri 对话交流，并调用手机自带的各项应用，如读短信、询问天气、设置闹钟、安排日程，甚至可以搜寻餐厅、电影院及直接订票。Siri 会依据用户默认的家庭地址或是所在位置判断、过滤搜寻的结果。

4）从“Big Data”解读大数据的本质

大数据最重要的一个特点，是通过分析其英文写法就能够明确其含义。

英语里的 Large 和 Big 翻译成中文都是大的意思，在大数据被提出之前，很多通过收集和处理大量数据进行科学研究的论文，都采用 Large 或者 Vast 这两个英文单词，而不是 Big。相关论文标题经常包含“Large Scaled”“Vast Data”“Large Amount”等词组。Big、Large 与 Vast 到底有什么差别呢？Large 和 Vast 在程度上略有差别，后者可以看成是 Very Large 的意思。而 Big 和它们的差别在于，Big 更强调的是相对小的大，是抽象意义上的大，还含有给人以深刻印象的作用，有时含有“重要”的意思。而 Large 和 Vast 常用于形容体量的大小，侧重表示三维量值，强调体积，如“Large Garden”常常表示花园尺寸很大，而如果说“Big Garden”其实是要表示这不是一个小花园，真实尺寸是否很大倒不一定，但是这样的说法是要强调已经称得上大了，比较抽象。

仔细推敲英语中“Big Data”这种说法，不得不承认这个提法非常准确，它最重要的是传递了一种信息——大数据是一种思维方式的改变，是建筑在不确定世界的新方法论。

大数据除了“3V”特征外，也有学者认为应增添“2V”特性，即价值（value）和可视化（visualization）。由此可见，大数据之“大”，其侧重点并不在于其表象的“大容量”，而在于分析数据的全面性和潜在的“大价值”。

2. 大数据的本质

1）从信息论视角看大数据本质

从信息论中的重要概念——互信息（mutual information）可以深刻解读为什么信息的相关性可以帮助我们解决诸多教育问题。在很多时候，我们能够获取的信息和研究的事物并非同一问题，它们之间必须“有关联”，所获得的信息才能帮助我们消除不确定性。如第 1 章提到的王进喜的照片和大庆油田的位置、产量等情报就属于“相关性”。因此，在信息论里用“互信息”这个概念，实现了对相关性的量化度量。

有了信息论这样一个工具和方法论，我们便很容易认清大数据的本质。首先我们必须承认世界的不确定性，当我们了解到信息或者说数据能够消除不确定性之后，便能理解为什么大数据的出现能够解决那些智能的问题，因为很多智能问题从根本上来讲无非是消除不确定性的问题。数据量大、多维度和完备性，我们可以从信息论出发，对它们的重要性和必要性一一做出解释。在这个基础之上，我们就能够讲清楚大数据的本质。

首先，是数据量的问题。在过去，数据量不够，即使使用了数据，依然不足以消除不确定性，因此数据的作用其实很有限，很多人忽视它的重要性是必然的。在这种情况下，哪个领域先积攒下足够多的数据，其研究进展就显得快一些。具体到机器智能方面，语音识别是最早获得较多数据的领域，因此数据驱动的方法在这个领域产生也就不足为奇了。

其次，是大数据多维度的问题。可以从两个视角来看待它。第一个视角是前面提及的“互信息”，为了获得相关性通常需要多维度的信息。例如，我们要分析“高学习投入”学习者，只有时间上的统计显然是不够的，还需要统计学习绩效、专注程度等多维度的信息。第二个视角是“交叉验证”。例如，如果学习者在微视频的某一播放点暂停，则有可能表示该内容点难度较大，也就是说“暂停时间”与“知识点难度”之间的互信息较大。但是，这件事并非很确定，如果结合学习者的表情分析、肢体分析也能验证“知识点难度”较大这一情况，那么预测的准确性就要大很多。

最后，可以从信息论的角度来感知数据完备性的重要性。在此，我们引入信息论里的另一个重要概念——交叉熵。交叉熵的概念是由库尔贝克等提出的，因此交叉熵也被称为库尔贝克-莱布勒散度（Kullback-Leibler divergence），又俗称 KL 距离。交叉熵被用来反映两个信息源之间的一致性，或者两种概率模型之间的一致性。即当两个数据源完全一致时，其交叉熵等于零，当它们相差很大时，交叉熵也随之变大。因此，交叉熵就是对这种代表性或者一致性的信息源的一种精确的量化度量。

在过去，使用任何基于概率统计的模型都无法保障全面覆盖所有的小概率事件，这曾被认为是数据驱动方法难以逾越的问题，很多学科把这种现象称为“黑天鹅效应”。

欧洲人在 18 世纪发现澳洲之前，一直相信所有天鹅都是白色的。直到他们发现了澳洲，看到当地的黑天鹅后，才发现自己的无知。这一事件证明了人的认知具有局限性。这个事件解释了，虽然“所有的天鹅都是白色的”这一结论是在观察了几百万只天鹅之后才得出的，但只需要发现一只黑天鹅就能将该结论彻底推翻。因此，人们使用“黑天鹅效应”来指不可预测的重大事件。它罕有发生，一旦出现，就具有很大的影响力。同时，人们也发现“黑天鹅效应”普遍存在于各个领域之中。

“黑天鹅效应”至少包含两大特征：一是这个事件是个离群值（outlier），即它出现在一般的期望范围之外；二是它会带来极大的影响与冲击。

在大数据普及之前，“黑天鹅效应”无法避免，无论统计数据量有多大，都会出现漏网的情况。这些漏网的情况反映到交叉熵时，它的值会达到无穷大，也就是说数据驱动方法无法适用于这类极端情景。大数据时代，在某个领域里获得数据的完备性还是可能的。例如，在过去，把全国所有人的面孔收集全是一件不可想象的事情，但是今天这件事情完全能做到。当数据的完备性具备了之后，就相当于训练模型的数据集合和使用这个模型的测试集合是同一个集合，或者是高度重复的，这样，它们的交叉熵近似为零。在这种情况下，就不会出现覆盖不了很多小概率事件的情况了。这样数据驱动才是普适性的方法论，其建模才具有普遍性。

由此可见，大数据的科学基础是信息论，它的本质是利用信息消除不确定性。虽然人类使用信息由来已久，但是到了大数据时代，量变带来质变，采用数据驱动的思维方式可以让过去很多难题迎刃而解。

2）从数据中探究价值

大数据时代，我们能够得益于一种新的思维方法——从大量的数据中直接找到答案，即使不知道原因。

2003 年，Google 公司推出了根据网页内容安插广告的 AdSense 服务。根据大量数据的统计结果，我们发现这样一些广告和内容的搭配效果非常好，很多和我们的想象不大相同，例如，在电影租赁和视频播放网站上，放上零食的广告；在女装网站上，放男装的广告；在咖啡评论和销售网站上，放信用卡和房贷的广告；在工具评论网站上，放快餐的广告。

以上搭配，如果没有大量的数据统计作为基础，很难被人想到。若仔细分析有些看似不太相关的搭配，还是能够找到合理的解释的，如电影租赁和视频播放网站与零食广告的搭配，符合人在观看视频时喜欢吃零食的习惯。但是，有些搭配会让人完全摸不到头脑，如把咖啡和信用卡或者房贷联系起来。只要使用了这些相关性，尤其是强相关性的配对信息，一般来说广告的效果就好。这种跳出了机械时代单纯追求因果关系的做法，是大数据思维的重要特征。

2010 年，美国各大媒体报道了这样一则新闻：在南卡罗来纳州的多切斯特县，警察通过对智能电表收集来的各户用电情况的分析，抓住了一个在家里种大麻的人。从十几年前开始，美国逐渐采用智能电表取代传统的电表，这样不仅能够记录用电量，还能记录用电模式。种植大麻的房子用电模式和居家是不同的，只要把每家每户的用电模式和典型的居家用电模式进行比对，就能圈定一些犯罪嫌疑人。

想一想：对于 LMS 平台，某些偏离整体分数、时间的异常值，反映了什么情况，可以用来做什么？

基于以上案例，可以清晰地揭示基于大数据学习分析范式的两个特征：一是用统计规律和个案对比，可以做到精准定位；二是人类社会已经接受了利用相关性代替直接事实的证据。

某中学基于现有的智慧教育云平台，聘请数据分析师分析学习行为数据，以判断学习者的行为模式。数据分析师通过对学习行为的聚类分析，将学习者分为生产者型和消费者型。生产者型学习者指的是在论坛中周期性地发表消息的学习者，消费者型学习者指的是在论坛中只读消息、不发表消息的学习者。另外，依据对同伴的回复情况，生产者型又被分为两个子类——前瞻性型和反应式型。前瞻性型指的是不仅对同伴消息进行积极回复，而且会积极表达自己的感受和观点。相反，反应式型指的是只积极参与对同伴问题的回复。根据这个结论，教师和管理者可以很容易地在未来的教学中判定学习者的行为模式，一旦确定某个学习者属于特定模式，就可以在学习的不同时期向他们推送相应的学习支持。结果显示，相比前一个学年，该学年每一类学习者人数均有上升。另外，论坛中发表消息的数量也大幅提升。其原因从很大程度上可以归结于，推送策略的使用在客观上提升了论坛中学习者群体学习的内驱力，进而增加了学习者之间的相互联系，激励了学习者在论坛中的活动积极性。

如今，在各大电商网站上，商品数量多得已经无法靠浏览来选择了。有针对的推荐就变得特别重要，“由商品直接推荐商品”成为主要推荐形式。例如，张三上周买了一台数码相机，之前他还购买了几个玩具，同一个地址的李四前两天买了婴儿用的浴液。那么可以联想到张三和李四是一家人，他们有个出生不久的婴儿，张三买数码相机或许是为了给孩子照相。他们或许会对在线冲印照片（并做成贺年卡）或者电子相框有兴趣。如果结合他们的地址，很容易了解到他们的住房价值，进而估计出他们的收入。机器推荐技术促进了亚马逊市值的增长，这标志着商业智能时代的到来。

3. 研究范式转变

概率论诞生伊始人们就关注如何把概率论建立在严格的逻辑基础上，并希望能够从理论上加以证明。19 世纪的俄罗斯数学家切比雪夫（Chebyshev）对概率论产生的问题给出了肯定的回答。

设随机变量有数学期望 $E(X)=\mu$，方差 $D(X)=\sigma$，对任意的 $\varepsilon>0$，不等式

$$P(|X-\mu|\geqslant\varepsilon)<\frac{\sigma^2}{n\varepsilon^2}$$

成立，上式也称作切比雪夫不等式。其含义是：当样本数足够多时，随机变量和它的数学期望值之间的误差可以任意小。即当观察到的数据量足够多了以后，随机性和噪声的影响可以忽略不计。

我们想调研影响大学生使用手机进行移动学习的原因，调查了大一年级的 1 个班级 40 人，其中，20 人选择“屏幕大小限制”，8 人选择“输入不方便”，6 人选择“费用高”，6 人选择“缺少相应的意识”，但显然我们不能说“屏幕大小限制”占了半数，而且没有学生选择“网速慢”或者“课程资源有限”这样的因素。因此，在统计样本数量不充分的情况下，统计结果毫无意义，既包含不了不同年级的样本区别，也涵盖不了不同学科、地域的样本多样性。因此，我们将样本扩大到省内 5 个城市 23 所高校，统计样本为 4312 人，如果能得到相同的结论，那么我们可以说，“屏幕大小限制”占了半数，20%是由于“输入不方便”等。但如果严格地做出“屏幕大小限制”一定占 50%，“输入不方便”一定超过 19%类似的结论，就可能不够科学。因为统计是有随机性的，也是有误差的，仅上千人的数据得不到这样准确的结论。将切比雪夫不等式应用到这个例子中，大致可以计算出 4 类原因分别占到总人数的 50%、20%、15%和 15%，误差小于 5%（在统计中也称为置信度大于 95%）。但是如果我们要想将准确率提高到小数点后一位数，那么我们大约需要 10 倍的数据，即约 4 万个样本。

此外，统计除了要求数据量必须充分以外，还要求采样的数据具有代表性。有时不是数据量足够大，统计结果就一定准确。统计所使用的数据必须和我们预期统计的目标相符合。

鉴于完美的模型未必存在，即使存在，找到它也非常不容易，而且费时间，因此就有

人考虑能否通过将很多简单、不完美的模型凑在一起，起到完美模型的效果呢？在工程上，采用多而简单的模型常常比采用一个精确的模型成本更低，也被使用得更普遍。

只要数据量足够，就可以用若干个简单的模型取代一个复杂的模型。这种方法称为数据驱动方法，因为它是先有大量的数据，而不是预设的模型，然后用很多简单的模型去契合数据（fit data）。虽然这种数据驱动方法在数据量不足时找到的一组模型可能和真实的模型存在一定的偏差，但是在误差允许的范围内，单从结果上看和精确的模型是等效的。近三十年，计算机变得越来越聪明，这并非是因为我们对特定问题的认识有了多大的提高，而是因为在很大程度上我们靠的是数据量的增加。2016 年，AlphaGo 计算机战胜天才围棋选手李世石可谓是数据驱动方法对机器智能产生作用的最佳案例，AlphaGo 在围棋方面有很高的智能源于它对能找到的几十万盘人类高手对弈分析总结后得到的统计模型，以及在不同的局势下该如何行棋有比人类更为准确的估计。信息化时代之后，教育领域的推动总是伴随着数据的使用。从某种程度上讲，获得和利用数据的水平反映出教育发展的水平。大数据时代，数据的作用越来越明显，数据驱动方法开始被教育领域普遍采用，数据将成为下一次教育变革的核心动力。

研究范式的转变预示着研究流程的重组与研究成果的创新。如今随着大数据技术的不断深入，研究范式将从原本经验范式、实证范式、设计范式、系统范式，转变成教育大数据研究范式。这种新的研究范式，将一改传统以经验研究和理论研究为主的研究范式，实现数据驱动的经验研究范式。

2.1.4　教育人工智能

1. 人工智能的概念

1956 年，在美国举行的达特茅斯会议（Dartmouth Conference）首次提出“人工智能”（AI）的概念：让机器像人那样认知、思考和学习，即用计算机模拟人的智能。自 20 世纪 70 年代起，人工智能开始形成比较稳定的研究领域和应用领域，有机器定理证明、机器翻译、专家系统、博弈、模式识别、学习、机器人和智能控制。这些应用领域均在模拟人或专业工作者，如逻辑和推理能力、自然语言理解能力、问题求解和知识表达能力、搜索能力等。

2. 语音识别

传统的人工智能方法基于对人类如何产生智能的过程进行分析，即让计算机像人类一样思考，按照人的思路去做。事实上，当我们回到图灵博士描述机器智能的原点时就能发现，机器智能最重要的是能够解决人脑所能解决的问题，而不在于是否需要采用和人一样的方法。

人类在几千年之前就梦想着飞行，于是就开始模仿鸟，在东方和西方都有类似的记录，将鸟的羽毛做成翅膀绑在人的胳膊上往下跳，当然结果都可想而知。后来人们把这样的方法论称作“鸟飞派”，也就是看看鸟是怎样飞的，就能模仿鸟造出飞机，而不需要了解空气动力学。事实上我们知道，怀特兄弟发明飞机靠的是空气动力学而不是仿生学。依赖直觉的想法，是人类认识物质的普遍规律。

传统人工智能的方法基于语法规则和语义规则，即利用人工智能的方法理解人所讲的完整的语句。在 20 世纪 70 年代初，最好的语言识别系统能够识别百十来个单词，识别率只有70%左右，而且讲话时要口齿清晰，没有噪声。贾里尼克开发了一个基于统计方法的语音识别系统，它的语音识别率从过去的70%左右提高到 90%以上，同时语音识别的规模从几百个词上升到两万多个词，这使得语音识别有了本质的飞跃。

贾里尼克开创了一种采用统计方法解决智能问题的途径，即采用数据驱动方法解决人工智能的问题。这种方法最大的好处是，随着数据量的积累，系统会变得越来越好，相比之下过去人工智能的方法很难受益于数据量的提升。

3. 机器翻译

2005 年 2 月，美国诸多研究机构都参加了由美国国家标准与技术研究院（National Institute of Standards and Technology，NIST）主持的翻译测评。Google 公司的机器翻译团队是第一次参加这个测评。其他团队在此方面的研究均具有较长的历史。例如，SYSTRAN（系统翻译）公司，组织大量的人力编写机器翻译使用的语法规则，曾被认为是翻译系统做得最好的公司之一。测评结果让除 Google 公司之外的公司惊讶，在所有测评中，之前从来没有做过机器翻译的 Google 公司的团队均比其他研究团队同类的系统领先了一大截。根据机器翻译结果和人工翻译结果之间的 BLEU 分数（两种翻译结果的一致性），从阿拉伯语到英语的翻译，Google 系统的得分为 51.31%，领先第二名 5 个百分点，而提高这 5 个百分点在过去需要研究 5～10 年的时间；而在中文到英语的翻译中，Google 系统的得分为 51.37%，比第二名领先了 17 个百分点，这个差距已经超出了一代人的水平。

Google 系统基于六元模型的训练，而当时大部分研究团队的数据量只够训练三元模型。简单地讲，一个好的三元模型可以准确地构造英语句子中的短语和简单的句子成分之间的搭配，而六元模型则可以构造整个从句和复杂的句子成分之间的搭配。并非不是没有人想到五元模型或者六元模型，但是如果没有充足的数据，那么训练出来的五元模型或六元模型准确性非常差，对翻译没有任何帮助。但 Google 系统拥有比其他研究系统多几千倍甚至上万倍的数据，量变的积累就导致了质变的发生。在研究方法的改进方面，基于短语的机器学习系统，将句子分解成词和短句，进行逐个翻译，它的缺点在于忽略了上下文。而神经机器翻译系统则将整个输入句子视作翻译的基本单元。2016 年 9 月，Google 公司发布 Google 神经机器翻译系统，该系统利用神经网络技术，由带有 8 个编码器和 8 个解码器的深度长短期记忆（LSTM）网络组成，该系统模仿人脑的神经思考模式，产出较高质量译文，并将误差降低了 55%至 85%。

根据上述分析，人工智能的研究分成了界限很明确的两派：一派坚持采用传统的人工智能方法解决问题，简单来讲就是模仿人，另一派则倡导数据驱动方法。这两派在不同的领域力量不一样，在语音识别和自然语言理解领域，倡导数据驱动的一派比较快地占了上风；而在图像识别和机器翻译方面，在较长时间里，数据驱动这一派处于下风。主要的原因是，在图像识别和机器翻译领域，过去的数据量非常少，而这种数据的积累非常困难。数据驱动方法从 20 世纪 70 年代开始起步，在八九十年代发展缓慢但稳步。进入 21 世纪后，由于互联网的出现，可用的数据量剧增，数据驱动方法的优势越来越明显。1994～2004年的10年里，语音识别的错误率减少了一半，机器翻译的准确性也提高了一倍，其中20%左右的贡献来自方法的改进，80%左右的贡献则来自数据量的提升。如今很多需要类似人类智能才能做的事情，如图像识别、自然语言理解，计算机已经可以胜任了，这得益于数据量的增加。

4. 艺术创作

科学与艺术自人类文明诞生之日起就从未分离过，李政道认为："艺术和科学的共同基础是人类的创造力，它们追求的目标都是真理的普遍性。"画家吴冠中认为："科学探索宇宙之奥秘，艺术探索感情之奥秘，奥秘与奥秘间隐有通途。"

2017年12月，清华大学成立了未来实验室，旨在完成突破学科壁垒的使命，深入展开跨学科交叉研究与学术交流，产生引领性重大研究成果，推动学科建设和发展。目前已在打通科学与艺术之间的界限做出了突破性的进展，人工智能绘画系统被命名为"道子智能绘画系统"。图2-3是该系统在学习了数百张山水画家黄宾虹的作品后，根据风景照片创作的绘画图像。从艺术创作的角度，道子智能绘画系统确实学习到了画家的艺术变形习惯，按照画家风格习惯都做了艺术夸张的表现手法。

图2-3 道子智能绘画系统

风格迁移技术一直是计算机科学图像领域的一个经典问题，基于纹理转换、卷积神经网络（CNN）、生成式对抗网络（GAN）等技术理论的模型有很多，而做中国水墨画风格迁移的很少，因为中国水墨画的变形比较多，难度比较大。道子智能绘画系统专注于中国水墨画的风格研究，对留白、笔墨、线条等三方面做了专门优化，将一幅绘画图像的风格与内容剥离成两个独立元素，进行分别量化。以画一幅虾的水墨画为例，未经艺术处理的虾的自然图像（虾的照片）可以看成是“内容”，而画家的个人风格习惯或者说艺术处理方法可以看成是“风格”，由内容加风格最终产生了根据虾的自然图像艺术风格化之后的水墨画虾。当内容与风格相互剥离之后，就可以把任何已知画家的风格赋予一幅自然照片，使之在保留照片内容的基础上生成具有该画家风格的艺术图像。人工智能绘画是中国传统文化资源在人工智能时代的创新探索与全新演绎。

5. 人工智能与“互联网+教育”的融合

伴随“互联网＋教育”的深入、海量数据的产生及对智能化的多样需求，赋予人工智能新界定，即通过机器的学习、大规模数据库、复杂的传感器和巧妙的算法，完成分散的任务。教育受其影响也显露出由“教育＋互联网”阶段向“教育＋AI”进阶的趋势。教育信息化也开始迈向“智能化”新阶段：由教育数字化迈向教育智慧化。人工智能技术被大量引入教学系统，不仅实现了学习资源呈现、作业批改与答疑、学习社区构建、交互协作等功能，还能对知识与内容的表征形式实行智能化改造，并即时捕捉与感知、分析学习者的学习状态。国务院发布的《新一代人工智能发展规划》中明确指出要利用智能技术构建新型教育体系、建设智能校园、开发智能在线学习平台和开发智能教育助理等措施来实现便捷高效的教育服务。

潘云鹤院士认为新一代人工智能发展规划基于五个方面：一是大数据上的深度学习与自我博弈进化技术；二是基于网络的群体智能已经萌芽；三是人机一体化技术导向混合智能；四是跨媒体推理已经兴起；五是无人系统迅速发展。教育人工智能的本质是通过将人工智能应用于教育领域，以提升教育的质量。一方面，要求人工智能技术能够根据学习者的成长变化，为学习者提供合适、高度相关的资源以适应他们的理解和需求；另一方面，也要求人工智能技术能够有效促进人际交流、创造性与问题解决、信息素养、自我认识与自我调控、批判性思维、学会学习与终身学习、公民责任与社会参与等内容。

人工智能应给每位学习者提供个性化学习机会，促进学习者“21世纪能力”的获得，要实现对学习环境中交互数据的分析，支持人们的随处学习和终身学习，以及不同教学场景中的应用。从这个角度看，学习分析是智能教育的核心，其应用可从以下3个方面进行分析：

（1）在感知层面，通过与人的感觉器官相关联，来理解人的学习需求；

（2）在知识层面，可以构建某些领域或学科需要系统掌握的知识，典型的例子是语言学习和自动批改作文类；

（3）在认知层面，通过人的认知学习规律和感知层得到的信息相结合主动探知人的需求。

事实上，在实际应用中，绝大多数应用离感知层面的效果实现都相去甚远。目前教室里的语音都不能被识别，也不能根据人体来定位目标。构建知识层离预期更远一些。尽管现在有很多系统都号称根据某些学科特点搭建了其知识图谱、应用图谱、教学法图谱，但与当今人工智能的深度学习是不一样的。至于认知层面，认知科学在认知规律和人工智能技术中间缺乏互动和整合，还有很长的路要走。

从知识、行为与情感的教学目标分类视角，人工智能的教育应在以下 3 个方面有所突破：

（1）在知识维度，支持学生建模，能够对每个学习者的知识进行建模和跟踪，支持生成形成性评价，为学习者推荐自适应的课程和资源；

（2）在行为维度，利用机器学习支持学习行为建模，根据学生不同学习表现的行为模式对学生自动分组，提供相应的学习支持，通过分析学习历史（如活动日志、学习结果等）和人口特征等数据，来预测学习者的学习表现和成绩；

（3）在情感维度，机器学习能够发现学习者情绪状态与学习行为、结果的相关性，从而根据学生的情绪状态推荐课程资源。

这就要求人工智能技术能够根据学习者的成长变化，为学习者提供合适的、高度相关的资源以适应他们的理解和需求。也要求人工智能技术能够有效促进人际交流，参与创造性培养与问题解决、自我认识与自我调控，助力学习者批判性思维、终身学习、公民责任与社会参与等方面的习惯养成。鉴于机器学习的局限性，尤其表现为容易被复杂的场景所迷惑，人们可能很容易完成的场景分析，对于机器来说却依旧困难。

2.1.5 数据驱动教学

1. *数据驱动教学回溯*

大规模数据驱动教学的时间可以追溯至 1995 年国际教育成就评价协会发起和组织的国际数学和科学研究计划。2000 年，经济合作与发展组织发起国际学生评估计划，该计划，每三年进行一次，65 个国家参与了测评，以评测学生阅读、数学、科学等科目的能力素养。2005 年，美国开启数据质量运动，从国家层面指定数据系统旨在提升学习绩效。梅纳赫姆教育基金会（Menachem Education Foundation）于 2010 年 9 月发起了“数据驱动教学计划”，强调学生的学习，并通过频繁的考试和定期评估来收集数据，确保学生能够掌握课堂材料，数据驱动教学计划允许不同的类以不同的速度运行。在评估和数据分析的基础上，可以制订未来的教学计划。2010 年，美国高等教育信息化协会制订“下一代学习挑战”计划，通过研发个性化的评估平台、分析学生学习数据、跟踪学情掌握度使学生实现深度学习与技能掌握。2015 年，美国全国教育管理政策委员会发布的《教育领导者专业标准》明确了教育各层次人员运用评价数据掌握学生进步程度，提升教学水平的重要作用。此后，以美国为代表的学术机构、教育基金会、企业等开始探讨基于学习分析的数据驱动教学在平台建设、学情诊断、资源建设、学习管理等方面的应用，提出各自的数据驱动的教学模式。

近年来，我国部分地区和学校已经开展数据驱动的教学实践探索。其典型代表是基础教育领域翻转教学法的实施。在技术的支撑下，基于课前、课中、课后的过程性数据使得教师对学习者的全面评估、精准教学成为可能，这从本质上改变了传统教学的流程。学习过程记录、学习评价、智能反馈等功能的实现，为学习者提供了个性化的学习体验，实现了课程教学的“逆序创新”，涌现出了多种个性化的教学模式。如重庆市聚奎中学提出的“三四五六”模式，上海普陀区“J 课堂”的“先学后教、以学定教”模式；山东省青岛第二中学“以导学任务单驱动学生的自主学习，层级式问题驱动学生的合作探究，学习数据分析驱动教师的按需教学，课堂即时评测和成果分享驱动知识内化”的教学模式，基于长尾学习理论累积性评价的智慧课程模式，以及“FLIPPER”翻转教学模式等。

2. 数据驱动教学的内涵

“互联网＋”时代，传统教学环境日益向个性化、智能化方向发展，学习分析支持的数据驱动教学将课堂教学与信息技术进行深度融合，创设基于数据驱动认知、促进个体建构的教学模式。其教学流程不再限制于预设的步骤，而是根据实际灵活再造。数据驱动教学是数据驱动范式在教育领域的应用，是一种精确而系统的方法论。其内涵是通过全样本、持续性收集、多数据集、及时性分析与可视化呈现以表征教育教学的规律，对教师、学习者、交互过程与学习环境全面刻画与诊断，利用“评估、分析、行动与文化”的反馈循环，实现学习分析支撑下的以学定教、因学定导，进而为教育政策、资源定制、教学决策、学习策略提供精准、及时及全方位的支持。

2.1.6　学习分析的研究

1. 学习分析的实施过程

没有大数据时，研究者寻找规律常常是很困难的，经常要经历“假设—求证—再假设—再求证”这样漫长的过程，而在找到规律后，应用到个案上的成本可能很高。但是，有了大数据之后，这一类问题就变得简单了。这种方法采用的是机器学习，依靠的是机器智能，大大降低了人工成本，因此执行的成本非常低。

先前的案例存在着一些普遍的规律，这些规律可以通过数据流（data flow）的一致性体现出来。我们不妨分析一下在上面的几个案例中数据是如何流动的。首先，大量看似杂乱无章的数据点，从很多不同的地方利用不同的采集方式进行收集，这些数据在生成时常常是彼此独立的，而且在收集上来之前是原始的、未加工的、无目的的。这些大量独立的数据聚合在一起，根据自己的需求对其进行筛选、过滤和处理，才能得到客观而准确的统计结论。由于在收集数据时事先没有太多的目的性，从这些数据中能够得到什么结果事先也无从知晓。

数据是基础，算法是核心，服务是目的，学习分析的实施过程包括以下 4 个方面。

（1）机器学习，即机器从数据中学习，其处理的数据越多，预测就越精准。浅层学习、深度学习和强化学习旨在通过算法让机器从大量历史数据中学习规律，通过经验或数据来改进算法的研究，自动发现模式并用于预测。

（2）教育人工智能以领域知识模型、学习者模型和教学模型为关键要素。领域知识模型包含教学所需的相关知识（概念、事实、规则）及问题求解策略。

（3）学习者模型建立于领域知识库之上，主要负责实时更新存储学习者的基本信息和有关学习者学习过程的动态信息；通过收集学习者特征数据，对学习者进行建模，以实现个性化教学。

（4）教学模型接收来自学习者模型和领域知识模型的信息，通过匹配学习者的知识状态和领域知识的关系，依据教学原理，选择合适的教学策略，根据教学策略从领域知识库中选择合适的教学内容，从而为其提供个性化的学习资源、学习活动、学习路径、学习预警、学习工具与服务。

2. 不同数据研究方法的比较

需要指出的是，教育是建筑在生命对话上的社会性活动。学习分析作为实证研究范式探索教育问题的研究领域，既不能延续传统“经验性”的归纳演绎方法，也应避免“唯数据，轻因果”的大数据研究范式。教育理论的研究可在上述不同的研究层次上，采用相应的研究范式获得研究发现。表 2-1 给出了不同数据研究方法的异同点（戴伟辉，2018）。

表 2-1　不同数据研究方法的异同点

研究方法	关注重点	研究发现	局限性
循证研究	事务变化及其影响因素的可靠证据	可以通过 Meta（荟萃）分析对大量的发现及其证据效力进行科学综合，对事务变化的特征及其影响因素提供更可靠的分析结论	对不同环境及不同情景下的研究难以有机整合；难以发现因素之间的系统性关联；无法对未来的变化做出定量预测
回归建模	事物变化数据的定量关系	可以对历史变化状况建立数据关系模型，并基于上述模型对未来的变化趋势进行定量预测	对主要影响因素的作用过程特征及机理缺乏考虑；在非线性、非平稳和统计学特征发生变化的情形下，无法对未来的变化做出有效预测
结构化方程建模	事物变化的影响因素及作用过程的统计学关联特征	可以对上述变化的主要影响因素及其作用过程建立统计学线性关联模型，从统计学意义上解释影响因素的作用过程特征	在非线性、非平稳和统计学特征发生变化的情形下，难以得出可靠的结论；对影响因素的动态作用过程机理及相关知识与规则难以描述，无法对未来的变化做出定量预测
大数据挖掘分析	事物变化的大样本数据定量关系及知识与规则	可以对历史变化状况建立较为可靠的数据模型，并挖掘出难以用定量模型表述的影响因素作用特征及相关知识与规则	对影响因素的动态作用过程机理难以获得系统性发现；对未来变化的预测可能出现错误
系统建模与仿真	事物变化的系统性机理及未来的变化状况	可以基于影响因素的动态作用过程机理及相关知识与规则建立系统模型，通过对历史变化状况的仿真验证上述模型的有效性，并在此基础上对未来的变化进行定量测量	受到模型、知识与规则的准确性、完备性影响

当前，采用大数据挖掘分析、系统建模与仿真相结合的方法对事物变化的宏观特征及其微观机制较好地进行综合研究，已成为应对复杂教育系统的重要方法。例如，在神经教育学研究中，采用仿脑模型对神经活动过程及其机制进行建模与仿真，通过大数据挖掘相关知识与规则并对上述模型进行训练，可以分析在不同教育情境中大脑的神经活动过程及其所产生的心理现象和教育效果，为教学方法与策略的制定提供科学指导。

学习分析采用结构化方程建模等方法，以发现事物变化的规律，对变化规律进行归纳总结，深入剖析事物变化的机理，对事物变化的各类影响因素及其作用过程进行研究，对已有的现象、特征从系统性作用过程进行合理的解释，并对各类影响因素如何改变学习状态进行有效的分析和预测。

3. 学习分析促进教与学的机制

学习分析数据驱动范式，对学习进行描述、诊断、预测和干预，解析出数据间的相关关系，基于相关关系进行降维，开展数据启发的专家智慧密集研究，从而得出深入的见解，以保证教育教学的总体发展趋势始终指向预期目标。可以从理论上洞悉学习分析促进学习的作用机制。这一机制包含技术分析和人类评价两个层面的相关要素，并在各个环节实现恰当的匹配。

（1）通过对学习过程数据的记录与分析，实现“对学习的评价”。这种基于学习者学习行为数据的评价具有鲁棒性。以此为基础，能够激发学习者针对性的学习反思，通过自我评价，调整学习策略，优化自我行为，提升学习绩效。

（2）以多维学习评价为依据，对学习者学习状态和教师教学状态进行全面考查，实现“因学定评”。全景式的真实评价有助于教师反思教学方法和策略，改善教学与管理，从而优化教学策略，支撑教师的专业发展。

（3）通过持续的数据记录和分析，实现对学习者成长过程的动态画像，激发学习者对学习投入和参与状态的反思，以此塑造“学会学习”的能力，并构建完整的学习评价体系。学习分析促进学习是一个系统的结构。在基本路径上，学习分析通过对课程、评价与活动 3 个要素的恰当匹配实现对学习的促进作用，如图 2-4 所示（毛刚，2018）。首先，通过对课程学习过程数据的记录与分析，实现对学习的评价。这种自然状态下的评价具有天然的可信性。然后，以综合性的学习评价为依据，开展对学习者学习状态和教师教学状态的全方位分析。这种全景式的综合评价有助于教师反思教学方法和策略，改善教

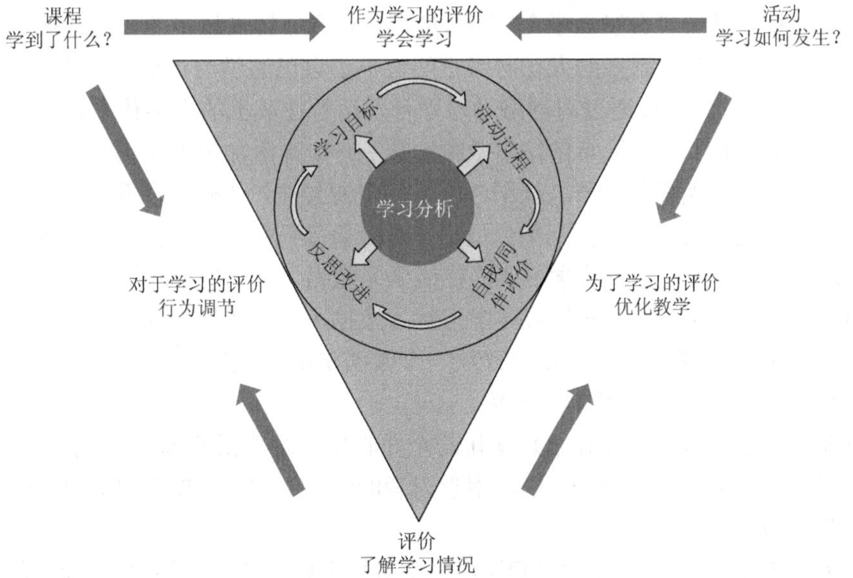

图 2-4　学习分析促进学习的作用机制

学与管理，优化教学策略。最后，围绕学习如何发生设计学习活动，建立学习者成长过程的动态数字画像，激发学习者对学习投入和参与状态的反思，形成“学会学习”的能力。学习分析正是围绕学习目标、活动过程、自我/同伴评价与反思改进实现目的、过程与结果的相互融合，构成一个持续的循环，形成学习分析促进学习的作用机制，可以从以下 3 个方面进一步理解学习分析促进学习的机制。

（1）真实学习情境下的学习行为分析是基础。尽管有可能存在数据完整度不够和部分指标不精确的问题，但以事实为依据的量化分析能够显示学习者真实的学习状态，挖掘出学习者长期以来不以为意的一些“内隐行为”。

（2）为学习者提供客观、层次鲜明且有明确提示的机制是有效学习发生的关键。为保障学习者能够在学习过程中充分地表达自己，为其提供有关学习过程中必须、及时、持续性反馈，有助于学习者的动机得以满足，帮助学习者更好地理解他所取得的进步，持续改善学习或表现。

（3）基于“采集—分析—反馈—反思—行为调节”的持续反馈循环是学习分析促进学习的重要机制。从外部不断创新智能学习环境，从内部持续促进学习者自我反思和调节，形成良好的心理环境。在富有挑战性、复杂性和非良构的学习情境下，学习者需要对自我学习定向、自我责任和元认知进行不间断的反思调整。学习者持续的学习投入会持续产生更丰富的、完整的学习数据，从而不断修正数据缺失带来的反馈模糊，使学习过程上升至动态、良性发展的循环状态。

4. 学习分析的方式

当前，我们正迎来一个千载难逢的机会。Coursera、Udacity、edX 等 MOOC 平台，以及各类在线学习平台、智慧教育云平台的普及成功地开启了新的学习时代。从形式上看，在线学习或者与传统课堂教学互为补充，或者直接与课堂教学交汇融合，或者与课堂教学完全无关，纯粹是学习者自发性学习。随着应用的深入，越来越多的人逐渐接受并习惯了这种学习方式，并且越来越多的人在网络空间留下了自己的学习痕迹。如果在一定的学习科学与教育理论的指导下，通过对网络学习平台及运行在其上的数字化学习资源进行精心设计，则可把这些看似杂乱无章的网络数据变成有序、高附加值的学习行为数据。正如当前各大网络学习平台所做的一样，从平台登录到资源导航，从视频观看到在线答题，从互动交流到作业提交，从学习评价到平台退出，网络学习平台在不干扰学习者的情况下，完整、精细、客观、持续地记录着学习者的在线学习数据。可以说，网络学习不仅撬动了传统的教育模式，而且使系统全面地收集学习行为数据不再成为一个难题，为数据驱动的学习分析与增值利用扫清了障碍，使教育从一个数据贫瘠的领域变成了数据极为丰富的领域，成为催生学习分析革命的丰沃土壤。

数据驱动的学习分析是指在合理量化与全面收集学习数据的基础上，采取恰当的模型或方法对学习行为数据进行分析，以洞察学习者的学习心理，发现学习规律，优化学习过程，提高学习效率。

（1）从数据来源上，在线学习开启了海量学习行为数据爆发式增长的潮流，故此前的学习行为数据大多来源于线上。但随着各类新型传感器、可穿戴设备的普及和模式识别技术的成熟，线下学习行为的采集也在逐渐突破技术的限制，如可通过视频采集设备、可穿戴设备等采集课堂教学的全过程数据，也可通过人脸识别等专用设备对课堂学习者进行定向跟踪，采集学习者的表情、言行、肢体等生理数据。线下学习行为的采集将极大丰富学习行为的类型，拓展学习行为的边界，通过对多源头、多场景、多模态数据的聚合，构建以学习者为中心的全息数据模型也将成为现实。

（2）从分析目标上，学习分析的目标包括学习监控、学习诊断、学习预测、学习干预、自适应学习规划、个性化学习推荐及学习状态可视化等。其中，自适应学习规划与个性化学习推荐是两个最重要的实现目标，主要实现学习者的两大需求：其一是学习者控制学习，即学习者主动地适应各种学习方式，实现学习者自我组织，制订并执行学习计划、自主选择学习策略，对学习进行自我评估；其二是适应性学习，是一种系统主动向学习者提供学习服务的学习方式，即系统能预测判断学习风格、兴趣偏好、知识水平、学习文化等学习者特征，实施相应的教学策略，适应性地呈现个性化、可视化的学习路径、学习资源、同伴、工具等。

（3）从分析方法上，以统计分析、数据挖掘、机器学习等为代表的，面向数据密集型的普适性分析方法，将成为学习行为分析的主流方法。如运用相关分析、回归分析等统计方法来发现学习行为属性之间或行为属性与分析目标之间的关系，采用关联规则、序列模式挖掘等方法来提取学习者的行为模式等有价值的信息。此外，针对教育领域的特殊性，社会网络分析法、内容分析法、话语分析法及知识可视化法等也逐渐被吸收成为学习行为分析的常用方法，用于解决大规模用户协同学习、在线讨论、人机对话及知识导航等特定情境下的分析任务。

2.2　学习分析的理论基础

2.2.1　数据科学为数据价值分析提供学科指导

学习分析的应用，最主要的问题并非是数据的采集和统计分析方法，而是缺乏相应的方法论指导。虽然学校和教师都能够意识到大数据科学的重要性，但对其在教育中应用的方法却不十分清楚，因此才产生了数据采集缺乏全面性、数据分析缺乏针对性、结果应用缺乏有效性等问题。数据科学的核心涉及用自动化的方法来分析海量数据，并从中提取知识。在几乎所有的知识发现领域，数据科学提供了一种强大的方法，即为海量数据的价值获取提供了一种新的见解。

学习分析的本质是挖掘教育数据的价值，基于教育新规律改进教与学。教育数据的价值与数据容量和种类是密切相关的。一般来说，数据容量越大，种类越多，包含的信息量越大，挖掘的潜在价值也越大。为了实现全数据分析，要求数据科学能够综合分析海量且格式多样的数据，以及具备优秀的可视化能力。毋庸置疑，学习分析是数据科学在教育中深入应用产生的新领域，数据科学正在助力学习分析不断成熟并影响着社会科学和人文科学领域。

数据科学与学习分析有诸多共同之处，例如，数据科学融合了多门学科并且建立在这些学科的理论和技术之上，包括数学、概率模型、统计学、机器学习、数据仓库、可视化等。大数据时代，采用分布式架构来提高系统的扩展性已成为必然。Hadoop 已经成为当今大数据处理领域的王者技术。未来如 Mahout 等的分布式大数据处理工具将替代传统工具占据主要地位。这一切离不开数据科学的支持。学习分析不断发展，能否高效、准确地挖掘出数据中蕴含的潜在价值，是衡量学习分析的价值之处，也是数据科学的关注重点。数据科学具有完善理论基础和学科技术，成为学习分析的重要驱动力量。

2.2.2 教育神经科学为多模态分析提供生物学依据

教育神经科学将生物科学与认知神经科学纳入教育研究中，将传统孤立与分离的脑认知科学与教育研究整合起来，实现了对人认知机制的深入研究。教育神经科学借助先进的技术手段与多种研究方法，从基因—分子—突触—神经元—神经网络—神经系统—学习行为—社会行为等不同层面揭示学习产生的完整过程，对学生的学习行为提供因果解释。对教育神经科学而言，关键是需要将和学习有关的生物标记及真实情境中学与教的证据结合起来，而不仅仅关注与学习没有关系的标准化测验成绩。脑成像与遗传信息本身并没有价值，但是对教育人群的研究可能产生推动学习分析发展的关键证据。

神经科学认为，学习的生理基础是神经元间突触的连接，学习任务产生具体的对大脑的需求，这些需求引起化学的和神经系统活动方面的变化。其中，自主神经系统（ANS）具有不受意志支配的特性，分为交感神经系统和副交感神经系统两部分。交感神经系统在应激时刻调动生理资源，副交感神经系统在个体休息和相对静止的状态起作用以节省和存储能量，两者相互协调共同影响脑血流、肌肉活动、皮电反应、心律、瞳孔尺寸、眼球运动、血压、呼吸和唾液分泌，以上数据可通过生物采集的方式获取。教育神经科学为基于生物数据的学习分析提供了解释依据。例如，当学习者承受压力时，交感神经系统会发挥作用，导致心率升高，心率变异性降低；当学习者成功自控时，副交感神经系统会发挥主要作用，导致心率降低，心率变异性升高，从而使学习者集中注意力并恢复心态平静。因此，可以通过皮肤电和肌电检测学习者学习时的心理状态。多模态整合学习分析意味着按照人的多重感知模式分析测量生物数据，以同步处理被试者不同模态的数据，如同步记录与分析眼球运动轨迹和关注焦点、脑电和事件相关电位、心电、肌电、皮肤电等生理信号。教育神经科学可以从多个方面深化学习分析的研究内涵，能够更深入地揭示学习者的信息感知和认知加工规律，深刻刻画出学习者的学习肖像特征。

2.2.3 量化学习为精准刻画学习者提供技术支撑

量化学习是指面向学习者的学习活动和成长过程，采用适当的策略与方法，获得学习者外显和内隐的行为特征数据，通过分析、干预和学习服务的提供来满足学习者的个性化需求，形成新的学习方式，助力人的全面发展。量化学习的核心是过程性数据，数据处理是一个复杂的过程，主要包括数据的采集与存储、信息的挖掘与分析、数据与分析结果的可视化呈现和反馈，以及用户对数据的分享与交流，量化学习是支持学习分析的重要组成部分。

量化学习为学习分析的发展带来了创新的机遇。学习分析应用的实现首先依赖于对来源广泛的教育数据的获取，而量化学习为学习分析提供了新的思路和模式。与此同时，在量化学习支持教育教学的过程中，学习分析也起到关键作用，量化学习算法将成为学习分析的关键。

量化学习有助于补充与完善学习分析的缺陷和不足。学习分析是以理解和优化学习及其发生的环境为目的，对学习者及其所处情境的数据进行测量、收集、分析和报告。学习分析的数据主要来自虚拟学习环境，很少捕捉现实环境中的数据。量化学习技术提供了一种支持现实环境中教育数据采集的新方式，收集与学习者生活或外部学习环境相关的数据，为学习分析提供了更广泛的分析因素。将量化学习产生的实时、连续、个人生活的数据和学习分析的数据结合起来进行科学阐释，可以揭示学习者生活方式或环境因素对学习效果的影响。

学习分析关注的重点是以不变应万变的学习规律，即利用量化学习技术收集数据、分析数据、分享数据，以破解隐藏在表象学习过程下的知识的习得过程或认知规律。量化学习技术与其他现代信息技术的融合与应用，无疑能够在一定程度上解决学习者在学习过程中遭遇的问题，并推动学习分析的发展。

2.2.4　联通主义学习观为灵活学习提供理论指南

联通主义学习观认为学习即网络的形成。网络由节点和连接两部分组成，网络中意义的创建源自连接的形成和对节点的编码。新节点的出现并不能保证学习的发生，因为新节点不能确保知识的传输和意义的转换。这些新节点必须被编码且与网络中的其他节点发生联系，即连接是联通主义学习的关键。Siemens 认为学习就是形成内部认知神经网络、概念网络和外部社会网络间连接的过程。学习者之间个性化学习差异的原因不仅是学习者内部认知神经网络的不同，还包括学习者个人概念知识网络的不同及外部社会网络的不同。因此，个性化学习路径不仅是学习者学习过程中认知和情感的差异化，也是学习者学习路线、学习目标、学习内容、学习活动和学习评价的差异化。

教育大数据、学习分析和智能网络学习平台的逐步发展使得学习轨迹不仅能够得到记录进而形成全学习过程数据链，而且能够对学习过程和结果进行个性化分析和评测。各类基于学习分析的智能学习推荐系统则是根据学习者的学习特征量身定制不同的个性化学习路径，推荐的路径需要高效并且适应性强。适应性的学习路径制定是基于充分分析学习者自身的生物因素、外部学习行为特征及外部各种能够影响学习者学习的因素的综合考虑。自适应系统里有成千上万个内容模块，学习内容的存在形式包括视频、题库、问答对话等，每个模块里的内容可大可小，可能是一个小问题，也可能是一个连续的学习系列。这些内容之间的关系以知识图谱的形式存在，可实现知识的可视化，其作用在于表示课程材料知识点之间的概念关系。系统会根据学习者学习情况给每一个内容打分，并根据学习者表现调整呈现的路径及相应的呈现方式。

2.3 学习分析模型

分析事物之前，有必要对内部逻辑进行梳理，建立内部逻辑最好的方式是从模型入手。学习分析模型是学习分析系统的一种表达形式，作为学习分析的参照性指导方略，对学习分析的高效实施具有重要作用。根据学习分析模型的使用对象，可以将其应用进行如下分类。

（1）面向学习者的学习分析模型可以促进学习者了解和反思学习成效，但其核心是基于教学原理的学习过程分析，进行形成性评价，提供学习建议，促进个性化学习。

（2）面向教师的学习分析模型能够支持教师及时诊断学习者学习情况，运用分析结果设计教学干预、调整教学策略，同时反思教学方式和效果。

（3）面向管理者的学习分析模型能够促进管理效率和质量的提高，可以支持学校教育管理者评估系统的运行效果，优化决策计划，合理分配资源，改变院校的管理模式和效果。

（4）面向政策制定者的学习分析模型可以依据学习分析模型评估整个教育系统的运行情况，制定保障教育质量和提高效率的政策。

（5）面向研究者的学习分析模型能够支持研究者采用基于数据的研究范式，探索教学行为和管理行为的规律，也可以利用数据评估学习、教学和管理决策的效果。

2.3.1 学习分析模型的演进

2011 年，学习分析专家 Brown 明确了学习分析的五个要素，即数据收集、分析、学生学习、受益者和干预。同年，Siemens 提出了学习分析过程模型，确定了学习分析模型的基本要素，塑造了学习分析的基本结构及线性实施流程。Brown 和 Siemens 的观点为后续学习分析模型的构建提供了扎实的理论依据。

（1）Elias（2011）结合学习分析的循环特性，从资源使用的角度提出了学习分析过程模型，其核心是计算机、理论、机构与人员 4 类资源，共同推动数据收集、信息加工、结果应用的循环发展。

（2）Clow（2012）认为学习分析模型应包括学习者、数据、度量与干预 4 个要素，认为采取干预措施实现反馈的完整回路对学习分析尤为重要。

（3）Greller 和 Drachsler（2012）总结出学习分析的限制因素，从受益者、目标、数据、工具、外部限制与内部限定 6 个维度提出了设计模型，构建了学习分析通用框架。

（4）Dyckhoff 等（2012）提出面向教师的学习分析框架，基于教学资源应用、学习者的特征信息、学习行为和学习结果等数据，为教师教学干预提供精准依据。

（5）van Harmelen 和 Workman（2012）将数据分析框架分为硬件设施和软件、数据收集与处理、分析方法、可视化呈现与分析结果应用 5 个部分。

（6）Khalil 和 Ebner（2015）提出学习分析的循环模型，包括学习环境、大数据、分析和行动 4 个部分。学习分析的一个周期始于学习环境，止于适当的干预行动，上一个周期的结束是新的学习分析周期的开始。

随着学习分析学科的不断成熟，产生了丰富的学习分析模型，这些模型分别从学习分析的过程性、技术性、约束性等不同角度解释了学习分析的概念；从数据来源、分析方法、工具和数据采集与数据处理等方面对学习分析进行研究。各分析模型将数据分析作为学习分析的关键，综合考虑环境层面、数据层面和利益相关者等要素，并以环状、网状、矩形图等不同形态进行了可视化呈现。

2.3.2 学习分析的过程模型和生命周期模型

以过程为导向的学习分析模型的共性是详细描述学习分析的各个阶段，它以对象或操作为节点，用有向箭头进行连接，形成一定的前后秩序关系，有固定的起始点和终结点，整体模型既可以是闭合的，也可以是不闭合的。这类模型的特点是路径简洁、方向明确、流程清晰、连贯性强。

以过程为导向的学习分析模型，依据学习分析的概念和作用等理论基础，明确了学习分析的环节及操作步骤。该类模型在早期学习分析过程模型的基础上，着重描述了数据处理过程和数据信息的环形流向，突出了学习者的核心地位，从而实现个性化学习。

1. 学习分析过程模型

Siemens 提出的学习分析过程模型包括学习者数据、智能数据、简介、分析、预测、个性化或自适应 6 个部分，如图 2-5 所示。该模型设计采用线性循环思路，将学习分析的各个环节融为整体，并使各部分内容紧密相连。该模型以学习者数据为基础，以分析为依据，强调对学习者预测基础之上的个性化或自适应教学，结合技术、社会、教学等因素从整体性角度进行综合考量。

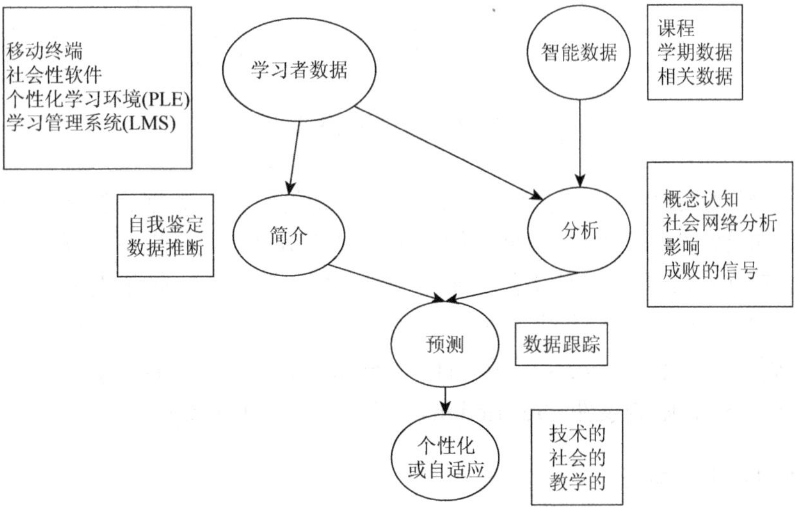

图 2-5　学习分析过程模型

相关数据主要来源于两个方面：一是学生在移动终端、社会性软件、学习管理系统等操作的记录，这些数据主要记录了学习者与系统的交互过程，通过这些数据可以得出学习者的学习特征；二是课程、学期数据等其他一些与学习相关的数据，这些数据是学习者具体的学习数据，如完成了多少道习题，在论坛上问了几个问题等。后者的数据结构性更强，更有利于分析。值得注意的是，在调整和干预的过程中，并非完全依靠计算机去实现，大部分情况下需要结合社会学和教育学等方面的知识，进行全面、多方位的指导。

2. 生命周期模型

Khalil 与 Ebner 等提出了学习分析的生命周期模型，认为学习分析包括学习环境、大数据、分析与行动 4 个部分。学习分析的一个周期始于学习环境，止于适当的干预行动，上一个周期的结束同时是新的学习分析周期的开始，如图 2-6 所示（Khalil and Ebner，2015）。

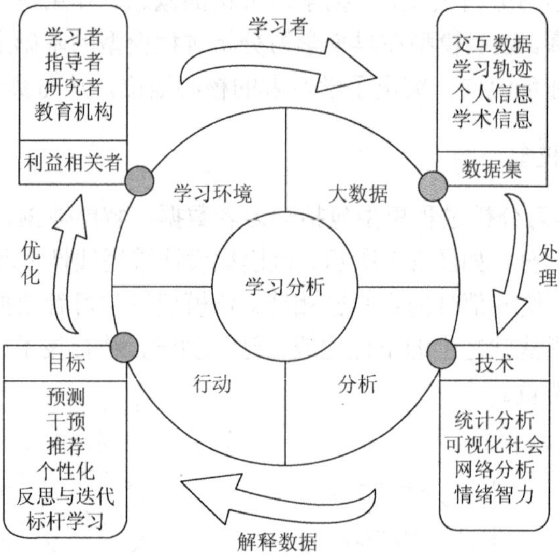

图 2-6　生命周期模型

生命周期模型强调的是学习分析过程的循环，即通过获取数据、选择数据后再进行收集，将整理后的数据进行聚合、预测，接着用获得的结果来优化学习过程。此时，模型并没有到此结束，而是将优化、使用的结果再分享、反馈给数据的收集人员，从而继续影响后续的数据收集。此外，该模型强调学习分析的过程会受到多种因素的制约，包括隐私（privacy）、数据存取权限（access）、透明性（transparency）、政策（policy）、安全（security）、准确性（accuracy）、限制条件（restriction）、所有权（ownership）等。

3. 在线学习干预模型

在线学习干预模型基于“干预-反应”模式（ RTI 模式）设计，包括筛选（screening）、监控（monitoring）、多层次干预（intervening）、决策（decision-making）与学习分析（analyzing）

5 个要素，如图 2-7 所示。该模型为循环迭代的干预模型，干预的层次包括群体干预、小组干预和个体干预。

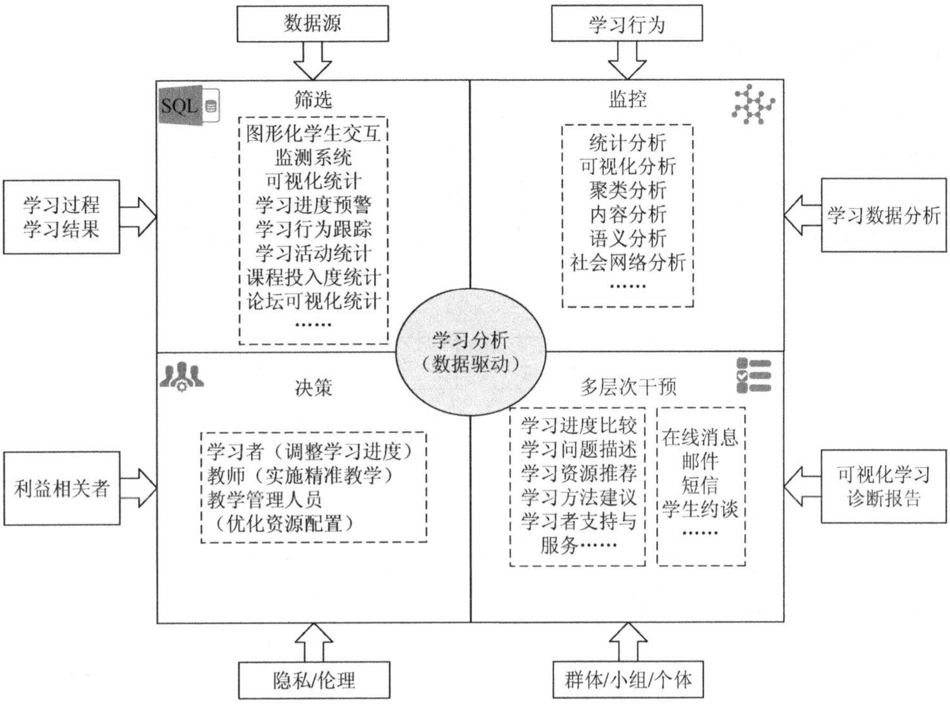

图 2-7　在线学习干预模型

（1）筛选。筛选包含两个方面，一是在干预实施之前，根据平台特点和课程性质筛选干预技术和工具；二是在干预过程中，根据干预结果筛选出有风险的学习者。

（2）监控。利用技术和工具监控在线学习行为，实时了解学习进度，量化学生学习过程。针对进度落后、偏离目标、存在障碍的学习者预测可能出现的学习风险。

（3）多层次干预。多层次干预分为群体干预、小组干预和个别干预。根据学习行为的分析结果确定具体的干预层次，并采取相应的干预策略。可借助多种方式和工具实施干预，并为被干预学习者提供可视化学习诊断报告。

（4）决策。对干预效果进行验证，呈现可视化分析结果，以支持科学的决策。若干预效果不明显，则调整干预策略和措施实施新一轮的干预。如建议学习者调整学习方式和态度，或建议教师调整教学方法和模式，以及教学管理人员优化资源配置等。

（5）学习分析。学习分析是整个模型的核心，贯穿学习干预的全部过程，在数据驱动的基础上实施干预措施和策略，以实现个性化、适应性的在线学习干预。

2.3.3　学习分析的框架模型

学习分析框架模型将学习分析看作一个系统整体，在明确学习分析内部各要素、环节的基础上，进一步讨论学习分析的理论构建框架及其与外部环境的相互作用。框架模型立足于学习分析的内部要素与外部影响因素，强调的是在学习分析技术中需要考虑的要素与条件。

1. 六因素分析框架

六因素分析框架包括利益相关者（stakeholder）、目标（objective）、数据（data）、工具（instrument）、外部约束（external constraint）与内部局限（internal limitation）六个方面，并针对每种关键因素给出了典型的例证，如图 2-8 所示（Greller and Drachsler，2012）。该框架既可以为学习分析的程序设计提供任务清单，也可作为不同境脉下学习分析变量对比的参照。

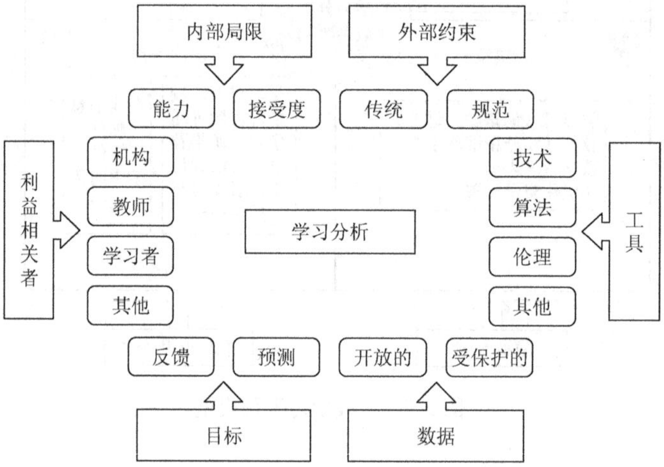

图 2-8　六因素分析框架

（1）利益相关者。学习分析的利益相关者由学习者、教师等数据的主客体组成。数据主体通常为通过他们浏览和交互的行为产生数据（如学习者）。数据客体为学习分析的受益者，他们根据对数据主体的分析结果采取相应措施（如教师）。在非正式学习场景中，两种类型的利益相关者群体的地位是相同的。在传统教学场景中，教师将充当数据客体，接收从数据主体即学习者收集的信息。

（2）目标。学习分析作为一个领域的主要作用是揭示教学过程中隐藏的信息，并给不同的利益相关者提供参考。监控学习者的学习过程、收集学习过程和环境数据信息，既可以支持学习者个人的学习过程，也可以支持组织知识管理过程。

（3）数据。数据是学习分析过程的核心，学习分析研究人员面临的主要挑战之一则是收集可用于评估学习分析方法的公开数据集。学习分析的教育数据主要来自不同学习管理系统和其他系统可用的教育数据集。教育机构可以将收集到的数据集用于管理和报告学生的学习进展。

（4）工具。工具的应用主要用于支持教育利益相关者达到教学目标、提供教育服务。通过这些工具，学习分析可以为利益相关者提供个性化的信息支持系统，并按需报告。

（5）外部约束和内部局限。不同类型的约束可能限制学习分析的有益应用。该框架中，外部约束主要为道德、法律和社会约束，但同时也要考虑组织、管理约束。内部限制主要包括一些人为因素，是对外部约束部分所包含的学习环境问题领域的补充，突出的是学习者的学习能力和接受程度。

2. 四维参考模型

四维参考模型将学习分析视作迭代循环的过程，该过程包括“数据和环境（What？）”“目标（Why？）”“利益相关者（Who？）”“技术（How？）”四个维度，如图 2-9 所示（Chatti et al.，2012）。模型为每个要素提供相应的例证，确定了每个维度的挑战和研究领域。

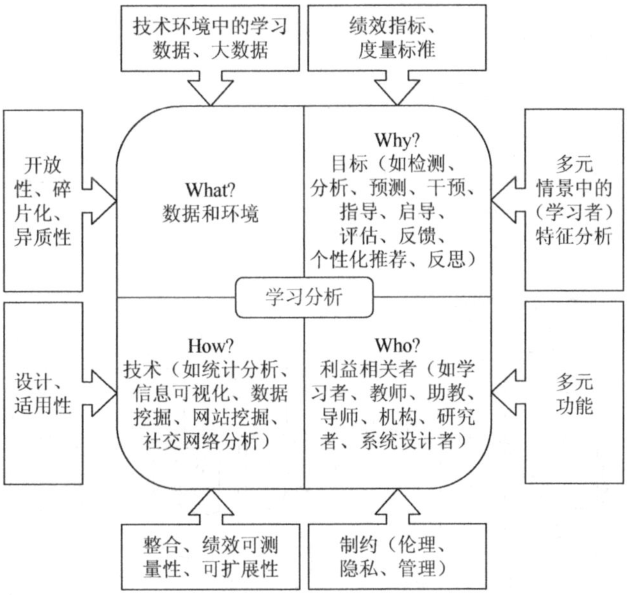

图 2-9　4 维参考模型

（1）数据和环境。支持学习分析的教育数据来源主要分为两大类：集中式教育系统和分布式学习环境。集中式教育系统主要是指学习管理系统，如 Blackboard、Moodle。随着用户生成内容的增长，来自分布式数据源的学习分析变得越来越重要和流行。个人学习环境（personal learning environment，PLE）概念充分体现了开放和非正式学习环境。个人学习环境的数据来自正式和非正式学习渠道。它可以采用不同的格式，分布在空间、时间与媒体中。

（2）利益相关者。学习分析的应用可以面向不同的利益相关者，包括学习者、教师、助教、导师、机构（教育管理者和决策者）、研究者、系统设计者。学习者可能对如何提高成绩和帮助建立个人学习环境感兴趣。教师可能对如何增强其教学实践的有效性感兴趣。机构可以通过分析工具支持教育决策，识别具有潜在学习风险的学习者，提高学习者的学习成功率。

（3）目标。根据对不同利益相关者的作用，学习分析可以有多种目标，包括检测、分析、预测、干预、指导、启导、评估、反馈、个性化推荐和反思。

（4）技术。学习分析应用不同的技术来挖掘隐藏在教育数据集中的有效信息。学习分析通常用到的技术包括统计分析、信息可视化、数据挖掘、网站挖掘和社交网络分析。

3. 面向对象的学习分析模型

面向对象的学习分析模型从学习分析利益相关者的角度出发，以学习分析干预为目的，数据的量化分析为手段，通过封装将对象的属性和操作整合在一起，将学习分析的过程表示为应用环境及约束下的目标的确立、数据的操作、实施干预3个层次，如图2-10所示。

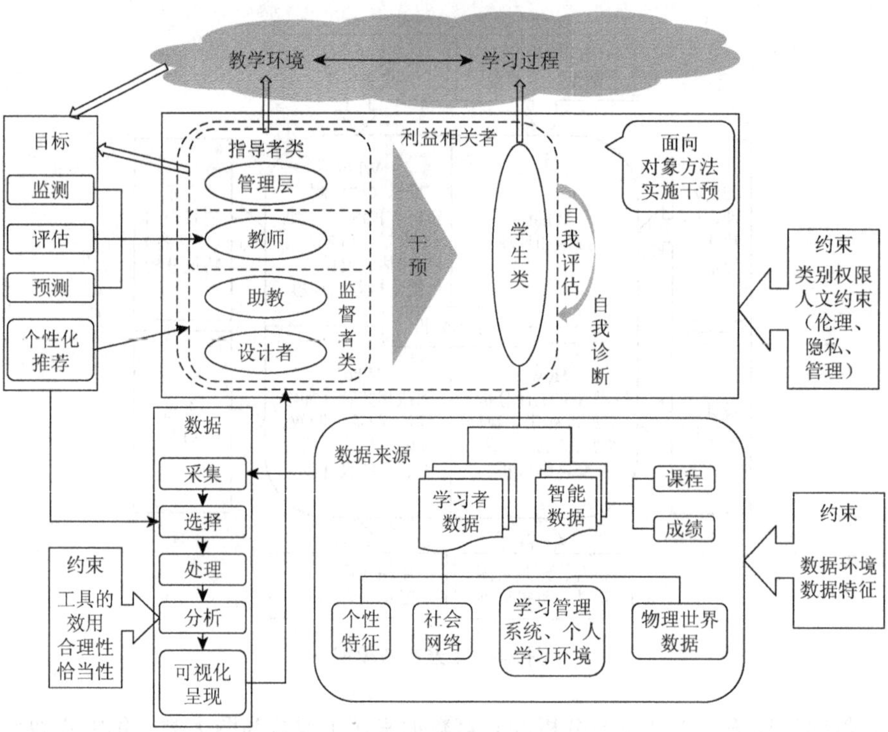

图2-10　面向对象的学习分析模型

（1）利益相关者。利益相关者包括指导者类、监督者类与学生类3部分。同一类中对象具有相同的属性，这些对象之间具有结构、行为特征的共享关系。指导者类包含教师与管理层，负责目标的设定。监督者类包含教师、助教和设计者，是对数据进行操作的主体。指导者类与监督者类共同负责学习干预。学生是数据来源的主体，又是实施干预的对象，处在模型的核心地位。学生类数据源自学习者数据与智能数据，前者包括个性特征、社会网络、学习管理系统、个性化学习环境以及物理世界数据，后者包括课程与成绩数据。

（2）设定干预目标。将干预目标设定为指导者监测学生的学习过程、根据学生的特征及监测结果评估学生的学习状态和学习成就，并对将来学生可能出现的学习状态进行预测，在评估和预测的基础上监督者对学生进行个性化资源推荐等工作。

（3）应用环境及约束。学习分析的应用环境包括教学环境和学习过程，是学习分析进行的大环境。约束主要体现在数据采集、数据分析和实施干预上，这些约束关系体现在各类之间及各对象间的相互依赖关联条件上。

（4）干预措施。根据干预设定的四类干预目标对应不同类型的干预措施，个性化推荐则是该模型的特色。①监测。指导者类（教师和管理层）或者监督者类实时监测获取学生特征数据，经平台数据将量化分析结果筛选后呈现给学生。②评估和预测。教师根据评估或者预测结果调整教学方法，设定个性化教学方案并激励和指导学生；管理层根据结果调整教育教学政策，优化教育环境。③个性化推荐。监督者通过线上平台交互并监督学生学习、激发学习兴趣，推荐个性化学习方法与资源。

2.4 学习分析研究新进展：多模态学习分析

随着教育神经科学、脑认知、学习科学、传感技术及终端技术的发展，基于多维度生物数据考量学习行为及心理特征已成为教育技术研究的趋势。生物数据是由人体的生物活动产生的电信号或磁信号。生物数据对心理、负面或正面情绪、注意力及工作负荷变化等非常敏感，可用于发现诱发用户情感、认知状态发生变化的系统可用性因素和交互事件，并具有客观性、精确性、实时性等优势。生物数据具有广泛的来源，包括眼动（EM），以及结合脑电图（EEG）、事件相关电位（ERP）、皮肤电反应（GSR）、肌电信号（EMG）、心电图（ECG）等的多模态数据。欧美国家和中国台湾，已把眼动技术应用到教育技术研究中，产出了系列且具备较高水平的研究成果。多模态分析技术也已应用到脑认知、教育学和心理学领域。基于多模态数据的整合分析，可突破过往单一数据无法实现整体逻辑关联的难题，挖掘数字环境中的学习新规律，拓展学习分析领域的内涵和应用水平。

2.4.1 眼动分析技术

眼动分析技术先后经历了观察法、后像法、机械记录法、光学记录法、影像记录法等多种方法的演变。眼动仪是测量眼球运动的专用设备。随着技术的发展，眼动仪得以持续升级，可以提供更精确、更多的评价指标，且更便携，采样率更高。常用眼动指标包括兴趣区（area of interest，AOI）、注视次数（fixation count）、注视时间（fixation duration）、眼跳（saccade）等。其中，研究者根据研究目的划定的区域称为兴趣区；眼睛相对保持静止称为注视；注视次数（时间）则是以某一兴趣区为单位，计算被试眼动的累计注视频次（时间）；眼跳是被试无意识状态下注视方向的突然改变。此外，还有生动直观揭示眼动特征的扫描路径、山峰图和热点图等。通常来讲，单一的眼动指标鲜有研究价值，宜根据研究需要对不同的指标进行深入分析，以相互佐证实验假设。

代表性的眼动支撑理论（模型）包括三种：一是“聚光灯”理论。该理论将个体注意转换机制比喻为聚光灯效应，即“当个体遇到信息加工困难时，会有一个信号传到生理系统，使目光移至困难的地方”。后续 Morrison 提出的眼动模型延续了“聚光灯”隐喻，不同的是，该理论认为引导注意机制转向下一个的信号是前一次成功的信息加工引起的，而不是困难导致的。二是战略战术模型。该模型认为注视词的中心位置为最佳观察位置，在该区域内，词内重复注视点和次数最少，凝视时间最短。依据该理论，学习者必须在该位置附近持续到信息加工完成位置。三是“竞争-整合”模型。该模型认为人视野内的眼动控制既包括外源性控制（由刺激材料决定的信息选择）过程，也包括内源性控制（由个体期望控制的信息选择），提供了一个注意与眼跳的整合关系框架。由此可见，有充分的理论依据证明眼动为认知过程提供了非常重要的线索。在自发学习及任务相关的活动中，学习者的眼动与注意力及认知过程有紧密联系。

眼动技术是评估多媒体动态学习场景及数字学习环境中注意力线索的重要手段。这种方式超越了信息获取中的“有声思维方法”（thinking-aloud methodology）。既可在短时间获得大量的实时数据信息，又不会因认知资源从主要任务执行的转移而影响思维过程。眼动实验设计通常将眼动数据与访谈、问卷等分析结果相互结合，以更真实地还原用户的认知和学习行为。

1. 评价多媒体学习效果

（1）利用眼动技术研究大学课堂中学生对 PPT 的注意力分布。研究以“恐龙的灭绝”为课程单元，持续展示含有不同图文的幻灯片。重点分析每个兴趣区的观看时间、注视次数、平均注视时间、注视时间与总注视时间的百分比等眼动指标。结果表明，学习者对含有文字的图片页面具有较高的兴趣，且文字区域有较长的观看时长。此外，注视密度的统计表明，学习者已有知识会影响对幻灯片文字内容的注意力，通过对眼跳路径的分析可以进一步发现不同专业学习者之间信息整合模式的差别。

（2）利用眼动技术评估提供视觉线索的多媒体学习环境中学习者的注意力分布。视觉线索的案例如图 2-11 所示，该系统包含索引、静态图标、图形组织和内容构成的内容面板，进度条显示剩余学习内容的时间。学习者事先进行包含若干问题和任务的测试，之后结合平均注视时间和总计注视时间等眼动指标进行分析。结果表明，具备视觉线索的环境下，内容区域的总计注视时间会拉长，说明视觉线索会有助于连续的信息资源处理。眼动指标的方差数据显示，视觉线索的引入缩短了眼睛观看无关区域的时间，说明视觉线索能指引注意力集中在与学习内容有关的区域，促进多媒体学习效果。

2. 分析认知过程

（1）从眼动和学习者自身理解两方面对移动设备（平板和手机）的学习效果进行衡量。研究利用注视次数、注视时间、热点图、注视轨迹等眼动指标，结合接纳新技术的态度和倾向问卷、已有知识测试等问卷进行分析。结果表明，不同的移动学习载体会对学习时间、学习内容的理解、学习满意度和学习经历产生影响。

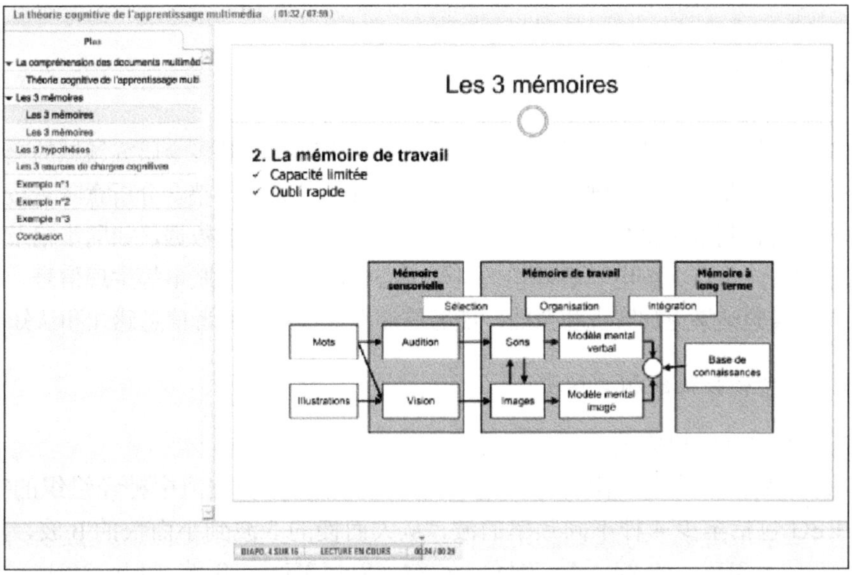

(a)

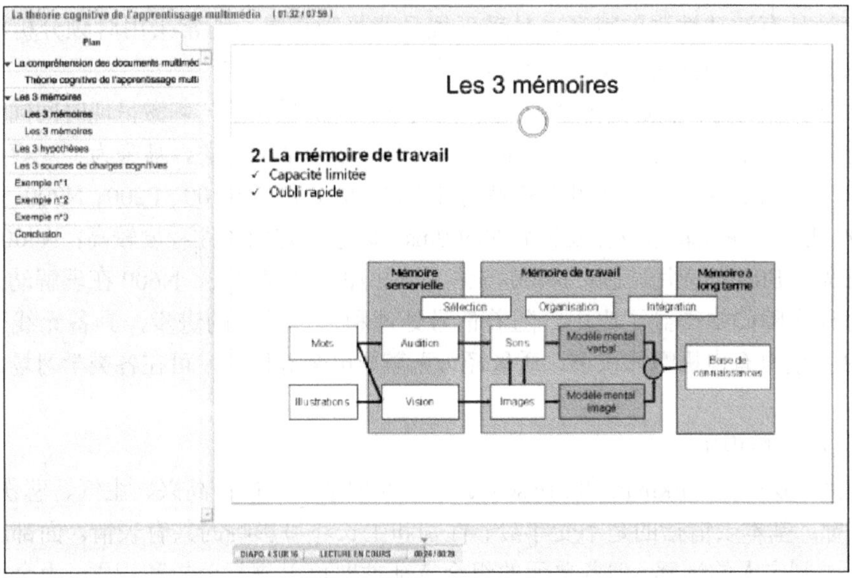

(b)

图 2-11　幻灯片中无视觉线索的例子（a）和有视觉线索的例子（b）

（2）利用眼动技术考查 e-learning 环境中学生学习科学课程的过程。研究聚焦在确认不同个体差异（包括阅读水平、已有知识和空间能力三维度）上的视觉行为模型。该研究基于第一次注视文本（图片）的时间、从文本到文本的注视时间、从文本到图片的注视时间、再次阅读图片时对文本的注视时间及再次阅读文本时对图片的注视时间等“细粒度”眼动指标，利用 Ward 聚类，归纳出“及时加工”、“低水平加工”和“高水平加工”三类眼动模式，验证了三类眼动模式中已有知识、阅读能力及空间能力的差异。

2.4.2　多模态整合分析

多模态分析技术是包括计算机视觉、神经科学、人工智能等多个研究领域的交叉应用，其中神经科学是重要的理论基础。“多模态”（multiple modality）整合分析意味着按照人的多重感知模式分析、测量生物数据，以同步处理被试者不同模态的数据，如同步记录和分析眼球运动轨迹和关注焦点、脑电和事件相关电位、心电、肌电、皮肤电等生理信号。多模态整合分析可以使实验结果更加客观和全面，能够更深入地揭示学习者信息感知和认知规律。

1. 多模态整合分析的相关指标

1）脑电图和事件相关电位

EEG是大脑自发的有节律的神经电活动，其来源是大脑皮质中神经组织的突触后电位叠合。EEG包括至少4种不同频率的波，从大而慢的δ波到小而快的β波，其频率分别为：δ波（1～3Hz）、θ波（4～7Hz）、α波（8～13Hz）、β波（14～30Hz）。对EEG波形的振幅、频率、功率的分析可以深化学习者认知活动和要素间交互联系的理解。鉴于脑电信号具有波动性强的特征，易受干扰且背景噪声高，通常采用时频分析法、非线性分析法和人工神经网络分析法进行分析和处理。

ERP以信号过滤和叠加的方式从EEG中分离出来，反映了与刺激呈现时间同步的大脑电反应的信号。ERP与辨识、判断、记忆、决策等心理活动有关，被誉为“观察脑的高级功能的窗口”。ERP时间分辨率可以精确到微秒级，成分包括N100、P200、N200、P300等，其中P300通常出现在刺激事件发生后的300ms，因最稳定而关注程度较高；N400与N600的发现拓宽了ERP的应用范围：N400与语义认知加工过程相关，N600在理解幼儿和成年的非母语语言障碍中得到了应用。随着信号处理和电极设计的进步，具备无线干电极的EEG/ERP系统具有电极帽体积小、质量轻、无需导电膏等优点，可在各类学习场景中灵活应用。

2）人脸表情识别

20世纪70年代，Ekman和Friesen定义了6种基本表情：高兴、生气、悲伤、恐惧、厌恶、吃惊。基本表情指的是不受年龄、性别和生长环境影响的共有表情。面部肌肉的单独识别很难判定人的情感，但各单元的组合特征抽取可以进行分析和识别。为全面描述面部可见肌肉的运动情况，Ekman建立了面部动作编码系统（facial action coding system，FACS）。常用的人脸表情识别（FER）应用大都基于该编码系统，采用普通摄像头，结合特定软件即可完成。

FER研究主要集中在表情特征的提取和分类上。其中，表情特征提取是关键要素，一般采用人为设定，利用纹理特征与几何特征完成。提取方式包括主成分分析、模板匹配、小波变换、光流法、隐马尔可夫模型等。表情特征分类方面，已采用的方法包括人工神经网络、决策树、最邻近规则分类、支持向量机等。当前，FER的研究重点是对“微表情”的检测。“微表情”指持续时间仅为1/25～1/5s非常快速的表情，表达了人试图压抑与隐藏的真正情感，可以反映学习者的真实情感变化。

3）皮肤电反应和肌电信号

GSR 是汗腺活动或交感神经系统的变化导致的皮肤电阻波动。GSR 具有稳定性、采集简单、灵敏度高等优势。通常认为，更多的情绪唤醒会导致更多的汗腺分泌，因此 GSR 可以通过皮肤传导率的变化检测学习者的心理状态（尤其在可用性检测、焦虑程度判断及创意主题评价等方面）。其中皮肤电水平是跨越皮肤两点皮肤电导的绝对值，体现了人机交互过程中用户的觉醒水平。当学习者接触任务时，皮肤电水平会瞬间升高，之后逐渐下降，当有新学习事件发生时，觉醒水平会重新提升。记录肌肉纤维中运动单元动作电位叠加的信号称为肌电信号。通常利用表面导出法以检测神经传导、肌肉反应及人体生物力学。

4）心电图

ECG 是心脏每一个心动周期产生的电活动变化曲线图，包括 P 波、心率（HR）、心率变异性（HRV）等指标。其中，心率和心率变异性是常用的两个分析指标。心率是每分钟心跳的次数，心率变异性是指逐次心搏间期的微小差异。心率与情绪有关，负向情绪时心率会比正向情绪时要低。心率变异性能评判学习者的意志力：当学习者承受压力时，交感神经系统会发挥作用，导致心率升高、心率变异性降低；当学习者成功自控时，副交感神经系统会发挥主要作用，导致心率降低、心率变异性升高，从而使学习者集中注意力并恢复心态平静。

各类手腕式穿戴心电仪多采用光电容积脉搏波描记法（PPG）测量心率。其原理为通过检测皮肤对 LED 照射吸收变化的数据，计算因压力脉冲导致的血流量变化数据，从而换算心率的数值。某些手环采用了 LED 配合感光光电二极管的 PPG 技术检测心率。PPG 的测量准确率一般为 80%～90%，通过干电极技术，还可更精确地获取心电信号数据。

5）功能性磁共振成像

功能性磁共振成像（fMRI）是一种新兴的神经影像方式，其原理是通过检验血流进入脑细胞的磁场变化而实现脑功能成像，血流量也会相应改变，fMRI 搜集各个脑区血流量变化情况，可以给出更精确的结构与功能关系。技术一般有 3 种：脑血流测定、脑代谢测定、神经纤维示踪技术。现在最为流行的 fMRI 方法是血氧水平依赖（blood oxygenation level dependent，BOLD）成像技术。BOLD 成像技术的主要原理是，人的血液中包含氧合血红蛋白和去氧血红蛋白两种物质，氧合血红蛋白是逆磁物质，而去氧血红蛋白是顺磁物质，当给予刺激时，需要消耗体内的氧合葡萄糖，因此，当刺激刚开始的一段时间内血氧水平是下降的，但是随着神经元的兴奋，会带来更多的血氧，因此去氧血红蛋白就相对减少，这样两种不同磁化物质的增减状态不同，表现出不同的磁共振（MR）信号，将这种磁性物质的相对增减记录下来，就反映了相关脑区的激活状态。

6）功能性近红外光谱技术

20 世纪 90 年代出现的 fMRI 的神经科学实验观测手段，使得人类首次可以对全脑的神经活动直接进行无创观测。功能性近红外光谱（fNIRS）技术是近年来新兴的一种非侵入式脑功能成像技术。其主要利用脑组织中的氧合血红蛋白和脱氧血红蛋白对 600～900nm 波长的近红外光吸收率的差异特性，以实时、直接检测大脑皮层的血液动力学活动。通过观测这种血液动力学变化，即通过神经血管耦合规律可以反推大脑的神经活动情况。

在此基础上，脑科学的研究与神经科技的发展取得了突破性进展：从人体基本生理功能的神经活动探测到高级思维与决策活动的发现，从单一脑功能区的分析到脑功能网络整合模式的研究，从神经感知计算到类脑（brain-like）与仿脑（artificial brain）系统的实现。

上述进展不仅为基于教育经验和思辨论证而形成的教育理论提供了科学机理和实验观测验证方法，而且为在真实环境与各类复杂情景下研究教育是如何“建构人的脑”提供了类脑与仿脑模型及计算仿真分析的手段。

2. 多模态整合分析的应用场景

1）课堂规模性评测

当前各类便携式脑电系统价格已经相当低廉，依托无线记录传输技术、信号分析技术、认知评价技术等多项方案可实时记录学生的脑电信号。对特定时间段不同区域的脑电信号分析，对不同学习任务相关的心理成分进行比较，可以考查与学习任务相关的注意力、记忆力和情绪反应。例如，基于脑左右前额叶的脑电信号量化学习者正向情绪和负向情绪的波动；基于颞叶 Wernicke 区与海马体区脑电信号了解学习者编码、定位和回忆情况，进而了解记忆状态；基于脑左右顶叶脑电信号掌握学习者“空间认知”和“注意力分配”情况。还可通过比较个体 EEG 与集体 EEG 的匹配程度，识别学习者个性特征，形成不同教学任务中教学效果曲线和学习状态曲线，为高水平或有潜质的学生选拔提供心理和认知方面的依据。此外，通过对各教学阶段 EEG 的分析，联合教师课堂教学效果的评价，可建立较为完善的课堂教学监测指标体系。

2）情感学习

所有学习都有情感基础，情感状态影响学习者处理信息和理解问题的能力。大量的研究表明，ERP、HRV、GSR 等生理指标和学习者的自主神经系统及情绪唤醒度相关。例如，在情绪调节条件下，个体 GSR 反应会下降，而 HRV 的高频成分会上升。Dolcos 等评估了学习者对包含开心、不开心及中性图片的反应。ERP 结果显示大脑对情绪和中性视觉刺激的处理呈现差异，显示出情绪在编码及记忆检索的过程中的重要作用。这进一步佐证了神经科学研究观点，即情感体验会增强回忆。图 2-12 构建了基于生物数据的 e-learning 系统框架。系统采用“环形情感模型”描述学习者的情感空间，定义了兴趣、参与、困惑、挫折、苦闷、希望、满意和失望 8 类情感状态，系统可实时获取学习过程中的情感数据，提供不同学习内容、学习工具和评价方式的推荐。

3）衡量认知负荷

个体认知负荷的提高会导致交感神经系统相对活跃，受其控制的汗液分泌活动加强，会产生皮肤电的波动反应。GSR 尤其能够表征学习者不能主动规避行为情况下的低强度负向情绪。基于这个特性可能在测谎（如网络平台认证、学习者反馈）、可用性测试及任务绩效评估中得到应用。EEG 则可以提供认知负荷基于时间变化的解释。有研究利用无线 EEG 比较学习者在多媒体学习环境中解决科学问题的认知负荷。结果显示，认知负荷随问题难度的升高而增大。研究还发现，随着学习技能的提升，认知负荷并未减少，这意

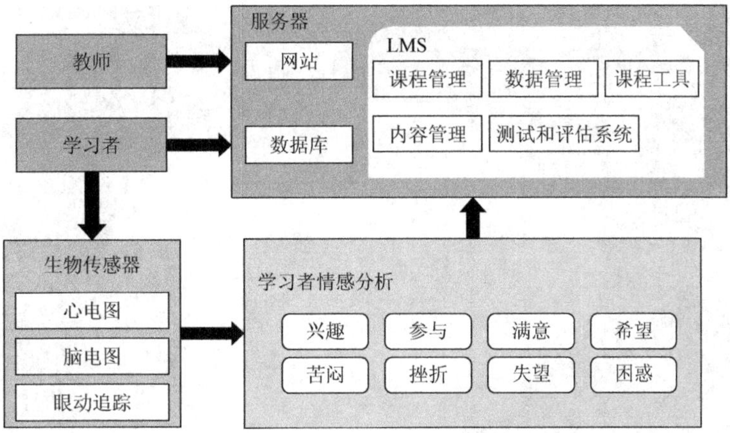

图 2-12　基于生物数据的 e-learning 系统框架

味策略细化过程中伴随重要的心理努力。此外，对超文本学习中的认知负荷的研究表明，α 波和 θ 波的 ERD 率（指大脑某区域皮层激活后，特定频率节律性活动幅度降低的现象）对超文本学习的外部负荷的变化十分敏感，且可以解释优秀学习者在多媒体学习过程中处理视频、文本和图像信息的差异。

4）评估与预测认知能力

ERP 不仅与注意力密切相关，且认知能力水平具有预测作用。学习者注意力集中会导致 α 波振幅降低，变化幅度减小；当注意力减退时，α 波振幅变化幅度增大且伴随着能量增加。Srinivasan 等利用 EEG 信号，采用朴素贝叶斯分类，研究了 EEG 与注意力方向解码之间的关系。研究表明，注意力方向信号在线索后的较长间隔中会被持续解码，EEG 信号可以用来预测注意力方向和水平。对于学习能力的相关研究，一般是围绕问题解决中问题的表征和编码两个环节，分析问题表征方式、学习难度、信息保持等与脑电数据之间的关系。例如，利用无线 EEG 系统评估学习者基于复杂问题空间的理解能力；追踪学习者 e-learning 平台中学习化学公式过程的 ERP，对学业成就、学习难度与 ERP 波形之间的关系进行了分析。

5）分析脑认知与关键作用机制

脑科学研究方法开始应用于教育科学领域，并希望为教育教学实践提供启示。*Nature* 封面文章 *Natural speech reveals the semantic maps that tile human cerebral cortex* 中，Jack Gallant 团队使用 fMRI 记录下大脑血氧水平的变化。将故事文本的词汇意义与脑部活动数据进行对比，分析相关词汇组如何在遍及整个大脑皮层中引发神经反应。研究者利用 fMRI 数据和记录下来的故事文本，建立计算模型，根据受试者听到词汇的函数来预测大脑活动。结果发现，这些模型能够相对良好地预测几个宽阔大脑皮层区域的反应，利用主成分分析（principle component analysis，PCA）的降维技术提炼皮层每个点所代表的语义信息类型，进而开创性地可视化出大脑皮层每个地方所代表的语义信息类型。如图 2-13 所示，研究揭示了覆盖在大脑表面上包含 985 个英语常用词汇语义的复杂语义地图，迈出解读人类思想的关键一步。

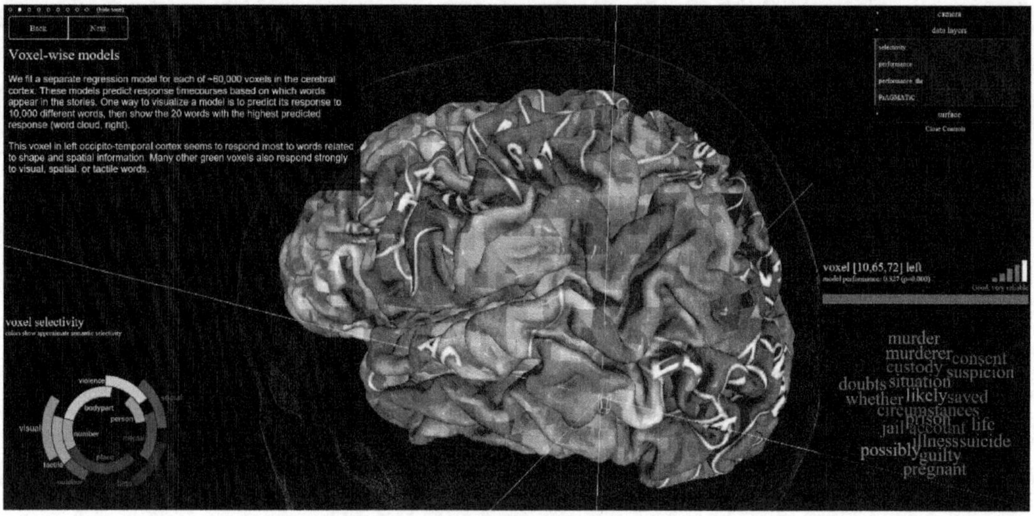

图 2-13　大脑表面的复杂语义地图

我们对教学过程的神经机制知之甚少。脑科学领域的重要杂志 *Human Brain Mapping* 以封面文章的形式发表的研究论文 *Enhancement of teaching outcome through neural prediction of the students' knowledge state* 基于 fNIRS 的多人同时脑成像技术，在较为真实的教学情境下，探讨了师生间的脑活动同步在教学过程中的关键作用机制。如图 2-14 所示，孔子在向弟子讲学，上方的光代表 fNIRS 技术。文言文的译文为：教师慢慢而有步骤地，善于引导人，用诗文典籍开阔我的眼光与思路，用道德规范约束我的为人与言行，让人想停止不前都不可能。

虽然关于“最近发展区”的教学理论早已被人熟悉，但这种理论尚未经过任何神经影像学研究的检验。为了检验上述模型，要求教师分别采用“讲授式”、“讨论式”及“视频”三种教学方法，采用 fNIRS 技术同时测量教师和学习者的脑功能信号，计算脑活动随着时间共同变化的关系。这些研究将对促进教育科学研究的实证化，促进学习分析领域与脑科学、教育学、心理学的深度融合产生重要影响。

3. 学习分析中的生物数据表征

学习分析中的生物数据具有自然情境来源、可视化、精确性和多维度等特性，有望让研究者打开隐藏在学习背后的“认知黑箱”。其中，眼动技术可以深入评估多媒体学习效果和阅读过程，量化注意力、认知过程和学习结果之间的关系。丰富的眼动指标使得描述学习行为更具有时空的立体性。结合眼动、脑电、事件相关电位、表情识别、生理测试仪、问卷进行同步分析的多模态整合分析平台（如 iMotions）则具有高度灵活的硬件集成性，可以实时同步及可视化多种生物数据，并允许导入第三方传感器数据。此外，利用头戴式眼动设备还可聚合不同兴趣区中的同步数据，并允许在动态内容中利用静态图片分析工具进行分析，从而大大缩短研究时间，增加数据收集的有效性、可靠性和透明度。

图 2-14　孔子向弟子讲学过程中脑活动同步作用机制

自 20 世纪 90 年代以来，以血氧水平依赖的 fMRI 技术为代表的各种脑功能成像技术及相关数据分析方法的成熟发展与广泛应用，大大加深了人类对人脑自身神经活动和认知功能关系的理解。相对于已有脑功能研究主要集中于定位各种认知功能和强调人脑的不同区域与特定认知功能的关联，现在的脑功能研究开始逐渐重视人脑神经网络的并行性及不同脑区之间的信息流动，并开始把功能整合作为功能定位的补充和修正，来更全面和深入地探索脑功能的机制。因此，新的研究思路开始用大脑网络中的信息流动来描述大脑的功能整合（功能连通性），探讨不同脑功能区域之间的交互关系和作用，其研究范式不仅着眼于特定脑功能区被激活的数量和强度变化，更强调皮层区域之间的网络和连通性关系。

当前，哈佛大学、斯坦福大学、得克萨斯大学阿灵顿分校、宾夕法尼亚州立大学、北卡罗来纳州立大学等均形成了规模化的工程研究中心，致力于采用更加整合的方法提升对个体经验的理解。北京师范大学教育技术学院也相继组建了眼动研究实验室及多模态整合分析实验室。相对于眼动分析，脑电能够量化神经元之间的信息传递情况，且具有极高的时间分辨率；皮肤电、肌电和心电采集简易且获取数据稳定。通过“分布式叠合”的多模态数据，有利于准确把握人机交互过程中个体情绪状态及认知状态的变化，在此基础上建立更为精确的个性化学习模型，使全面分析学习者的个性特征、开发自适应学习平台及构建客观课堂评价体系成为可能。尤为重要的是，生物大数据可以量化“真实”的学习过程。基于各类可穿戴生物感知设备，我们可以在学习者熟悉的境脉中，在不干预学习者的情境下研究学习者的认知轨迹，使学习者在“感知—反思—意义建构—影响”的意义循环中实现自我认知和自我唤醒，这种研究范式与当代心理学研究所提倡的“生态化”思想一致。基于生物数据的学习分析将成为学习分析研究的新趋向。

思考题

（1）从信息论视角论述数据驱动范式。

（2）什么是数据驱动教学，学习分析是如何支持数据驱动教学的？

（3）阐释学习分析的本质，谈谈你对学习分析的理解。

（4）学习分析的理论基础有哪些？在教学中，他们分别是怎样指导学习分析的应用的？你还能列举出哪些能够指导学习分析应用的理论？

（5）学习分析的模型有哪些？在了解学习分析的模型后，对不同模型进行分析比较，根据模型之间的共性，请说出构成学习分析模型的基本要素。

（6）学习分析中有哪些常用的眼动指标，你还能举出哪些用来作为学习分析数据源的生物数据指标？请根据所给网址（http: //gallantlab.org/huth2016/），观察大脑语义地图，比较不同区域的语义信息。

第3章　教育数据挖掘

学习目标

（1）理解学习数据采集的意义。
（2）了解常见的数据采集技术。
（3）掌握数据预处理的方法。
（4）掌握教育数据挖掘的常用技术与方法。
（5）列举关联规则在教育中的应用场景。
（6）辨析回归、分类、聚类的优缺点与使用场景。
（7）了解离群点和时间序列在教育数据挖掘中的价值。

核心概念与内容结构

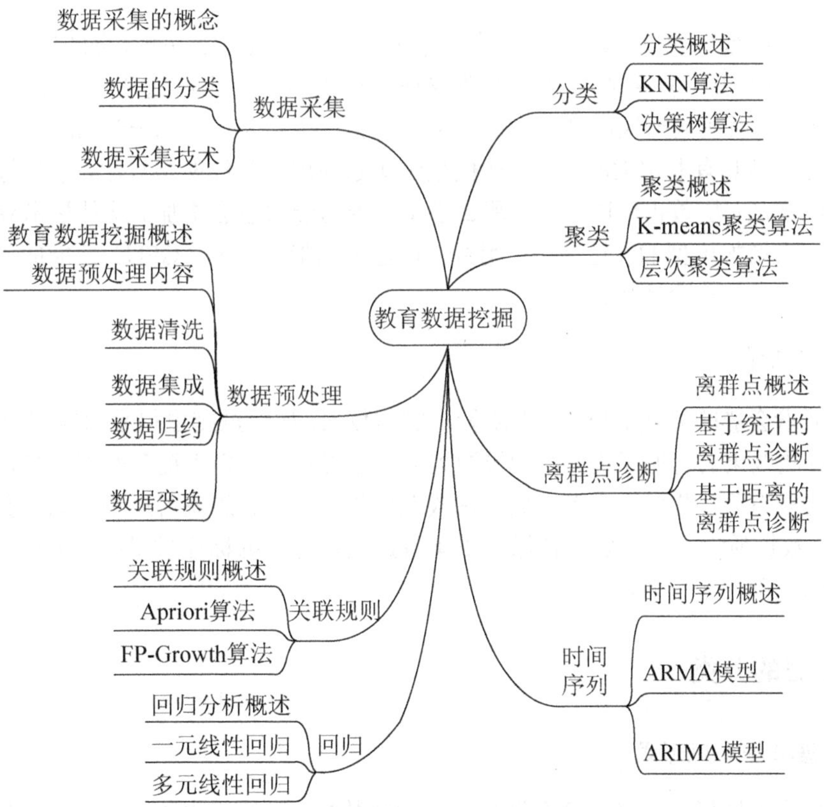

3.1 数 据 采 集

3.1.1 数据采集的概念

数据产生于教育实践活动之中，广义的“数据”既包括校园环境下的教学、管理与生活活动，也包括校外、博物馆等非正式环境下的学习活动；既包括线上的教育教学活动，也包括线下的教育教学活动。各类在线学习平台、教育信息系统和在线学习 App 中也存储大量记载着学生学习状态和学习过程的数据。然而，这些数据通常以不同的格式和粒度级别被存储。如何有效地收集数据以更加全面深入地描述和解析学生的学习状态是学习分析的关键前提。

数据分析的基本假设是观察到的数据都是由某个模型产生的。数据分析的基本问题就是找出这个模型。数据采集过程中不可避免会引入噪声，因此这些模型都是随机模型。例如，点集对应的数据模型是概率分布，时间序列对应的数据模型是随机过程，图像对应的数据模型是随机场，网络对应的数据模型是图模型和贝叶斯模型。采集的数据可以从两个方面进行衡量。

1. 数据体量

数据体量即数据规模，数据体量与算法模型的容量是比较相关的。算法模型的容量大，就意味着算法能表示复杂的关系。当数据规模过大时，在训练过程中容易产生欠学习（underfitting）。而在数据规模过小的情况下，就会产生过学习（overfitting）。近年来流行的深度学习模型具有非常大的容量，如模型中普遍使用的神经网络算法，不仅每层神经元的个数可以增加，层数也可以增加，那么模型的表达能力也会增加。此外学术界也会做一些新的研究来增加模型的表达能力。另外，得益于图形处理器（GPU）性能的提升，较复杂模型的训练速度也会比以前快很多。

2. 数据质量

数据质量会影响算法效果。对于质量一般的数据，如经过爬虫得来的数据，经过清洗、处理后，算法效果会有明显提升。如果数据质量已经很高，再去提升数据质量，算法效果的提升会比较有限。此外还要考虑成本和收益的权衡问题：想获得质量更高的数据，成本也会更高。数据质量评估主要包括原始采集数据质量与数据标注质量两个方面，其目的是保证数据的正确性与有效性。

3.1.2 数据的分类

1. 根据数据表现形式

根据数据表现形式可将教育数据分为结构化数据、半结构化数据与非结构化数据。如图 3-1 所示。

	A	B	C	D
1	ID	NAME	AGE	GENDER
2	1	myl	17	female
3	2	lyx	18	female
4	3	zgx	20	male

(a)

```
<person>
  <name>myl</name>
  <age>17</age>
  <gender>female</gender>
</person>
```

(b)

(c)

图 3-1 结构化数据（a）、半结构化数据（b）、非结构化数据（c）示例

结构化数据简单来说就是类似于 Excel 那样的数据库，结构化数据的存储和排列是很有规律的，这对查询和修改等操作很有帮助。

半结构化数据是结构化数据的一种形式，它并不符合关系型数据库或其他数据表的形式关联起来的数据模型结构，但仍然包含标记与分层数据。

非结构化数据，顾名思义，就是没有固定结构的数据。各种文档、图片、视频/音频等都属于非结构化数据。对于这类数据，我们一般直接进行整体存储，而且一般存储为二进制的数据格式。

结构化数据与非结构化数据的区别就像把一堆水果的种类、颜色、名称等属性按照一定的格式记录下来，这部分数据就是结构化数据，可以通过固定的模板读取某一条记录的某一个属性值。现在给水果拍照，用语言描述水果的口感，甚至给每个水果做一个网页，这些数据都是非结构化数据，这些数据不直接对应某个属性，需要相对复杂的方式来分析才能知道其含义。

2. 根据数据集属性

根据数据集属性可将数据分为以下 6 类。

（1）行为主体数据，包括基本信息、知识水平、学习和认知风格、兴趣、目标和任务、背景等。

（2）行为客体数据，包括一般型、技术型、教育型、关系型、分类/注释型资源等。

（3）行为类别数据，包括尝试、创建/删除、撰写/编辑、搜索等。

（4）行为结果数据，包括成功/失败/分影等级、内容（如评级、标签）、错误信息等。

（5）行为发生情境数据，包括时间（如时间戳、持续时间）、位置、应用、活动、影响等。

（6）描述学生在学习中注意力分配情况的注意元数据，包括：①通过心理生理学观察获得，如通过脑电图获得脑电波变化，通过心电图获得心跳、心率变化等；②通过物理观察相关仪器或设备获得，如通过鼠标移动、眼动追踪、声音检测等；③应用程序采集与用户输入数据；④注意元数据，呈现出学生在学习中的注意力分配情况与注意力水平，能够更微观地刻画出学生在学习活动和资源中的兴趣、专注力水平及与学习资源的交互方式。

3. 根据数据来源和范围

根据数据来源和范围可以将教育大数据分为个体教育大数据、课程教育大数据、班级教育大数据、学校教育大数据、区域教育大数据、国家教育大数据等 6 种，它们从底层至顶层、由小到大逐级汇聚。

（1）个体教育大数据包括教职工与学生的基础信息、用户各种行为数据（如学生随时随地的学习行为记录、管理人员的各种操作行为记录、教师的教学行为记录等）及用户状态描述数据（如学习兴趣、动机、健康状况等）。

（2）课程教育大数据是指围绕课程教学而产生的相关教育数据，包括课程基本信息、课程成员、课程资源、课程作业、师生交互行为及课程考核等数据。

（3）班级教育大数据包括班级每位学生的作业数据、考试数据、各门课程学习数据、课堂实录数据及班级管理数据等。

（4）学校教育大数据主要包括标准规定的各种学校管理数据、课堂教学数据、教务数据、校园安全数据、设备使用与维护数据、教室实验室等使用数据及校园生活数据。

（5）区域教育大数据主要来自各学校及社会培训与在线教育机构，包括国家标准规定的教育行政管理数据、区域教育云平台产生的各种行为与结果数据、区域教研等所需的各种教育资源、各种区域层面开展的教学教研与学生竞赛活动数据及各种社会培训与在线教育活动数据。

（6）国家教育大数据主要汇聚了各区域产生的各种教育数据，侧重教育管理类数据的采集。

3.1.3　数据采集技术

1. 网络爬虫

网络爬虫（web crawler）是通过网址获得网络中的数据、根据目标解析数据、存储目标信息的分析技术。原理是通过种子网页不断发现相关链接，通过队列对链接进行存储，直到满足爬行终止条件时（如队列为空、达到指定数量等）停止爬行。近年来主题爬虫成为爬虫技术的最新发展方向。主题爬虫是按照预先定义的主题，在给定初始统一资源定位符（uniform resource locator，URL）种子集后，根据一定的分析算法，对爬行网页进行主题相关分析。主题爬虫不收集所有的网页，只爬取那些与主题相关的页面。网络爬虫类工具包括八爪鱼采集器、网页抓取软件等，在数据采集领域尤其是教育舆情数据方面有着广泛的应用，从而为有效处理各种突发事件提供可能。

基于网络爬虫的数据获取可分为 4 步：获取网页数据、解析网页数据、存储网页数据和分析网页数据。首先根据预先设定的一个或若干初始种子 URL，以此获得初始网页上的 URL 列表，在爬行过程中不断从 URL 队列中获得一个 URL，进而访问并下载该页面。页面下载后，页面解析器去掉页面上的超级文本标记语言（hyper text markup language，HTML）标记后得到页面内容，将摘要、URL 等信息保存到 Web 数据库中，同时抽取当前页面上新的 URL，保存到 URL 队列，直到满足系统停止条件。

1）获取网页数据

获取网页数据，也就是通过网址获得网络的数据，充当搜索引擎。输入网址，就相当于对网站服务器发送了一个请求，网站服务器收到以后，进行处理和解析，进而回馈一个相应的响应。如果网络正确并且网址不错，一般都可以得到网页信息，否则回馈一个错误代码，如 404，整个过程可以称为请求和响应。常见的请求方法有 GET 和 POST 两种。GET 请求是把参数包含在 URL 里面，例如，在百度里面输入爬虫，得到一个 GET 请求，链接为 https://www.baidu.com/s?wd=爬虫。而 POST 请求大多在表单里面进行，这样更加安全。POST 请求的大小没有限制，而 GET 请求有限制，最多 1024 个字节。

在 Python 程序里，上述过程可以通过获取网页中的源代码实现，进而获得网页中的数据。若使用 Google Chrome 浏览器，F12 键可调出开发者控制台（console），Network 选项卡可以看到源代码，包括网址的基本信息（general information），如响应头（response headers）信息等，以及包含服务器使用的请求头（request headers）信息等内容。

在 Python 语言中，可使用 Urllib、Requests 等库实现此功能：

```
import urllib.request
import socket
from urllib import error
try:
response=urllib.request.urlopen('https://www.python.org')
print(response.status)
print(response.read().decode('utf-8'))
except error.HTTPError as e:
print(e.reason,e.code,e.headers,sep='\n')
except error.URLError as e:
print(e.reason)
else:
print('Request Successfully')
```

2）解析网页数据

获得网页源代码后，在 Python 语言中，经常使用 Beautiful Soup、PyQuery、lxml 等库，以高效地从中获取网页信息，如节点的属性、文本值等。Beautiful Soup 库是解析、遍历、维护“标签树”的功能库，对应一个 HTML/XML 文档的全部内容。安装方法如下：

```
#安装方法
pips install beautifulsoup4
#验证方法
from bs4 import BeautifulSoup
```

3）存储网页数据

解析完数据后，可以将文档保存。如果文档容量较小，可以考虑保存在 txt 文本、csv 文本或者 json 文本等，如果爬取的数据条数较多，可以考虑将其存储到数据库中，如 MySQL、MongoDB、SQLite 等。

JSON（JavaScript Object Notation）是一种轻量级的数据交换格式。JSON 采用完全独立于语言的文本格式，兼容 C 语言家族的习惯，易于阅读和编写、机器解析和生成。

JSON 在 Python 中分别由 list 和 dict 组成。具体使用方法如下：

```
with open('douban_movie_250.csv','a',encoding='utf-8')as f:
f.write(json.dumps(content,ensure_ascii=False)+'\n')
```

4）分析网页数据

爬虫的目的是分析网页数据，进而得到我们想要的结论。在 Python 数据分析中，我们可以使用第三步保存的数据直接分析，主要使用的库如下。

NumPy：高性能科学计算和数据分析的基础包。

Pandas：基于 NumPy 为了解决数据分析任务而创建的工具包。

Matplotlib：Python 著名的绘图系统。

使用一些集成工具也能实现数据的获取，如当对某一学习平台的提问与回答数据进行采集，以分析学习者个性化特征情况时，可以使用八爪鱼等工具进行数据爬取。

2. 面部表情分析

人类对于事物的喜恶，最直观的表现就是表情。读懂表情，各种心理活动也就一目了然了。情绪的种类可以有几十种之多，但心理学家最终确定了几种基本的情绪，然后用它们组合成更多的情绪。基本情绪有 6 种，包括快乐、惊奇、害怕、悲伤、愤怒、厌恶。学习者典型的消极情绪包括漫不经心（随意、无兴趣）、烦躁（不耐烦、急躁、焦虑）、失望（沮丧）、迷茫；典型的积极情绪包括感兴趣（关心）、关注（认真）、高兴、热情；中性的情绪包括平静（平和）、轻松等。这些情绪描述词前面经常需要加上程度副词，如很、非常、比较、稍微等。

人脸表情识别技术能从静态图像或动态视频序列中分离出特定的表情状态，从而确定被识别对象的心理情绪。在教育系统中，表情识别能帮助教师更好地了解学习者情绪和学习状态的优劣，促进人机和谐交互。特别是在远程教育系统中，表情识别可以帮助学习者调节自身情绪，协调与机器的智能交互。

如图 3-2 所示，表情识别的第一步是人脸检测与定位。从背景中精确检测出人脸图像作为识别系统的输入后，才能进行表情数据的提取。第二步是面部特征定位。眼部和嘴部是人脸的特征部位，它们几乎不受位置和光照变化的影响，因此在定位人脸时具有关键作用。在图像中检测到人脸后，下一步要做的就是提取包含面部表情的信息。人脸的表示方式和图像的输入类型都会影响用来进行面部表情的数据提取方法的选择。依据所选取人脸表示模型的不同，进行人脸表情数据提取的方法可分为基于模板的方法和基于特征的方法。基于模板的方法采用整体面部模型在图像中匹配人脸，模板可以是一个像素图或一个将面部图像作为整体进行处理后获得的特征矢量，其计算量较小。而基于特征的方法则在图像中定位分解人脸模型中的特征，需要在图像中检测主要面部组成单元和特征点，计算特征点之间的距离和主要面部组成单元的相对尺寸以形成特征矢量，特征点还可以用来形成几何图形以表示人脸。基于特征的方法计算量通常比基于模板的方法要大，但是它对尺度、尺寸、头部朝向和人脸在图像中的位置都有较强的鲁棒性。

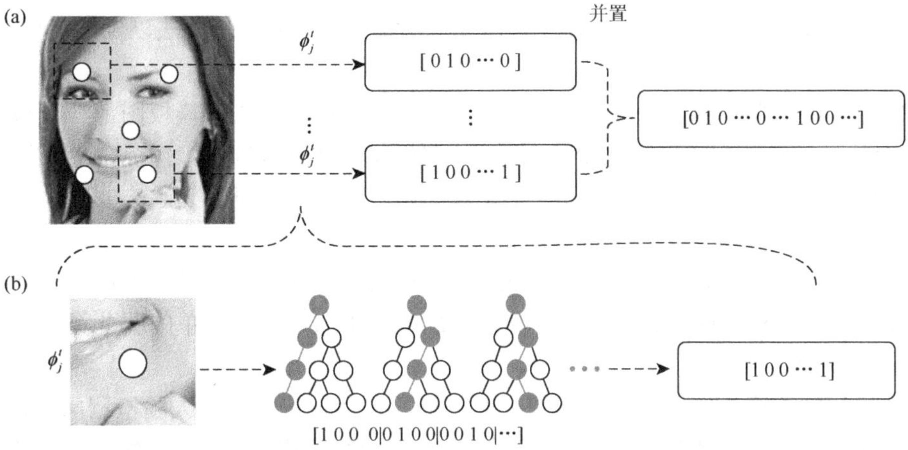

图 3-2　人脸检测与定位示意图

目前，帕克西人脸表情识别是已经成熟且广泛应用的技术。帕克西人脸表情识别技术能自动识别单张照片中人脸的 6 种表情（即厌恶、高兴、悲伤、恐惧、愤怒和惊讶，如图 3-3 所示），这种技术已广泛应用于人机分析科研项目、用户心理/行为分析、营销辅助等领域。

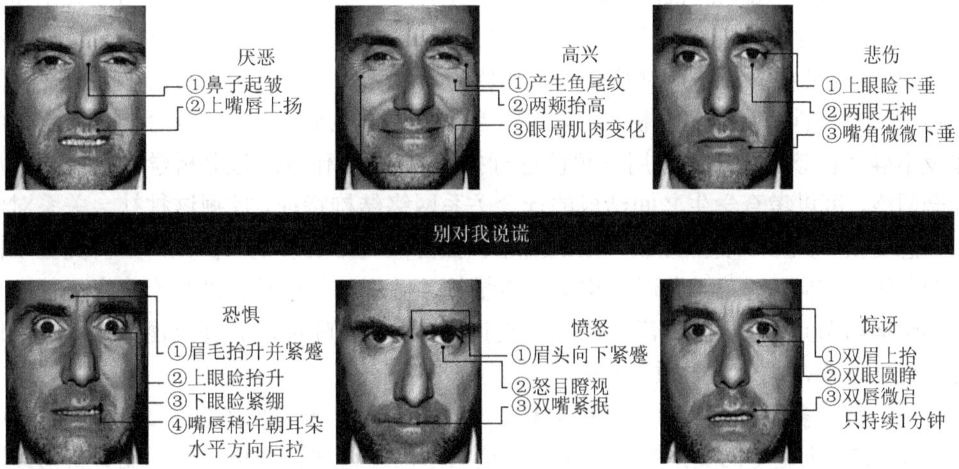

图 3-3　6 大基本表情的特征

FaceReader 是由 Vicar Vision 公司和 Noldus Information Technology 公司推出的软件系统，它能够自动检测到面部表情的变化。该软件所依赖的理论基础为面部动作编码系统和表情自动分析技术。FaceReader 能识别 6 种基本情绪高兴、悲伤、生气、惊奇、害怕、厌恶和中性状态，开发者手册中报告的表情识别准确率达 89%。此外，它还能够检测面部状态，例如，左眼和右眼是睁开的还是闭着的，嘴是张开的还是闭着的，以及眉毛是上扬的、正常的，还是下垂的，被试整体上的注视方向及追踪头部方向。FaceReader 也能推测出人的性别、年龄、种族、面部毛发的多少及是否佩戴眼镜。

从算法的角度，可将整个人脸检测划分为早期算法、Boost 算法以及深度学习 3 个时代。

（1）早期的人脸检测算法使用了模板匹配技术，即用一个人脸模板图像与被检测图像中的各个位置进行匹配，确定这个位置处是否有人脸。此后机器学习算法被用于该问题，包括神经网络、支持向量机等。以上都是针对图像中某个区域进行人脸与非人脸二分类的判别。

（2）Boost 算法是基于 PAC（probably approximately correct）学习理论而建立的一套集成学习（ensemble learning）算法。其根本思想在于通过多个简单的弱分类器，构建出准确率很高的强分类器。

（3）卷积神经网络在图像分类问题上取得成功之后很快被用于人脸检测问题，在精度上大幅度超越之前的 AdaBoost 框架。当前已经有一些高精度、高效的算法。当采用滑动窗口加卷积神经网络对窗口图像进行分类的方案计算量太大时，使用卷积神经网络进行人脸检测的算法可以避免这个问题。此外，DenseBox 的目标检测算法适合人脸这类小目标的检测。这种方法使用全卷积神经网络，在同一个网络中直接预测目标矩形框和目标类别置信度。通过在检测的同时进行关键点定位，进一步提高了检测精度。

3. 社会网络分析

社会网络分析（social network analysis，SNA）是以社会行动者及其相互关系作为研究内容，通过对行动者的关系模型描述，分析这些模型所蕴含的结构及它们对行动者和整个群体的影响。社会网络分析对社会关系独特的量化研究视角特别适合对学习成员之间的交互水平和参与性特征进行分析，可以对交互过程中学生形成的社会关系网络结构、学生个体及小群体在该结构中的作用与角色进行描述。教育工作者通过分析学生在交互中形成的社会网络，可以考查学生之间结成的社会关系网络结构特征，挖掘这种社会关系对学生之间信息交换、共享、资源控制、知识创造和社会性支持的影响。例如，分析交互中信息传播的范围、方向、速度，发现影响交互质量的关键群体与个体，以及影响交互信息传播的网络结构与节点，进而挖掘潜在的同伴支持网络等。教师可以通过改善网络结构来优化和促进交互过程，优化教学质量与效率。

目前已有许多工具支持社会网络分析，代表性的工具有 UCINET、NetMiner、Gephi 等。而 SNAPP 则是专门支持教育应用的社会关系网络可视化分析工具，能够自动提取学习管理平台中的论坛数据进行社会关系网络分析。教育工作者可以应用 SNAPP 追踪课程社区的发展，发现处于孤立点的学生和扮演网络信息“经纪人”角色的学生并可视化分析教师对学生的支持作用。

社会关系网络包括以下 3 个组成部分。

（1）行动者（actor）是社会关系网络中的节点（也称结点），是互动活动的主体。学生和教师都可以是行动者。

（2）关系（relation）是节点间的连线，体现行动者之间的互动及所形成的社会关系，具有内容、方向和强度三个特征。

（3）连接（tie）是一种关系集合，根据连接发生的频次、质量或重要性，可以将其分为强连接和弱连接。下面将主要从社会关系网络结构分析和社会网络角色分析两个方面，分别讨论社会关系网络分析方法对学生交互网络分析的作用与价值。

1）社会关系网络结构分析

从整体上分析特定规模学生（如课程、班级、小组、在线学习社区等）在交互活动中形成的社会关系网络的特征，能够帮助教师初步了解相应学生群体中交互的范围、结构与方向、关系紧密性、信息流通性、交互核心参与者与边缘学生等，发现交互中的孤立点和核心角色，以及影响群体交互质量的主要瓶颈。

对学生个体社会关系网络的分析，可以帮助教师初步了解特定学生的互动特征和互动关系网络特征，这些信息为教师提供针对性的辅导给予了重要依据。在联通主义学习中，社会关系网络是学生构建个人知识网络的基础。因此，对学生个人网络的分析，也有助于教师把握学生的个人知识网络发展情况。

（1）社群图（sociogram）是分析整体社会关系网络结构的有效途径。社群图由代表行动者的节点和行动者之间关系的连接线组成。连接线如果有方向则为有向图，否则为无向图。根据学生交互行为反映的关系强弱，可以给每类交互赋予不同的数值，如关注行为赋值“0.5”，回帖行为赋值“1”，对应交互行为所建立的连线就被赋予相应数值，两个学生间的关系是二者之间的连线数值总和，具有这样连线赋值的社群图称作赋值图。有向赋值图可以直观地呈现特定学生群体的社会关系网络结构。

在 UCINET 中可以通过“可视化→NetDraw→文件→打开→Ucinet dataset→Network”操作实现。

在学生数量不多的情况下，社群图能够直观地呈现出处于网络中心位置和边缘位置的节点，该节点与其他节点的连接情况，影响网络结构的关键连边或节点，以及网络中小团体的整体分布情况。因此，社群图可以帮助在线教师快速评估特定学生群体的互动情况，定位到网络中需要特别关注的学生和群体，如扮演核心参与者、经纪人角色的学生，处于桥和切点相关位置的学生等。

当参与交互的学生数较多时，社群图的图形会变得相当复杂，难以直观分析关系结构，这时就需要通过社会网络整体特征值来分析交互。描述社会网络整体特征的主要参数包括网络大小、网络密度、网络直径、可达性、连通性、互惠性、传递性、网络效率等。其中，连通性、可达性、互惠性、网络密度等参数是在线教师分析特定学生群体中整体网络关系紧密性和稳定性程度的重要依据，同时是影响学生群体内信息传播、流动和社会性知识建构的重要参数。

图 3-4 是某大学“现代教育技术”课程中的学生交互社群图。该社群图是一个有向赋值图。社会网络中共有 47 位学生，1 名教师。根据社群图可以直观地看出社会关系网络的疏密情况、处于网络中心的几个核心节点及较为边缘和孤立的节点。对该网络整体特征属性的分析显示：网络密度为 0.647，即该网络有 64.7%的网络连接，是一个较为密集的网络。互惠性系数为 0.472，即该社会网络中有 47.2%的关系是双向关系，大部分节点间的连接是单向连接。网络连通性系数为 0.434，说明该网络不太容易分裂成多个成分。网络聚类系数达到 1.873，意味着该网络中存在小群体，出现凝聚子群的可能性比较大。

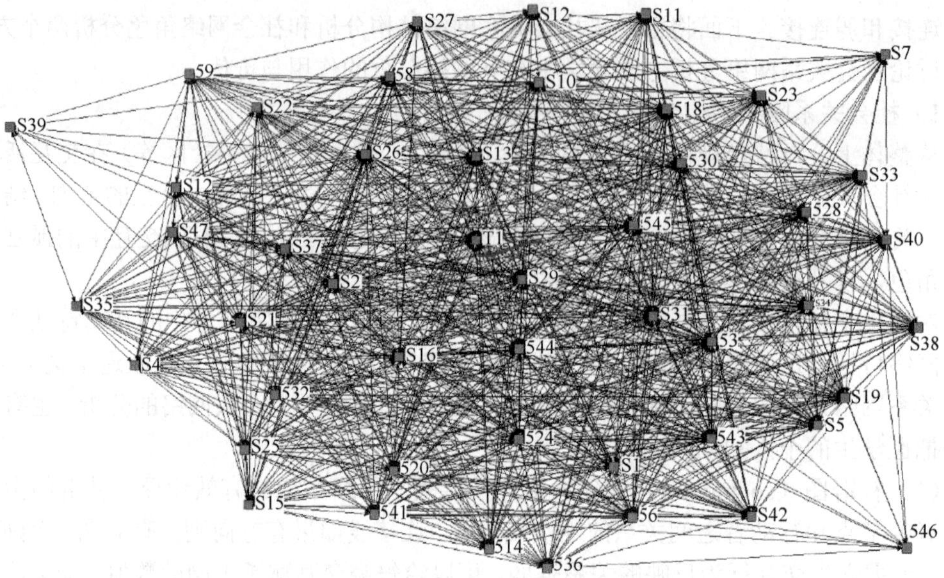

图 3-4　“现代教育技术”课程学生交互社群图

（2）当在特定点集中，各个行动者节点间具有相对较强的、直接的、紧密或积极的关系时，这些行动者的集合称为凝聚子群。建立凝聚子群的标准和方法有多种，可通过多种参数自主约束子群规则。例如，建立在互惠关系基础上的凝聚子群是信息交换较为频繁的网络小团体，因此凝聚子群中社会性知识建构的可能性比较大，而互惠性较高的凝聚子群中更有可能进行高质量的交互。

在 UCINET 中可以通过“网络→角色&位置→结构→CONCOR”操作实现。

（3）当进行网络结构分析时，教师会发现影响网络结构与成分的关键连边和节点分别称为桥（bridge）和切点（cut point）。

桥和切点是小团体之间进行信息交互的关键通道。桥是网络中保证网络完整性的关键连边，删除这类连边，网络就被分解为多个成分。

切点是影响网络结构的关键节点，删除这类节点，网络会分解为多个成分。

处于桥和切点相关位置的学生是确保整个社群资源与信息充分共享及知识共建的关键角色。应用块模型分析方法可以根据网络中学生的位置，将学生划分为互不重叠的子群。子群内部成员的关系密度相对较高，是交互较为频繁的小团体。块模型分析可以将子群作为分析对象，考查各个子群之间发送和接收信息的情况，分析特定子群在整个网络中扮演的角色。如以发送信息为主的谄媚型子群，以接收信息为主的接收型子群，内部关系紧密且在频繁发布和接收信息的首属型子群，与其他子群没有信息交换的孤立型子群等。

（4）核心-边缘结构分析（网络→核心/外围→分类）将社会网络中的节点根据其位置的核心度划分为核心节点与边缘节点两组，从而将复杂的社会网络简化分层，并考查整个网络中核心成员与边缘成员之间的关联情况。

理想的“核心-边缘”全关联模型中，网络节点被分为两组，其中一组成员之间联系非常紧密，可以看作一个凝聚子群，而另外一组成员之间没有联系，但该组成员与核心组所有成员存在联系。该模型在现实生活中很难实现，因此对现实的网络进行核心-边缘结构分析时，是在分析现实模型与理想模型的接近程度。然而，简单地将网络中的节点划分为核心与边缘两类也会出现问题，有些节点并不适合被归为核心或边缘。由此，有学者提出连续的“核心-边缘”模型，该模型将节点划分为核心、半边缘和边缘3类。处于核心位置的学生由于其交互的主动性和投入度较高，在交互活动中的认知发展较为显著，往往会取得比处于半边缘和边缘位置的学生更高的课程成绩，学业坚持性也更强。处于半边缘或边缘位置的学生在交互活动时的参与度和认知投入度较低，这不仅意味着他们在交互活动中的认知发展较为有限，对社会性知识建构的贡献较少，而且意味着他们缺乏必要的激励和良好的社会环境，可能会面临辍学风险。

2）社会网络角色分析

“核心-边缘”结构分析只能帮助教师根据中心性对学生进行简单聚类，如果要定位在网络中发挥关键作用的学生，则需要进一步开展位置分析。对社会关系网络中的位置分析能够定义出在社会影响力、关注度，以及网络信息与资源掌控力、知识传播与创造力等方面具有不同特征的点集，从而帮助教师理解处于这些节点的学生在交互活动中所扮演的角色，如核心参与者、经纪人、中间人、旁观者、潜水者等。

对节点行动者在网络位置的中心性分析是当前定义关键网络角色的主要途径。

（1）点度中心度分析（网络→中心度→度）通过分析学生节点的点度数，即该节点与其他节点连接情况，判断该节点在交互中的活跃性。

（2）中间中心度分析（网络→中心度→Freeman 中间度→节点中间度）关注学生节点在多大程度上居于其他两个学生节点之间，该参数体现了学生对网络资源的控制能力。

（3）接近中心度分析（网络→中心度→接近性）考查学生在多大程度上不受其他学生控制。

（4）特征向量中心度分析（网络→中心度→特征向量）旨在发现网络中最核心的成员，同时测量出特征向量中心势指数。

中心度较高的学生通常是交互关系网络中信息发布、传递、流通及知识创造的关键节点，这类学生往往扮演了网络的核心参与者、经纪人等重要角色。中心度体现了一个节点可以控制网络中其他节点联系的能力，中心度越高表明相应节点学生控制信息传播的能力越强。

核心参与者是在社会网络中处于中心位置的行动者。处于这个位置的学生与网络中其他许多成员都有连接，是网络核心人物，在交互活动中表现活跃，拥有较高的声望和权力。通过分析社会关系网络各节点的点度数，在线教师可以发现核心参与者。在有向网络中，点度数则需要分别统计点入度（in-degree）和点出度（out-degree）。点入度就是从网络其他学生节点指向该学生节点的连接线数之和。点出度是由该节点指向自身以外的网络其他节点的连线数目。较高的点入度表明学生在网络中具有较高的声望，较高的点出度表明学生在网络中具有较强的影响力。核心参与者拥有更好的社会心理优势和社会资源基础，在交互中往往是主动的知识建构者。

4. 滞后序列分析

滞后序列分析（lag sequential analysis，LSA）法是检验行为序列显著性的方法。该方法通过分析一种行为在另一种行为之后出现的概率，以探索人类的行为模式。与粗粒度的行为频次统计相比，学习行为序列可以更为细致地刻画学习者学习行为轨迹、意愿与认知过程。当前，滞后序列分析已被应用到学习偏好分析、协作问题解决、学习者操作行为或参与方式与知识建构中，并开始在学习结果预测中得到使用。

滞后序列分析法的流程如下：

（1）从原始数据集中提取学习行为数据并生成研究所需格式的行为序列文件，可以手动或利用编程语言完成，建立行为序列编码表。

（2）利用编程语言编写算法获取学生不同行为间的转换频次，或采用滞后序列分析工具 GSEQ 对行为序列的发生频次和概率值进行分析。

GSEQ 的操作过程包括：①按 GSEQ 要求的格式输入所有行为编码；②系统编译，生成 MDS 文件；③检验行为编码的 Kappa 一致性（针对由多人完成的编码）；④进行行为序列分析，得到行为转换频率表和调整后残差表；⑤根据调整后的残差表筛选具有显著意义的行为序列，并绘制行为转换图。

（3）可以进一步分析不同活动阶段、不同学习者特征的行为模式。若要对学习结果进行预测，可将数据归一化后，使用 Python 等常用数据挖掘工具，进行学习结果建模。

李爽等（2017）基于 Moodle 平台上的学习日志数据，通过分析课程 log 表中记录的学生动作，利用滞后序列分析法在线学习行为序列和参与模式。研究剔除发生频次极少的偶发型动作类型，主要聚焦 21 个动作，并将其归纳为 15 种行为作为行为序列分析的行为对象。这 15 种行为分别在 log 记录的 5 个模块（module）中发生，包括论坛（forum）、测试（quiz）、作业（assign）、页面（page）和资源（resource）。表 3-1 呈现了部分行为所属模块及包含的动作（action）和研究编码。

表 3-1 部分行为所属模块及包含的动作和研究编码

行为	模块	动作	编码
浏览试题	测试	view	Q1
做题	测试	attempt、continue attempt	Q2
保存答题并查看进度	测试	view summary	Q3
提交试题	测试	close attempt	Q4
查看试题答案	测试	review	Q5
浏览内容页面	页面	view	P1

研究将一种行为向另一种行为的转换定义为一个行为序列，并用两种行为的编码组合表示两种行为形成的序列，组合中行为编码的前后顺序代表该序列中行为转换的方

向。采用 Python 语言编写算法获取学生每次登录在 15 种行为间的转换频次，从而获得学生样本在课程学习期间产生的行为序列数据。基于对学生样本产生行为序列频次的统计，形成 15 个学习行为间的转换频次表。然后，在行为转换频次表基础上计算每个序列发生频次的 Z-score 从而获得残差表。其中，有 6 个行为序列出现频次达到了显著性水平。根据这 6 个行为序列，研究构建如图 3-5 所示的在线学习行为转换图。图中节点表示各种学习行为，连线表示行为与行为之间的连接具有显著意义，箭头方向表示行为转换的方向，线条的粗细表示行为连接的显著水平，线条上的数据则是调整后的残差值（Z-score）。

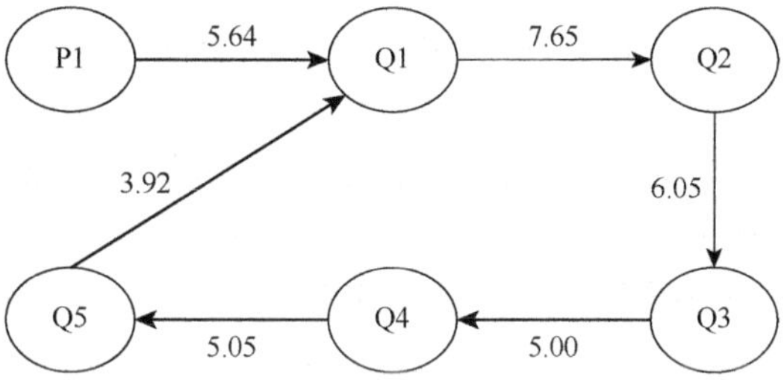

图 3-5　在线学习行为转换图

从图 3-5 可以看出，若是学生登录平台后首先浏览课程内容页面，那他们之后较少去论坛交流，而更倾向于去测试模块尝试测试任务或模拟试题。学生在测试模块的活动通常遵循着循序渐进的评价步骤，如浏览试题并做题（Q1Q2），做题后保存答题并查看进度（Q2Q3），在最后一次答题后提交试题（Q3Q4），提交后回顾试题并查看试题答案（Q4Q5），查看答案后还会倾向于浏览其他试题或已做试题（Q5Q1）。可以根据出现频次做出进一步判断，例如，Q2Q3、Q3Q4 较高的出现频次表明学生倾向于分多次完成一个测试任务，每次答题后保存答题进度，但不提交试题，在最后一次答题后，学生查看答题进度发现已经完成所有题目或达到预期，便提交试题。

5. 感知类技术

感知类技术主要包括物联网感知技术、可穿戴设备技术和校园一卡通技术。其中，物联网感知技术主要用于采集设备状态数据，可穿戴设备技术主要用于采集个体生理数据与学习行为数据，校园一卡通技术则主要用于采集各种校园生活数据。

物联网感知技术是实现万物相连的前提，是采集物理世界信息的重要渠道。目前在教育领域利用物联网感知技术采集基础信息，主要通过传感器和电子标签等方式进行。通常情况下，传感器用来感知采集点的环境参数，电子标签用于对采集点的信息进行标识。而对于采集后的信息数据，需经过无线网络上传至网络信息中心进行存储，并利用各种智能技术对感知数据进行分析处理以实现智能控制。学校的教室设备、会议设备、实验器材等分布分散、信息透明度小、管理难度大，通过给这些物理教学设备粘贴射频识别标签或传感器，分配专人管理，可以实现统一管理和调度。

可穿戴设备技术可以把多媒体、传感器和无线通信等技术嵌入人们的衣着中，支持手势和眼动操作等多种交互方式。通过佩戴相关设备可以实时记录学习者的运动状态、运动量、呼吸量、血压、睡眠质量等生理状态数据，以及学习者学习的时间、内容、地点、使用的设备等学习信息。除此之外，可穿戴设备技术还可以与虚拟仿真、增强现实技术相结合。

校园一卡通可以采集的数据范围包括餐饮消费、洗浴收费、超市购物、运动健身、课堂考勤、图书借阅、银行转账、刷卡收费、上课选课、转账补助等，几乎涵盖了校园生活的方方面面。这些数据采集的场景化描述对学习分析的实现极具价值。

6. 埋点技术

埋点技术是随着网络分析挖掘应用不断发展而来的数据采集技术，分为代码埋点、可视化埋点和无埋点等方式。其基本原理是通过在网站放置相应代码或调用相关服务的方式，记录用户访问网站时的各类操作行为。通过埋点技术可以完整地记录用户的在线行为过程。对在线课程评价而言，所需的数据中有相当一部分无法通过网络学习管理系统的数据库获得。缺失的数据会对课程评价带来很大影响，而埋点技术可以很好地弥补这一不足。

利用脚本语言编写插件程序，可以方便地截取在线学习平台中的学习数据，如对开源学习平台 Moodle 与 Sakai 的时间统计、社会网络分析、学习行为分析等插件。此外还有针对浏览器的抓包分析插件，如 IE 浏览器的 HttpWatch，Google Chrome 浏览器的 Web Scraper Chrome，火狐浏览器的 Firebug 等插件。此外，也有在代理技术基础上提出采用插件技术来实现多源日志采集代理系统。日志采集工作由多个采集代理来完成，每个代理可以完成一个或多个日志源的数据采集，同时每个日志源被当作代理上的一个插件。

7. 图像识别技术

图像识别技术属于人工智能的应用领域，是指利用计算机对图像进行匹配、处理、分析，以识别各种模式的目标和对象的技术。

图像识别技术包括网评网阅技术、点阵数码笔技术与拍照搜题技术。其中，网评网阅技术主要用于采集学生考试成绩数据，阅卷系统以计算机网络技术和图像处理技术为依托，采用专业扫描阅读设备，对各类考试答卷和文档进行扫描与处理，实现客观题机器自动评卷及主观题教师网络高效评卷。点阵数码笔技术主要用于采集各种作业、练习、考试数据。点阵数码笔既可以保存学习者的最终书写结果，又可以记录学习者的书写过程信息，如书写方式、书写顺序、书写时间等，还可以结合书写或者绘画过程同步录入声音，采集书写时的情景信息。点阵数码笔是一种非常自然的书写数据采集工具，贴近用户的书写习惯，因此有望成为作业和练习数据主导采集工具。拍照搜题技术是图像识别技术在教育领域的应用形式之一，主要用于采集学习者作业练习数据。它通过终端设备（如智能手机、平板等）来获取相关题目的照片，继而由系统根据已有的题库进行自动匹配、处理与分析，最终筛选出与图片最相似的题目、答案及解答思路。市场上越来越多的作业题库产品开始提供拍照搜题功能。拍照搜题技术除了可以实现题目答案的检索，还可以通过拍照上传的方式存储学习者的作业练习结果及过程数据。这些数据通过软件平台的处理分析，可以有效服务于教师的教学决策和学习者的自我诊断。

3.2　数据预处理

教育数据挖掘的数据来自教育领域中的实际数据。在现实世界中，各种原因导致数据总是有这样或那样的问题，如包含相当多的变量或含有无效的取值，这会严重影响挖掘建模的执行效率，甚至可能导致挖掘结果的偏差。我们采集到的数据往往存在某些重要数据缺失、不正确或含有噪声、不一致等问题，也就是说数据质量的三个要素：准确性、完整性和一致性都很差。

不正确、不完整和不一致的数据是现实世界大型数据库和数据仓库的共同特点。导致不正确的数据（即具有不正确的属性值）可能有多种原因，例如，收集数据的设备可能出现故障；输入错误数据；当用户不希望提交个人信息时，可能故意向强制输入字段输入不正确的值（例如，性别选择默认值“男”），这称为被掩盖的缺失数据；错误也可能在数据传输中出现，这些可能是由于技术的限制；不正确的数据也可能是由命名约定或所用的数据代码不一致，或输入字段（如日期）的格式不一致而导致的。

影响数据质量的另外两个因素是可信性（believability）和可解释性（interpretability）。

（1）可信性反映有多少数据是用户信赖的，没有可信的数据，将导致挖掘成为空中楼阁。

（2）可解释性反映数据是否容易理解。假设在某一时刻数据库有一些错误，之后都被更正。然而，过去的错误已经给学习风险评估造成了影响，因此该数据很有可能不再被相信。

鉴于数据有可能采用多种编码方式，分析人员并不知道如何解释它们。即便该数据库现在是正确的、完整的、一致的并且是具有时效的，但是由于很差的可信性和可解释性，这时数据仍然可能被认为质量很低。

总之，现实世界采集的数据，质量很难让人满意。虽然数据质量差的原因有很多，但我们并不需要过多关注它，只需关注如何让数据质量更好，也就是说如何对数据进行预处理，才能提高数据质量，从而满足教育数据挖掘的需要。

3.2.1　教育数据挖掘概述

在教育领域中，数据挖掘应用的最直接结果就是诞生了智能教学系统。智能教学系统是以计算机辅助教学为基础而兴起的，以学生为中心，计算机为媒介，利用计算机模拟教学专家的思维过程而形成的开放式人机交互系统。通过了解每个学生的学习能力、认知特点与知识水平，提供个性化的教学内容与教学方法，并可对学生进行有针对性的个别指导。表 3-2 为教育数据挖掘对教学中不同角色的定义。

表 3-2　教育数据挖掘对教学中不同角色的定义

角色	使用教育数据挖掘的目的
学生	了解自己的性格、兴趣、能力和学习风格； 了解自己的学习效率、学习效果和学习进展； 向其推荐课程、学习资源和学习策略
教师	了解教学的效率，改进教学材料； 了解学生的个体和总体情况； 预测学生的学习成绩
管理人员	了解教育机构的历史与现状； 提供决策支持改进管理制度，科学分配教育资源； 对教师和课程进行评价
教育研究者	验证现有教育理论；发现新规律； 为教育实验提供数据和论据； 对教学材料、课程或教学系统进行评价

从技术角度看，数据挖掘是通过对大量的数据进行分析，以发现和提取隐含在其中的具有价值的信息和知识的过程。从商业角度看，数据挖掘是一种新的商业信息处理技术，其主要特点是对商业数据库中的大量业务数据进行抽取、转换、分析和其他模型化处理，从中提取可用于辅助商业决策的关键性数据。

简单地说，数据挖掘是从大量数据中提取或“挖掘”知识，其挖掘过程如图 3-6 所示。

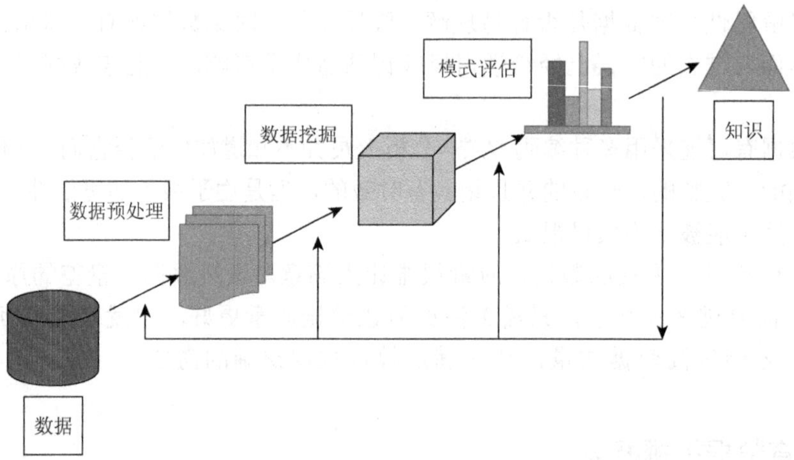

图 3-6　数据挖掘过程示意图

数据预处理：对目标数据进行处理，检查数据的完整性及数据的一致性，消除噪声，滤除冗余与填充数据。

数据挖掘：根据挖掘目标，使用挖掘方法（关联规则、回归、分类、聚类、离群点诊断、时间序列分析等）提取用户感兴趣的知识，并以一定的方式表示出来。

模式评估：将发现的知识以使用者能了解的方式呈现给使用者。

3.2.2 数据预处理内容

统计发现，在数据挖掘的过程中，数据预处理的工作量占到了整个过程的 60%，其主要内容可以包括数据清洗、数据集成、数据归约和数据变换，处理过程如图 3-7 所示。

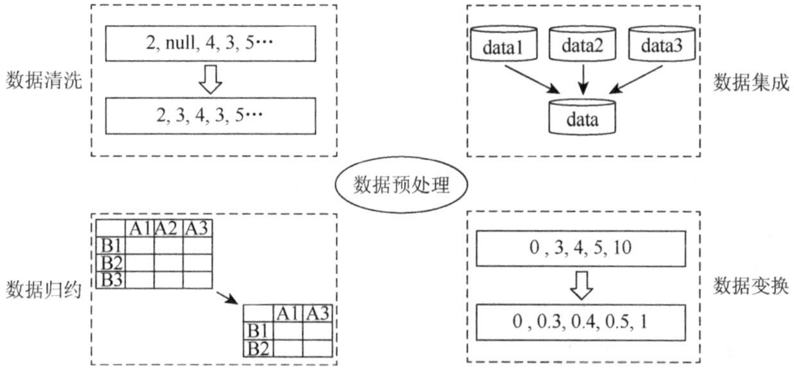

图 3-7 数据预处理示意图

数据清洗是通过填写缺失的值、光滑噪声数据、识别或删除离群点、解决不一致性等方式来“清理”数据。如果用户认为数据是脏的，他们可能就不会相信这些数据上的挖掘结果。此外，脏数据可能使挖掘过程陷入混乱，导致不可靠的输出。

数据集成是把不同来源、格式、性质的数据在逻辑上或物理上有机地集中，以更方便地进行数据挖掘工作。数据集成通过数据交换而达到，主要解决数据的分布性和异构性问题。数据集成的程度不一，形式也是多种多样，对于小的项目，如果原始的数据都存在不同的表中，数据集成的过程往往是根据关键字段将不同的表集成到一个或几个表格中，而对于大的项目，则有可能需要集成到单独的数据仓库中。

数据归约是得到数据集的简化表示，数据虽少，但能够产生同样的（或几乎同样的）分析结果。数据归约策略包括维归约和数值归约。在维归约中，使用减少变量的方案，以便得到原始数据的简化或“压缩”表示。例如，采用主成分分析技术减少变量，或通过相关性分析去掉相关性小的变量。数值归约，则主要指通过样本筛选，减少数据量，这也是常用的数据归约方案。

数据变换是将数据从一种表现形式变为另一种表现形式的过程。假设你决定使用如神经网络、最近邻分类或聚类这样的基于距离的挖掘算法进行建模或挖掘。如果待分析的数据已经规范化，即按比例映射到一个较小的区间（如[0, 1]），则这些方法将得到更好的结果。问题是各变量的标准往往不同，数据的数量级差异比较大，在这样的情况下，如果不对数据进行转化，显然模型反映的主要是大数量级数据的特征，所以通常还需要灵活地对数据进行转换。

虽然数据预处理主要分为以上 4 个方面的内容，但它们之间并不是互斥的。例如，冗余数据的删除既是一种数据清理形式，也是一种数据归约形式。总之，现实世界的数据一般是不正确、不完整和不一致的。数据预处理技术可以改进数据的质量，从而有助于提高随后挖掘过程的准确率和效率。高质量的决策必然依赖高质量的数据，因此数据预处理是知识发现过程的重要步骤。

3.2.3 数据清洗

数据清洗主要是填充缺失值和过滤数据中的噪声。

1. 缺失值处理

对于缺失值的处理，不同的情况处理方法也不同。总体来说，缺失值处理可分为 3 类：数据删除、数据插补与不处理。

1）删除法

删除法（deletion method）是对缺失值进行处理的最原始方法，它将存在缺失值的记录删除。如果数据缺失问题可以通过简单删除小部分样本来达到目标，那么这个方法是最有效的。删除非缺失信息，会损失样本量，进而削弱统计功效。但是，当样本量很大而缺失值所占样本比例较少时（＜5%）就可以考虑使用此法。

2）插补法

插补法（imputation method）的思想来源是以最可能的值来插补缺失值，比全部删除不完全样本所产生的信息丢失要少。在数据挖掘中，面对的通常是大型的数据库，它的属性有几十个甚至几百个，因为一个属性值的缺失而放弃大量的其他属性值，这种删除是对信息的极大浪费，所以产生了以可能值对缺失值进行插补的思想与方法。常用的有如下几种方法。

（1）均值插补。根据数据的属性可将数据分为定距型和非定距型。如果缺失值是定距型的，就以该属性存在值的平均值来插补缺失的值；如果缺失值是非定距型的，就根据统计学中的众数原理，用该属性的众数（即出现频率最高的值）来补齐缺失的值；如果数据符合较规范的分布规律，则可以用中值插补。

（2）回归插补。利用线性或非线性回归技术得到的数据来对某个变量的缺失数据进行插补。

图 3-8 给出了回归插补、均值插补、中值插补等几种插补方法的示意图，从图中可以看出，采用不同的插补法插补的数据略有不同，还需要根据数据的规律选择相应的插补方法。

（3）极大似然估计（maximum likelihood estimate）。在缺失类型为随机缺失的条件下，假设模型对于完整的样本是正确的，那么通过观测数据的边际分布可以对未知参数进行极大似然估计。这种方法也称为忽略缺失值的极大似然估计，对于极大似然的参数估计实际常采用的计算方法是期望值最大化（expectation maximization）。该方法比删除个案和单值插补更有吸引力。适用于大样本是极大似然估计应用的重要前提。只有足够数量的有效样本才能保证极大似然估计值是渐近无偏并服从正态分布的。

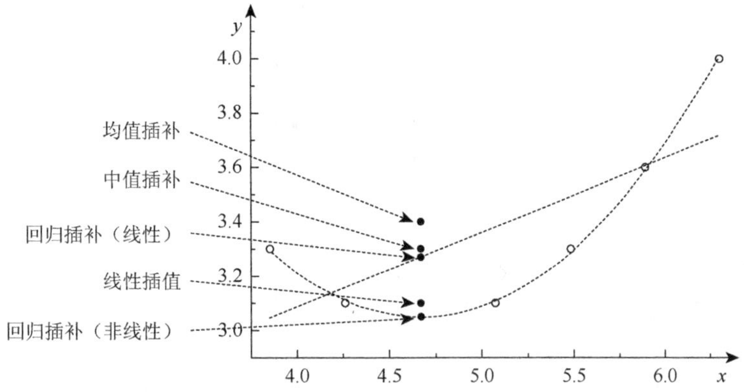

图 3-8　几种插补方法的示意图

需要注意的是，在某些情况下，缺失值并不意味数据有错误。例如，在申请奖学金时，可能要求申请人提供科研成果，没有科研成果的申请者可能自然地不填写该字段。表格应当允许填表人使用如“不适用”等值。理想情况下，每个属性都应当有一个或多个关于空值条件的规则。这些规则可以说明是否允许空值，并且说明这样的空值应当如何处理或转换。如果在业务处理的稍后步骤提供值，某些字段也可能故意留下空白。因此，尽管在得到数后，我们可以尽力清理数据，但好的数据库和数据输入设计将有助于在第一现场把缺失值或错误值的数量降至最低。

2. 噪声过滤

噪声（noise）是数据中存在的数据随机误差。噪声数据的存在是正常的，但会影响变量真值的反应，所以有时也需要对这些噪声数据进行过滤。目前，常用的噪声过滤方法有回归法、均值平滑法、离群点分析及小波去噪。

1）回归法

回归法（regression method）是用一个函数拟合数据来光滑数据。线性回归可以得到两个属性（或变量）的“最佳”直线，使得一个属性可以用来预测另一个。多元线性回归是线性回归的扩充，其中涉及的属性多于两个。如图 3-9 所示，这里使用回归法来去除数据中的噪声，即用回归后的函数值来代替原始的数据，从而避免噪声数据的干扰。回归法首先依赖于对数据趋势的判断，符合线性趋势的，才好用回归法。因此，往往需要先对数据进行可视化，判断数据的趋势及规律，再确定是否可以用回归法进行去噪。

2）均值平滑法

均值平滑法（mean smoothing method）是指对于具有序列特征的变量用邻近的若干数据的均值来替换原始数据的方法。如图 3-10 所示，对于具有正弦时序特征的数据，利用均值平滑法对其噪声进行过滤，从图中可以看出，去噪效果非常显著。

3）离群点分析

离群点分析（outlier analysis）是通过聚类等方法来检测离群点，并将其删除，从而实现去噪的方法。直观上，落在簇集合之外的值被视为离群点，如图 3-11 所示。

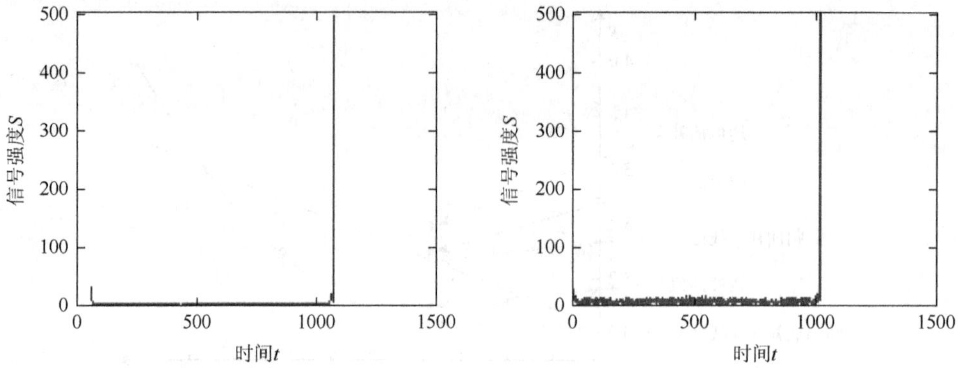

(a) 去噪后数据　　(b) 原始数据

图 3-9　回归法去噪效果图

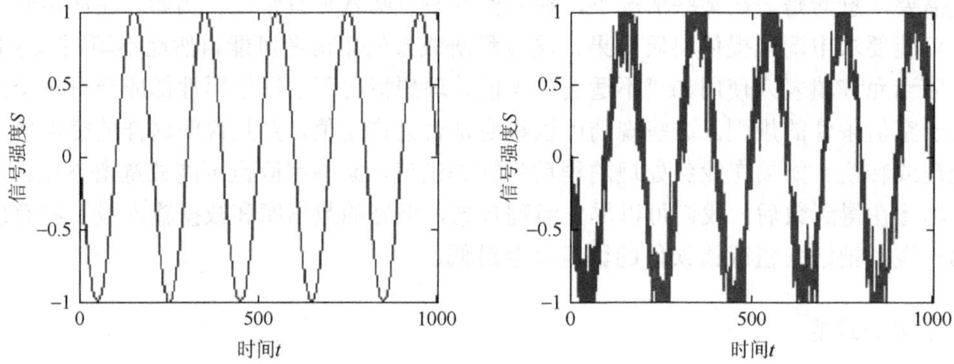

(a) 去噪后数据　　(b) 原始数据

图 3-10　均值平滑法效果图

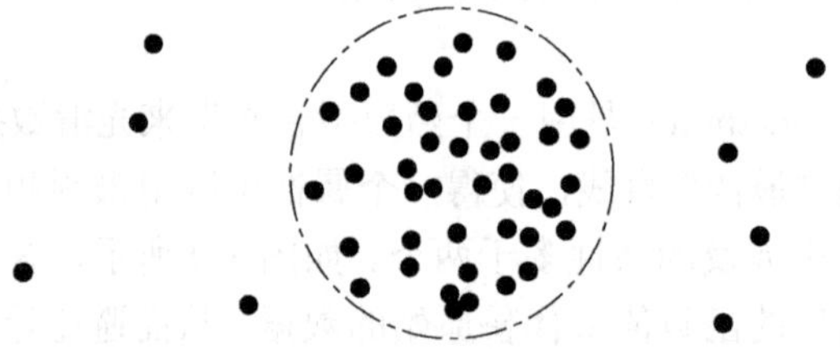

图 3-11　离群点分析示意图

4）小波去噪

小波去噪（wavelet denoising）的本质是一个函数逼近问题，即如何在由小波母函数伸缩和平移所展成的函数空间中，根据提出的衡量准则，寻找对原信号的最佳逼近，以完成原信号和噪声信号的区分。也就是寻找从实际信号空间到小波函数空间的最佳映射，以便得到原信号的最佳恢复。从信号学的角度看，小波去噪是一个信号滤波问题，而且尽管在很大程度上小波去噪可以看成是低通滤波，但是因为去噪后还能成功地保留信号特征，所以在这一点上又优于传统的低通滤波。由此可见，小波去噪实际上是特征提取和低通滤波功能的综合。图 3-12 给出了利用小波技术对数据进行去噪的效果图。

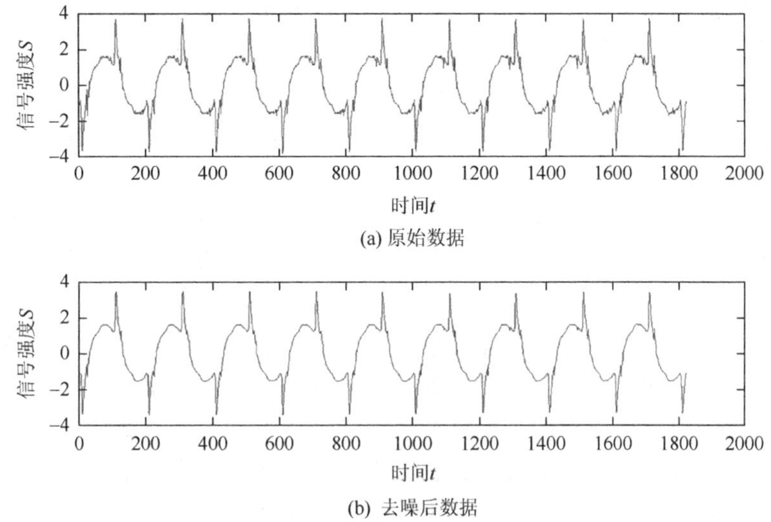

图 3-12　用小波技术对数据进行去噪的效果图

3.2.4　数据集成

数据集成是将若干个分散的数据源中的数据，逻辑地或物理地集成到一个统一的数据集合中。数据集成的核心任务是要将互相关联的分布式异构数据源集成到一起，使用户能够以更透明的方式访问这些数据源。集成是指维护数据源整体上的数据一致性，提高信息共享利用的效率；透明的方式是指用户无须关心如何实现对异构数据源数据的访问，只关心以何种方式访问何种数据。实现数据集成的系统称作数据集成系统，它为用户提供统一的数据源访问接口，执行用户对数据源的访问请求。

数据集成的数据源广义上包括各类 XML 文档、HTML 文档、电子邮件、普通文件等结构化、半结构化信息。数据集成是信息系统集成的基础和关键。好的数据集成系统要保证用户以低代价、高效率使用异构的数据。

常用的数据集成方法，主要有联邦数据库技术、中间件集成方法和数据仓库方法。但这些方法都倾向于数据库系统构建的方法。从数据挖掘的角度，我们更倾向于如何直接获得某个数据挖掘项目需要的数据，而不是 IT 系统的构建上。当然数据库系统集成度越高，数据挖掘的执行也就越方便。在实际中更多的情况下，由于时间、周期等问题的制约，数据挖掘的实施往往只利用现有可用的数据库系统，也就是说更多的情况下，只考虑某个数据挖掘项目如何实施。从这个角度上讲，对某个数据挖掘项目，更多的数据集成主要是指数据的融合，即数据表的集成。

3.2.5 数据归约

用于分析的数据集可能包含数以百计的属性，其中大部分属性可能与挖掘任务不相关，或者是冗余的。尽管领域专家可以挑选出有用的属性，但这可能是一项困难而费时的任务，当数据的行为不是十分清楚时更是如此。遗漏相关属性或留下不相关属性都可能是有害的，这会导致所用的挖掘算法无所适从，进而导致发现质量很差的模式。此外，不相关或冗余的属性增加了数据量。

数据归约的目的是得到能够与原始数据集近似等效甚至更好，但数据量却较少的数据集。这样，对归约后的数据集进行挖掘将更有效，且能够产生相同（或几乎相同）的挖掘效果。

数据归约的策略较多，但从数据挖掘角度，常用的是属性选择和样本选择。

属性选择是通过删除不相关或冗余的属性（或维）减少数据量。属性选择的目标是找出最小属性集，使得数据类的概率分布尽可能地接近使用所有属性得到的原分布。在缩小的属性集上挖掘还有其他的优点：它减少了出现在发现模式上的属性数目，使得模式更易于理解。究竟如何选择属性，主要看属性与挖掘目标的关联程度及属性本身的数据质量，根据数据质量评估的结果，可以删除一些属性，利用数据相关性分析、数据统计分析、数据可视化和主成分分析技术还可以选择删除一些属性，最后剩下一些更好的属性。

样本选择的目标是在进行抽样时，使样本有相当大的可能保持和总体相同的结构，即总体中每一个体被抽选的概率（即可能性）是完全均等的，具有使总体的某些特征在样本中得以表现的最大可能。在数据挖掘过程中，对样本的选择不是在收集阶段就可以确定的，而是有逐渐筛选、逐级抽样的过程。

3.2.6 数据变换

数据变换是将数据从一种表现形式变换为另一种表现形式的过程。常用的数据变换方式是数据标准化、离散化和语义转换。

1. 标准化

数据的标准化（normalization）是将数据按比例缩放，使之落入一个小的特定区间。在某些比较和评价的指标处理中经常会用到，去除数据的单位限制，将其转化为无量纲的纯数值，便于不同单位或量级的指标能够进行比较和加权。其中最典型的就是 0-1 标准化和 Z-score 标准化。

（1）0-1 标准化（0-1 normalization）也叫离差标准化，是对原始数据的线性变换，使结果落到[0, 1]区间，转换函数如下：

$$x' = \frac{x - \min}{\max - \min}$$

其中，max 为样本数据的最大值；min 为样本数据的最小值。这种方法有一个缺陷就是当有新数据加入时，可能导致 max 和 min 发生变化，需要重新定义。

（2）Z-score 标准化（zero-mean normalization）也叫标准差标准化，经过处理的数据符合标准正态分布，即均值为 0，标准差为 1，也是最为常用的标准化方法，其转换函数为

$$x' = \frac{x-\mu}{\sigma}$$

其中，μ 为所有样本数据的均值；σ 为所有样本数据的标准差。

2. 离散化

离散化指把连续型数据切分为若干“段”，也称 bin，是数据分析中常用的手段。有些数据挖掘算法，特别是某些分类算法，要求数据是分类属性形式。这样，常常需要将连续属性变换成分类属性。此外，如果一个分类属性具有大量不同值（类别），或者某些值出现不频繁，则对于某些数据挖掘任务，可通过合并某些值从而减少类别的数目。

在数据挖掘中，离散化得到普遍采用，其原因包括如下几点。

（1）算法需要。例如，决策树、朴素贝叶斯等算法本身不能直接使用连续型变量，连续型数据只有经离散处理后才能进入算法引擎。这一点在使用具体软件时可能不明显，因为大多数数据挖掘软件已经内建了离散化处理程序，所以从使用界面看，软件可以接纳任何形式的数据。但实际上，在运算求解决策树或朴素贝叶斯模型前，软件都要在后台对数据进行预处理。

（2）离散化可以有效地克服数据中隐藏的缺陷，使模型结果更加稳定。例如，数据中的极端值是影响模型效果的一个重要因素。极端值导致模型参数过高或过低，或导致模型被虚假现象“迷惑”，把原来不存在的关系作为重要模式来学习。而离散化，尤其是等距离散，可以有效地减弱极端值和异常值的影响。

（3）有利于对非线性关系进行诊断和描述。对连续型数据进行离散处理后，自变量和目标变量之间的关系变得清晰化。如果两者之间是非线性关系，可以重新定义离散后变量每段的取值，如采取 0, 1 的形式，由一个变量派生为多个亚变量，分别确定每段和目标变量间的联系。这样做虽然减少了模型的自由度，但可以大大提高模型的灵活度。

数据离散化通常是将连续变量的定义域根据需要按照一定的规则划分为几个区间，同时对每个区间用一个符号来代替。例如，我们在定义学习成绩时，就可以用数据离散化的方法来刻画学习成绩的好坏。学习成绩可以分为 4 类：优秀、良好、合格与不合格，如表 3-3 所示。

表 3-3　学习成绩与等级的对应关系

成绩	等级
[90, 100]	优秀
[75, 90)	良好
[60, 75)	合格
[0, 60)	不合格

离散化处理不免要损失一部分信息。很显然，对连续型数据进行分段后，同一个段内的观察点之间的差异便消失了，因此是否需要进行离散化还需要根据目标、算法等因素的需求综合考虑。

3. 语义转换

对于某些属性，其属性值是由字符型构成的，例如，如果属性为“学习成绩等级”，则其构成元素是{优秀、良好、合格、不合格}，则对于这种变量，在数据挖掘过程中，非常不方便，且会占用更多的计算机资源，因此通常用整型数据来表示原始的属性值含义，如可以用{1,2,3,4}来同步替换原来的属性值，从而完成这个属性的语义转换。

3.3 关联规则

关联规则挖掘的目标是发现数据项集之间的关联关系或相关联系，是数据挖掘中一个重要研究领域。关联规则挖掘的一个典型例子是购物篮分析（用户购买某一商品对购买其他商品的影响）。关联规则挖掘有助于发现交易数据库中不同商品（项）之间的联系，找出顾客购买行为模式。分析结果可以应用于商品货架布局、货存安排及根据购买模式对用户进行分类。

基于啤酒与尿布的故事，Agrawal 等于 1993 年首先提出了挖掘顾客交易数据库中项集间的关联规则问题，以后诸多的研究人员对关联规则的挖掘问题进行了大量的研究。关联规则挖掘除了应用于顾客购物模式的挖掘，在其他领域也得到了应用，包括工程、医疗保健、金融证券分析、电信和保险业的错误校验等。

3.3.1 关联规则概述

关联规则（association rule）最初提出的动机是针对购物篮分析（market basket analysis）问题提出的。如果超市经理想更多地了解顾客的购物习惯，特别是想知道哪些商品顾客可能会在一次购物时同时购买？为回答该问题，可以对商店的顾客购买记录进行购物篮分析。该过程通过发现顾客放入“购物篮”中的不同商品之间的关联，分析顾客的购物习惯。这种关联的发现可以帮助零售商了解哪些商品常被顾客同时购买，从而帮助他们开发更好的营销策略。啤酒与尿布的应用范例中，在所有包含尿布的交易记录资料中，至少有 70% 的交易会同时购买啤酒。因此，今后若有某消费者出现购买尿布的行为，超市将可推荐该消费者同时购买啤酒。这个商品推荐的行为则是根据「尿布，啤酒」关联规则，因为就该超市过去的交易记录而言，其支持了“大部分购买尿布的交易，会同时购买啤酒”的消费行为。

因此，如果将关联规则应用在网络学习中，能通过对网络学习数据的分析，发现网络学习因素之间的关系，以及与学习成绩之间的关联，根据关联分析所得出的规则，能够帮助教师透彻地了解学生网络学习的真实状况，从而更好地监督学生学习，并为网络学习提供改进和完善的建议，提高网络学习质量。

关联规则挖掘算法是关联规则挖掘研究的主要内容，迄今为止已提出了许多高效的关联规则挖掘算法。最著名的关联规则算法是 Agmwal 等提出的 Apriori 算法，至今 Apriori 算法仍然作为关联规则挖掘的经典算法被广泛讨论，之后又衍生了 FP-tree、FP-Growth 等关联规则算法，本章将讲述 Apriori 算法与 FP-Growth 算法。

以表 3-4 中的高等数学、C 语言、编译原理学科的成绩为例（其中 1、2、3 与 4 分别对应优秀、良好、合格与不合格，ID 表示学生学号）。

表 3-4　部分学生高等数学、C 语言、编译原理学科的成绩

ID	高等数学（M）	C 语言（C）	编译原理（P）
$S10$	1	3	2
$S11$	2	2	1
$S12$	2	3	2
$S13$	4	3	4
$S14$	2	3	1

先了解一下关联规则挖掘中涉及的几个基本概念。

定义 1：项与项集。

数据库中不可分割的最小单位信息，称为项（或项目），用符号 i 表示。项的集合称为项集。设集合 $I=\{i_1,i_2,\cdots,i_k\}$ 是项集，I 中项的个数为 k，则集合 I 称为 k-项集。例如，集合{高等数学，C 语言，编译原理}是一个 3-项集。

定义 2：事务。

设 $I=\{i_1,i_2,\cdots,i_k\}$ 是由数据库中所有项目构成的集合，一次处理所含项目的集合用 T 表示，$T=\{t_1,t_2,\cdots,t_n\}$，每一个 $t_i(i=1,2,\cdots,n)$ 包含的项集都是 I 子集。例如，学生的成绩信息在数据库中有唯一的标识，用以表示这些成绩是同一学生在不同学期获得的。我们称该学生的成绩信息对应一个数据库事务。

定义 3：项集的频数（支持度计数）。

包括项集的事务数称为项集的频数（支持度计数）。

定义 4：关联规则。

关联规则是形如 $X\Rightarrow Y$ 的蕴含式，其中 X,Y 分别是 I 的真子集，并且 $X\cap Y=\varnothing$。X 称为规则的前提，Y 称为规则的结果。关联规则反映 X 中的项目出现时，Y 中的项目也跟着出现的规律。

定义 5：关联规则的支持度（support）。

关联规则的支持度是集合中同时包含 X 和 Y 的数目与所有数目之比，记为 $\text{support}(X\Rightarrow Y)$，即 $\text{support}(X\Rightarrow Y)=\text{support}\,X\cup Y=P(XY)$。

支持度反映了 X 和 Y 中所含的项在事务集中同时出现的频率。

定义 6：关联规则的置信度（confidence）。

关联规则的置信度是集合中同时包含 X 和 Y 的数目与所有包含 X 数目之比，记为 $\text{confidence}(X\Rightarrow Y)$，即

$$\text{confidence}(X \Rightarrow Y) = \frac{\text{support}(X \cup Y)}{\text{support}(X)} = P(Y \mid X)$$

置信度反映了包含 X 的事务中，出现 Y 的条件概率。

定义 7：最小支持度与最小置信度。

通常用户为了达到一定的要求，需要指定规则必须满足的支持度和置信度阈值，当 $\text{support}(X \Rightarrow Y)$、$\text{confidence}(X \Rightarrow Y)$ 分别大于等于各自的阈值时，认为 $X \Rightarrow Y$ 是有趣的，此两个值称为最小支持度阈值(min_sup)和最小置信度阈值(min_conf)。其中，min_sup 描述了关联规则的最低重要程度，min_conf 规定了关联规则必须满足的最低可靠性。

定义 8：频繁项集。

设 $U = \{u_1, u_2, \cdots, u_n\}$，且 $U \subseteq I, U \neq \varnothing$，对于给定的最小支持度 min_sup，如果项集的支持度 $\text{support}(U) \geqslant \text{min\_sup}$，则称 U 为频繁项集，否则，称 U 为非频繁项集。

定义 9：强关联规则。

$\text{support}(X \Rightarrow Y) \geqslant \text{min\_sup}$ 且 $\text{confidence}(X \Rightarrow Y) \geqslant \text{min\_conf}$，称关联规则 $X \Rightarrow Y$ 为强关联规则，否则称 $X \Rightarrow Y$ 为弱关联规则。

用一个简单的例子来说明这些定义。表 3-4 包含 5 个事务。项集 I = {高等数学，C 语言，编译原理}。考虑关联规则：$M2 \Rightarrow P1$，即高等数学良好⇒编译原理优秀，事务 $S11$、$S12$、$S14$ 包含 $M2$，事务 $S11$、$S14$ 同时包含 $M2$ 和 $P1$，支持度 $\text{support} = \frac{2}{5} = 0.4$，置信度 $\text{confidence} = \frac{2}{3}$，若给定最小支持度 $\alpha = 0.4$，最小置信度 $\beta = 0.5$，关联规则 $M2 \Rightarrow P1$ 是有趣的，认为高等数学良好和编译原理优秀之间存在关联。

3.3.2 Apriori 算法

关联规则的挖掘分为两个步骤：一是找出所有频繁项集；二是由频繁项集产生强关联规则。其总体性能由第一步决定。

在搜索频繁项集时，最简单、基本的算法就是 Apriori 算法。算法的名字基于这样一个事实：算法使用频繁项集性质的先验知识。Apriori 使用一种被称作逐层搜索的迭代方法，k-项集用于探索$(k+1)$-项集。首先，通过扫描数据库，累积每个项的计数，并收集满足最小支持度的项，找出频繁 1-项集的集合。该集合记作 L_1。然后，L_1 用于找频繁 2-项集的集合 L_2，L_2 用于找 L_3，如此下去，直到不能再找到频繁 k-项集。找每个 L_k 需要一次数据库全扫描。其中有两个关键步骤为连接步和剪枝步。

（1）连接步：为找出 L_k（频繁 k-项集），通过 L_{k-1} 与自身连接，产生候选 k-项集，该候选项集记作 C_k；其中 L_{k-1} 的元素是可连接的。

（2）剪枝步：C_k 是 L_k 的超集，即它的成员可以是频繁的，也可以不是频繁的，但所有的频繁项集都包含在 C_k 中。扫描数据库，确定 C_k 中每一个候选的计数，从而确定 L_k（计数值不小于最小支持度计数的所有候选是频繁的，从而属于 L_k）。然而，C_k 可能很大，这样所涉及的计算量就很大。为压缩 C_k，使用 Apriori 性质：任何非频繁的（$k-1$）-项集

都不可能是频繁 k-项集的子集。因此，如果一个候选 k-项集的（$k-1$）-项集不在 L_k 中，则该候选项也不可能是频繁的，从而可以从 C_k 中删除。这种子集测试可以使用所有频繁项集的散列树快速完成。

Apriori 算法的主要步骤如下。

（1）扫描全部数据，产生候选 1-项集的集合 C_1。

（2）根据最小支持度，由候选 1-项集的集合 C_1 产生频繁 1-项集的集合 L_1。

（3）对 $k>1$，重复执行步骤（4）～（6）。

（4）由 L_k 执行连接和剪枝操作，产生候选$(k+1)$-项集的集合 C_{k+1}。

（5）根据最小支持度，由候选$(k+1)$-项集的集合 C_{k+1}，产生频繁$(k+1)$-项集的集合 L_{k+1}。

（6）若 $L \neq \varnothing$，则 $k = k+1$，跳往步骤（4）；否则，跳往步骤（7）。

（7）根据最小置信度，由频繁项集产生强关联规则，算法结束。

由表 3-5 可知，包含 5 个事务，即 $|D|=5$。每个学生都用不同的 ID 作为代表，下面描述采用 Apriori 算法寻找数据表 D 中频繁项集的过程。

表 3-5　学生 ID 与其学习成绩

ID	学习成绩
$S10$	$M1, C3, P2$
$S11$	$M2, C2, P1$
$S12$	$M2, C3, P2$
$S13$	$M4, C3, P4$
$S14$	$M2, C3, P1$

设最小支持度计数为 2，即 min_sup = 2，利用 Apriori 算法产生候选项集及频繁项集的过程如下所示。

1）第一次扫描

扫描数据库 D 获得每个候选项的计数，由于最小支持度计数为 2，一共删除了支持度计数为 1 的 5 个项目。可以确定频繁 1-项集的集合 L_1，它由具有最小支持度的候选 1-项集组成。

C_1

项集	支持度计数
$\{M1\}$	1
$\{M2\}$	3
$\{M4\}$	1
$\{C2\}$	1
$\{C3\}$	4
$\{P1\}$	2
$\{P2\}$	2
$\{P4\}$	1

比较候选支持度计数与最小支持度计数 →

L_1

项集	支持度计数
$\{M2\}$	3
$\{C3\}$	4
$\{P1\}$	2
$\{P2\}$	2

2）第二次扫描

为发现频繁 2-项集的集合 L_2，使用 $L_1 \infty L_1$ 算法产生候选 2-项集的集合 C_2，然后根据支持度得到 L_2。

C_2

项集
{M2, C3}
{M2, P1}
{M2, P2}
{C3, P1}
{C3, P2}

C_2

项集	支持度计数
{M2, C3}	2
{M2, P1}	2
{M2, P2}	1
{C3, P1}	1
{C3, P2}	2

L_2

项集	支持度计数
{M2, C3}	2
{M2, P1}	2
{C3, P2}	2

3）第三次扫描

$L_2 \infty L_2$ 产生候选 3-项集的集合 C_3。

候选 3-项集的集合 C_3 的产生详细地列表如下。

（1）连接 $C_3 = L_2 \infty L_2 = \{\{M2,C3\},\{M2,P1\},\{C3,P2\}\} \infty \{\{M2,C3\},\{M2,P1\},\{C3,P2\}\} = \{\{M2,C3,P1\},\{M2,C3,P2\}\}$。

（2）使用 Apriori 性质剪枝：频繁项集的所有非空子集也必须是频繁的。例如，$\{M2,C3,P1\}$ 的 2-项子集是 $\{M2,C3\}$、$\{M2,P1\}$ 和 $\{C3,P1\}$。因为 $\{C3,P1\}$ 不是 L_2 的元素，所以不是频繁的。因此，从 C_3 中删除 $\{M2,C3,P1\}$。同理，也从 C_3 中删除 $\{M2,C3,P2\}$。

这样，剪枝 C_3 为空集，因此算法终止找出了所有的频繁项集。

L_2 中的规则 1 说明：高等数学良好，C 语言及格，这条规则的置信度是 66.7%，支持度是 40.0%。

规则 2 说明：高等数学良好，编译原理优秀，这条规则的置信度是 66.7%，支持度是 40.0%。

规则 3 说明：C 语言及格，编译原理良好，这条规则的置信度是 50.0%，支持度是 40.0%。

3.3.3　FP-Growth 算法

FP-Growth（频繁模式增长）算法是韩家炜于 2000 年提出的关联分析算法，它采取如下分治策略：将提供频繁项集的数据库压缩到一棵频繁模式树（FP-tree），但仍保留项集关联信息；该算法和 Apriori 算法最大的不同有两点：一是不产生候选集；二是只需要两次遍历数据库，大大提高了效率。

算法的具体描述如下。

输入：事务数据库 D；最小支持度阈值 min_sup。

输出：频繁模式的完全集。

第一步：按以下步骤构造 FP-tree。

（1）扫描事务数据库 D 一次。收集频繁项的集合 F 和它们的支持度。对 F 按支持度降序排序，结果为频繁项表 L。

（2）创建 FP-tree 的根节点，以“Null”标记它。对于 D 中每个事务 Trans，执行：选择 Trans 中的频繁项，并按 L 中的次序排序。设排序后的频繁项表为 $[p|P]$，其中，p 是

第一个元素，而 P 是剩余元素的表。调用 insert_tree ($[p\,|\,P],T$)。该过程执行情况如下：如果 T 有子女 N 使得 N·item-name = p·item-name，则 N 的计数增加 1；否则创建一个新节点 N，将其计数设置为 1，链接到它的父节点 T，并且通过节点链结构将其链接到具有相同 item-name 的节点。如果 P 非空，递归地调用 insert_tree（P, N）。

第二步：根据 FP-tree 挖掘频繁项集。

if Tree 含单个路径 P

then

for 路径 P 中节点的每个组合（记作 β）{

产生模式 $\beta\cup\alpha$，其支持度 support = β 中节点的最小支持度；}

else

for each x_i 在 Tree 的头部{

产生一个模式 $\beta = x_i\cup\alpha$，其支持度 support = x_i·support；

构造 β 的条件模式基，然后构造 β 的条件 FP-tree Treeβ；

if Treeβ≠空集

then

调用 FP Growth(Treeβ, β)；}

设最小支持度计数为 2，即 min_sup = 2, FP-Growth 算法过程如下所示。

第一步：构造 FP-tree。

扫描数据库 D 获得 1-项集 F：

项集	支持度计数
{$M1$}	1
{$M2$}	3
{$M4$}	1
{$C2$}	1
{$C3$}	4
{$P1$}	2
{$P2$}	2
{$P4$}	1

比较最小支持度计数并重新排列F →

项集	支持度计数
{$C3$}	4
{$M2$}	3
{$P1$}	2
{$P2$}	2

重调整事务新数据库 →

ID	学习成绩
$S10$	$C3, M1, P2$
$S11$	$M2, C2, P1$
$S12$	$C3, M2, P2$
$S13$	$C3, M4, P4$
$S14$	$C3, M2, P1$

创建根节点和频繁项目表：

项集	Node-head
{$C3$}	Null
{$M2$}	Null
{$P1$}	Null
{$P2$}	Null

加入第一个事务 $\{C3, M1, P2\}$：

项集	Node-head
{$C3$}	→
{$M2$}	Null
{$P1$}	Null
{$P2$}	→

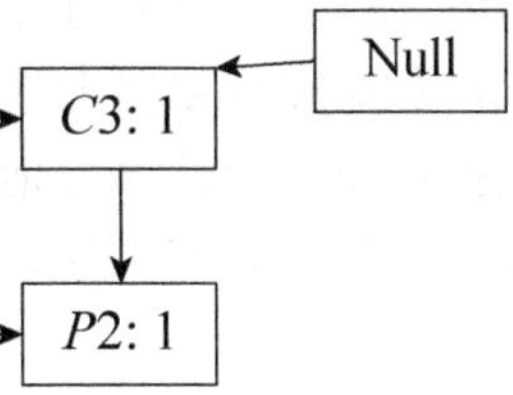

依次加入其他事务：

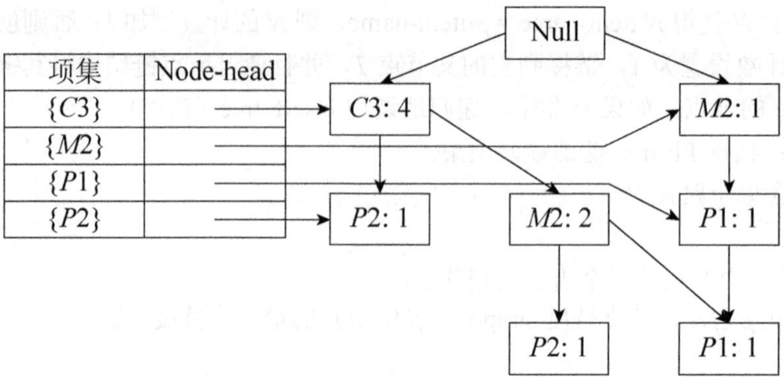

至此，得到完整的 FP-tree。

第二步：根据 FP-tree 挖掘频繁项集。

（1）首先考虑 $P2$，得到条件模式基：<$C3$：1>，<$C3$，$M2$：1>，并构造条件 FP-tree：

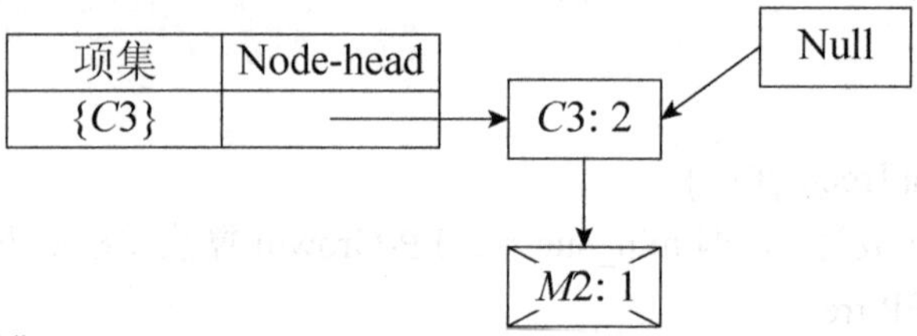

得到 $P2$ 频繁项集：$\{\{C3,P2:2\}\}$。

（2）同理，依次考虑 $P1, M2$。可以得到以下频繁项集。

$P1$ 频繁项集：$\{\{M2,P1:2\}\}$。

$M2$ 频繁项集：$\{\{C3,M2:2\}\}$。

这与 Apriori 算法得出的结果一致，但 FP-tree 寻找频繁项集过程更直观、更清晰。

3.4　回　　归

当对研究对象的内在特性和各因素间的关系有比较充分的认识时，一般用机理分析方法建立数学模型。如果由于客观事物内部规律的复杂性及人们认识程度的限制，无法分析实际对象内在的因果关系，建立合乎机理规律的数学模型，通常的办法是搜集大量数据，基于对数据的统计分析建立模型。回归分析方法正是基于此原理的一种数据挖掘技术，得到一个较好的回归方程，并加以外推，用于预测今后的因变量的变化。

回归分析时分析现象之间相关的具体形式，确定其因果关系，并用数学模型来表现其具体关系。一般来讲，回归分析是通过规定因变量和自变量来确定变量之间的因果关系，建立回归模型，并根据实测数据来求解模型的各个参数，然后评价回归模型是否能够很好地拟合实测数据；如果能够很好地拟合，则可以根据自变量做出进一步预测。回归分析的历史已有 200 多年，其在工商管理、经济、社会、医学与生物学等领域应用十分广泛。

3.4.1　回归分析概述

事物之间的关系可以抽象为变量之间的关系。在含有变量的系统中，考查一些变量对另一些变量的作用是必要的，也是有趣的。

变量之间的关系可以分为两类。一类叫确定性关系，也叫函数关系，其特征是：一个变量随着其他变量的确定而确定。另一类关系叫相关关系，变量之间的关系很难用一种精确的方法表示出来。例如，通常学生学习的专注度越高，学习成绩也越好，但学习专注度和学习成绩之间没有确定的数量关系，所以它们之间的关系就是相关关系。

回归方法就是处理变量之间的相关关系的一种数学方法，其解决问题的大致方法与步骤如下。

（1）收集一组包含因变量和自变量的数据。

（2）选定因变量和自变量之间的模型，即回归方程，利用数据按照一定准则（如最小二乘）计算模型中的系数。

（3）利用统计分析方法对不同的模型进行比较，找出效果最好的模型。

（4）判断得到的模型是否适合这组数据，利用模型对因变量做出预测或解释。

回归在数据挖掘中是最为基础的方法，也是应用领域和应用场景最多的方法，只要是量化型问题，一般都会先尝试用回归方法来研究或分析。回归方法有许多种，常用的包括线性回归、多项式回归、逐步回归、对率回归、岭回归等算法，本章主要讲述一元线性回归与多元线性回归。

3.4.2　一元线性回归

线性回归（linear regression）通常是人们在学习预测模型时首选的技术之一。在这种技术中，因变量是连续的，自变量可以是连续的，也可以是离散的，回归线的性质是线性的。设 Y 是一个可观测的随机变量，它受到一个非随机变量因素 X 和随机误差 ε 影响。若 Y 与 X 有如下线性关系：

$$Y = \beta_0 + \beta_1 X + \varepsilon$$

其中，ε 的均值为 0，方差为 $\sigma^2(\sigma > 0)$，其中 β_0, β_1 是固定的未知参数，称为回归系数，Y 称为因变量，X 称为自变量，则称此 Y 与 X 之间的函数关系表达式为一元线性回归模型。

对于实际问题，要建立回归方程，首先要确定能否建立线性回归模型，其次确定如何对模型中的未知参数 β_0, β_1 进行评估。通常，首先对总体 (X, Y) 进行 n 次独立观测，获得 n 组数据（称为样本观测值）：

$$(x_1, y_1), (x_2, y_2), \cdots, (x_n, y_n)$$

然后在直角坐标系中画出数据点 $(x_i, y_i)(i = 1, 2, \cdots, n)$，该图形称为数据的散点图。如果这些点大致地位于同一条直线的附近，或者说，散点图呈现线性形状，则认为 Y 与 X 之间的关系符合线性关系。此时，利用最小二乘法可以得到回归模型参数 β_0,β_1 的最小二乘估计 $\hat{\beta}_0,\hat{\beta}_1$，估计公式为

$$\begin{cases}\hat{\beta}_0=\overline{y}-\overline{x}\hat{\beta}_1\\ \hat{\beta}_1=\dfrac{L_{xy}}{L_{xx}}\end{cases}$$

其中，$\overline{x}=\frac{1}{n}\sum_{i=1}^{n}x_i,\overline{y}=\frac{1}{n}\sum_{i=1}^{n}y_i,L_{xx}=\sum_{i=1}^{n}(x_i-\overline{x})^2,L_{xy}=\sum_{i=1}^{n}(x_i-\overline{x})(y_i-\overline{y})$。于是就可以建立经验模型：

$$\hat{y}=\hat{\beta}_0+\hat{\beta}_1x$$

对于得到的回归方程，判断其是否为最佳拟合线，通常需要进行回归效果的评价，当得到几种回归结果后，通常需要加以比较以选出较好的方程，常用的准则介绍如下。

（1）决定系数 R^2，其数学定义为

$$R^2=1-\frac{\text{SSE}}{\text{SST}}$$

其中，R^2 称为决定系数。显然 $R^2\leqslant 1$，其值越大表示观测值 y_i 与拟合值 $\hat{y}_i$ 越靠近，也就意味着从整体上看，n 个点的散布离曲线较近。因此选 R^2 大的方程较好。

（2）剩余标准差 s，其数学定义为

$$s=\sqrt{\text{SSE}/(n-2)}$$

其中，s 称为剩余标准差，s 类似于一元线性回归方程中对 σ 的估计，可以将 s 看成是平均残差平方和的算术根，自然其值小的方程较好。

其实上面两个准则所选方程是一致的，s 小，残差平方和必小，从而 R^2 必定大。不过，这两个量从两个角度给出定量的概念。R^2 的大小给出了总体上拟合程度的好坏，s 给出了观测点与回归曲线偏离的一个量值。因此，通常在实际问题中两者都要求出，供使用者从不同角度去认识所拟合的曲线回归。

（3）F 检验（类似于一元线性回归中的 F 检验），其数学表达式为

$$F=\frac{\text{SSR}}{\text{SSE}/(n-2)}$$

其中，SSR = SST−SSE，$\text{SST}=\sum_{i=1}^{n}(y_i-\overline{y})^2$, $\text{SSE}=\sum_{i=1}^{n}(y_i-\hat{y}_i)^2$。

对于一元线性回归，通常有以下 3 个主要任务。

（1）利用样本观测值对回归系数 β_0,β_1 和 σ 做点估计，我们所计算出的 $\hat{\beta}_0,\hat{\beta}_1$ 仍然是随机变量，因此要对 $\hat{\beta}_0,\hat{\beta}_1$ 取值的区间进行估计，如果区间估计值是一个较短的区间，表示模型精度较高。

（2）对方程的线性关系做显著性检验，反映模型是否具有良好线性关系可通过相关系数 R 的值及 F 值观察。

(3) 当可以确定 Y 与 X 之间的函数后，就可以利用该模型对 Y 进行预测。

探索学生课后作业分数与期末考试分数的关系，通过表 3-6 的数据说明如何建立回归模型。

表 3-6　学生课后作业分数与期末考试分数

课后作业分数	64	38	32	69	49	67	27	64	72	51
期末考试分数	75	56	50	71	58	73	39	73	73	63

该问题是典型的一元回归问题，但先要确定课后作业分数与期末考试分数是否是线性的，绘制数据的散点图，如图 3-13 所示。

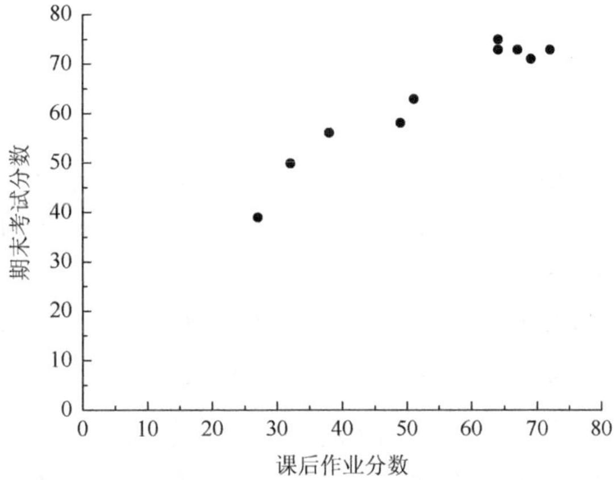

图 3-13　课后作业分数与期末考试分数散点图

由图 3-13 可知，课后作业分数与期末考试分数近似为线性关系，可以使用线性回归方法建立回归模型，如图 3-14 所示。

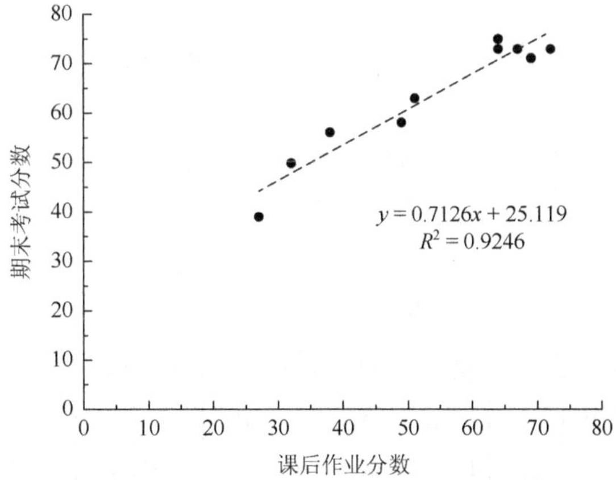

图 3-14　课后作业分数与期末考试分数线性回归图

其各参数如表 3-7 所示。

表 3-7　一元线性回归参数及置信区间

回归系数	估计值	置信区间
β_0	25.119	[15.909, 34.329]
β_1	0.7126	[0.5467, 0.8785]
$R^2 = 0.9246, F = 98.125, P < 0.001$		

从而得到期末考试分数的回归方程：

$$\hat{y} = 25.119 + 0.7126x$$

由于 R^2 接近 1, F 值大于 $F_{1-0.05}(1,8) = 5.32$, P 值也小于 0.05，说明课后作业分数与期末考试分数之间有显著的线性相关关系。

3.4.3　多元线性回归

最简单的线性回归模型仅含有一个自变量，两个参数。但是在实际问题中，影响因变量的因素往往不止一个。在线性回归分析中，如果有两个或两个以上的自变量，就称为多元线性回归（multiple linear regression）。

设 Y 是一个可观测的随机变量，它受到 p（p＞0）个非随机变量因素 $X_1, X_2, \cdots, X_p$ 和随机误差 ε 的影响。若 Y 与 $X_1, X_2, \cdots, X_p$ 有如下线性关系：

$$Y = \beta_0 + \beta_1 X_1 + \beta_2 X_2 + \cdots + \beta_p X_p + \varepsilon$$

其中，$\beta_0, \beta_1, \beta_2, \cdots, \beta_p$ 是固定的未知参数，称为回归系数；ε 是均值为 0、方差为 $\sigma^2(\sigma > 0)$ 的随机变量；Y 称为被解释变量；$X_1, X_2, \cdots, X_p$ 称为解释变量。此模型称为多元线性回归模型。

自变量 $X_1, X_2, \cdots, X_p$ 是非随机的且可精确观测，随机误差 ε 代表其随机因素对因变量 Y 产生的影响。

对于总体 $(X_1, X_2, \cdots, X_p; Y)$ 的 n 组观测值 $(x_{i1}, x_{i2}, \cdots, x_{ip}; y)(i = 1, 2, \cdots, n; n > p)$，有如下线性关系：

$$\begin{cases} y_1 = \beta_0 + \beta_1 x_{11} + \beta_2 x_{12} + \ldots + \beta_p x_{1p} + \varepsilon_1 \\ y_2 = \beta_0 + \beta_1 x_{21} + \beta_2 x_{22} + \ldots + \beta_p x_{2p} + \varepsilon_2 \\ \qquad \vdots \\ y_n = \beta_0 + \beta_1 x_{n1} + \beta_2 x_{n2} + \ldots + \beta_p x_{np} + \varepsilon_n \end{cases}$$

其中，$\varepsilon_1, \varepsilon_2, \cdots, \varepsilon_n$ 相互独立，且设 $\varepsilon_i \sim N(0, \sigma^2)(i = 1, 2, \cdots, n)$，记

$$Y = \begin{bmatrix} y_1 \\ y_2 \\ \vdots \\ y_n \end{bmatrix}, X = \begin{bmatrix} 1 & x_{11} & x_{12} & \cdots & x_{1p} \\ 1 & x_{21} & x_{22} & \cdots & x_{2p} \\ \vdots & \vdots & \vdots & & \vdots \\ 1 & x_{n1} & x_{n2} & \cdots & x_{np} \end{bmatrix}, \beta = \begin{bmatrix} \beta_0 \\ \beta_1 \\ \vdots \\ \beta_p \end{bmatrix}, \varepsilon = \begin{bmatrix} \varepsilon_1 \\ \varepsilon_2 \\ \vdots \\ \varepsilon_n \end{bmatrix}$$

则模型可用矩阵形式表示为

$$Y = X\beta + \varepsilon$$

其中，Y 是已知的观测向量；X 也是已知的，称为设计矩阵或结构矩阵；β 称为待估计向量；ε 是不可观测的随机向量，它的分量相互独立，显然 $\varepsilon \sim N(0,\sigma^2 I_n)$。

建立多元线性回归的基本步骤如下。

（1）对问题进行分析，选择因变量与解释变量，作出因变量与各解释变量的散点图，初步设定多元线性回归模型的参数个数。

（2）输入因变量与自变量的观测数据 (Y,X)，计算参数的估计。

（3）分析数据的异常点情况。

（4）做显著性检验，若通过，则对模型做预测。

（5）对模型进一步研究，如残差的正态性检验、残差的异方差检验、残差的自相关性检验等。

对于多元线性回归，现在通过实例来说明。

探索部分学生的提问次数、学习笔记数量、课后作业分数与期末考试分数的关系（表 3-8），建立回归模型，得出有关结论并进行统计分析。

表 3-8　部分学生的提问次数、学习笔记数量、课后作业分数与期末考试分数

提问次数	22	8	8	16	20	28	3	18	16	10
学习笔记数量	108	52	36	126	101	110	38	120	160	142
课后作业分数	64	38	32	69	49	67	27	64	72	51
期末考试分数	75	56	50	71	58	73	39	73	73	63

该问题是典型的多元回归问题，但能否应用多元线性回归，最好先通过数据可视化判断变量间的变化趋势，即先要确定是否是线性的。绘制数据的散点图，如图 3-15 和图 3-16 所示。

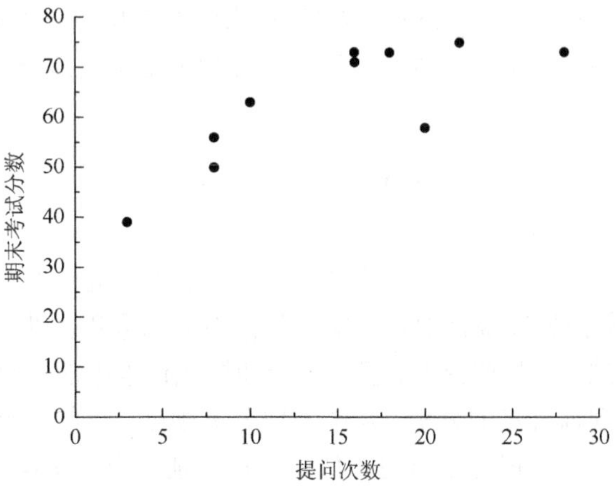

图 3-15　提问次数与期末考试分数散点图

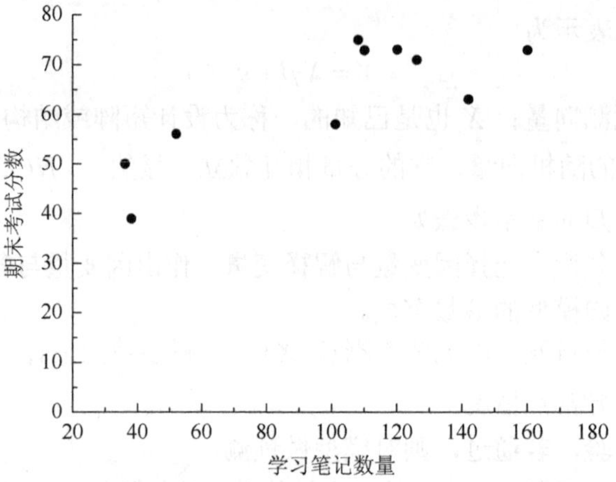

图 3-16　学习笔记数量与期末考试分数散点图

由图 3-15 和图 3-16 可知，提问次数、学习笔记数量分别与期末考试分数大致呈线性关系，由前面可知，课后作业分数与期末考试分数的关系也是线性的，因此可以采用线性回归。其各参数如表 3-9 所示。

表 3-9　多元线性回归参数及置信区间

回归系数	估计值	置信区间
β_0	25.348	[12.767, 37.929]
β_1	0.1498	[−0.6052, 0.9048]
β_2	−0.0187	[−0.1869, 0.1522]
β_3	0.7013	[0.0963, 1.3062]
$R^2 = 0.9306, F = 26.837, P < 0.05$		

从而得到期末考试分数的回归方程：

$$\hat{y} = 25.348 + 0.1498x_1 - 0.0187x_2 + 0.7013x_3$$

由于 R^2 接近 1，F 值大于 $F_{1-0.05}(3,6) = 4.76$，P 值也小于 0.05，说明自变量（提问次数、学习笔记数量与课后作业分数）与期末考试分数之间有显著的线性相关关系。

3.5　分　　类

分类是构造一个分类模型，输入样本的属性值，输出对应的类别，将每个样本映射到预先定义好的类别，从而能够很好地拟合输入数据中类标号和属性之间的联系。分类方法是解决分类问题的方法，是数据挖掘、机器学习和模式识别中的一个重要的研究领域。分类算法通过对已知类别训练集的分析，从中发现分类规则，以此预测新数据的类别。分类算法的应用非常广泛，包括银行中风险评估、客户类别分类、文本检索与搜索引擎分类、安全领域中的入侵检测及软件项目中的应用等。

3.5.1　分类概述

数据挖掘中分类的目的是建立一个分类函数或分类模型（也常常称作分类器），该模型能把数据库中的数据项映射到给定的某一个类别中。

分类的过程可描述如下。

（1）输入数据，或称训练集（training set），是由一条条数据库记录（record）组成的。每一条记录包含若干个属性（attribute），其组成一个特征向量。训练集的每条记录还有一个特定的类标签（class label）与之对应。该类标签是系统的输入，通常是以往的一些经验数据。

（2）一个具体样本的形式可为样本向量：$(a_1,a_2,\cdots,a_n;l)$，在这里 $a_i\left(i=1,2,\cdots,n\right)$ 表示字段值，l 表示类别。分类的目的是：分析输入数据，通过在训练集中的数据表现出来的特性，为每一个类找到一种准确的描述或者模型。由此生成的类描述用来对未来的测试数据进行分类。尽管这些未来的测试数据的类标签是未知的，我们仍可以由此预测这些新数据所属的类。注意是预测，而不能肯定，因为分类的准确率不能达到百分之百。我们也可以由此对数据中的每一个类有更好的理解。也就是说我们获得了对这个类的知识。

因此分类（classification）也可以定义为：对现有的数据进行学习，得到一个目标函数或规则，把每个属性集 a 映射到一个预先定义的类标号 l。

目标函数或规则也称分类模型（classification model），分类模型有两个主要作用：一是描述性建模，即作为解释性的工具，用于区分不同类中的对象；二是预测性建模，用于预测未知记录的类标号。

分类构造模型的过程一般分为训练和测试两个阶段。在构造模型之前，要求将数据集随机地分为训练数据集和测试数据集。在训练阶段，使用训练数据集，通过分析由属性描述的数据库元组来构造模型，假定每个元组属于一个预定义的类，由一个称作类标号的属性来确定。在测试阶段，使用测试数据集来评估模型的分类准确率，如果认为模型的准确率可以接受，则可以用该模型对其他数据元组进行分类。一般来说，测试阶段的代价远远低于训练阶段。得到的模型不仅要很好地拟合输入数据，还要能够正确地预测未知样本的类标号。因此，训练算法的主要目标就是建立具有很好泛化能力的模型，即建立能够准确预测未知样本类标号的模型。

分类的方法有多种，常用的分类方法主要有 7 种：KNN、贝叶斯、神经网络、逻辑斯蒂回归、判别分析、支持向量机与决策树。本节主要介绍 KNN 算法与决策树算法。

3.5.2　KNN 算法

K-近邻（K-nearest neighbor，KNN）算法是一种基于实例的分类方法，最初由 Cover 和 Hart 于 1968 年提出，是一种非参数的分类技术。KNN 算法通过计算每个训练样例到待分类样品的距离，取和待分类样品距离最近的 K 个训练样例，K 个样品中哪个类别的训练样例占多数，则待分类元组就属于哪个类别。

KNN 算法是一个理论上比较成熟的算法，也是最简单的机器学习算法之一。该算法的思路是：如果一个样本在特征空间中的 K 个最相似（即特征空间中最近邻）的样本中的大多数属于某一个类别，则该样本也属于这个类别。KNN 算法中，所选择的邻居都是已经正确分类的对象。该方法在定类决策上只依据最近邻的一个或者几个样本的类别来决定待分样本所属的类别。KNN 算法虽然从原理上也依赖于极限定理，但在类别决策时，只与极少量的相邻样本有关。KNN 算法主要靠周围有限的邻近的样本，而不是靠判别类域的方法来确定所属类别的，因此对于类域的交叉或重叠较多的待分样本集来说，KNN 算法较其他算法更为适合。

KNN 算法具体步骤如下。

（1）初始化距离为最大值。

（2）计算未知样本和每个训练样本的距离 dist。

（3）得到目前 K 个最近邻样本中的最大距离 maxdist。

（4）如果 dist 小于 maxdist，则将该训练样本作为 K 个最近邻样本。

（5）重复步骤（2）～（4），直到未知样本和所有训练样本的距离都算完。

（6）统计 K 个最近邻样本中每个类别出现的次数。

（7）选择出现频率最高的类别作为未知样本的类别。

由 KNN 算法的原理和步骤可以看出，KNN 算法对 K 值的依赖较高，因此 K 值的选择非常重要。如果 K 值太小，预测目标容易产生变动性；相反，如果 K 值太大，最近邻分类器可能会误分类测试样例，因为最近邻列表中可能包含远离其近邻的数据点。推定 K 值的有益途径是通过有效参数的数目这个概念，有效参数的数目是和 K 值相关的，大致等于 n/K，其中，n 是这个训练数据集中实例的数目。在实践中往往通过若干次实验来确定 K 值，取分类误差率最小的 K 值。

在图 3-17 中，三角形代表处于学习风险的学生，四方形代表学生没有学习风险，当引入一个未知的学生时，即为图中的圆形，该学生要被决定赋予哪个类，是三角形还是四

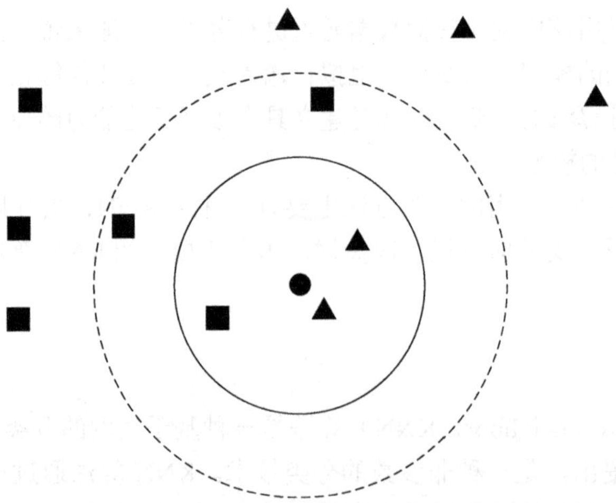

图 3-17　KNN 算法实例示意图

方形？如果 $K = 3$，由于三角形所占比例为 2/3，圆形将被赋予三角形类，代表该学生有学习风险；如果 $K = 5$，由于四方形比例为 3/5，圆形被赋予四方形类，代表该学生没有学习风险。

3.5.3　决策树算法

决策树（decision tree）又称为分类树（classification tree），决策树是最为广泛的归纳推理算法之一，处理类别型或连续型变量的分类预测问题，可以用图形和 If-Then 的规则表示模型，可读性较高。决策树模型通过不断地划分数据，使依赖变量的差别最大，最终目的是将数据分类到不同的组织或不同的分支分支，在依赖变量的值上建立最强的归类。

分类树的目标是针对类别型变量加以预测或解释反应结果，就具体本身而论，此模块分析技术与判别分析、区集分析、非线性估计所提供的功能是一样的。分类树的弹性，使其对数据具有更强的适应性，但并不意味许多传统方法就会被排除在外。实际应用上，当数据本身符合传统方法的理论条件与分配假说时，这些方法或许是较佳的，但是站在探索数据技术的角度或者当传统方法的设定条件不足时，分类树则更合适。

决策树是一种监督式的学习方法，产生一种类似流程图的树结构。决策树对数据进行处理是利用归纳算法产生分类规则和决策树，再对新数据进行预测分析。树的终端节点“叶子节点”（leaf node），表示分类结果的类别（class），每个内部节点表示一个变量的测试，分支分支（branch）为测试输出，代表变量的一个可能数值。为达到分类目的，变量值在数据上测试，每一条路径代表一个分类规则。

决策树是用来处理分类问题，适用类别型的目标变量，目前也已扩展到可以处理连续型变量，如分类-回归树（classification and regress tree，CART）模型。但不同的决策树算法，对于数据类型有不同的需求和限制。

决策树在数据挖掘领域应用非常广泛，尤其在分类问题上是很有效的方法。除具备图形化分析结果易于了解的优点外，决策树还具有以下优点。

（1）决策树模型可以用图形或规则表示，而且这些规则容易解释、理解、使用，而且很有效。

（2）可以处理连续型或类别型的变量。以最大信息增益选择分割变量，模型显示变量的相对重要性。

（3）面对大的数据集也可以处理得很好，此外因为树的大小和数据库大小无关，所以计算量较小。当有很多变量被引入模型时，决策树仍然适用。

决策树构建的主要步骤：一是选择适当的算法训练样本构建决策树；二是适当地修剪决策树；三是从决策树中萃取知识规则。

1. 决策树的分割

决策树通过递归分割（recursive partitioning）建立而成，递归分割是一种把数据分割成不同的小部分的迭代过程。构建决策树的归纳算法步骤如下。

（1）将训练样本的原始数据放入决策树的树根。

（2）将原始数据分成两组，一部分为训练组数据，另一部分为测试组资料。

（3）使用训练样本来建立决策树，在每一个内部节点依据信息论（information theory）来评估选择哪一个属性继续做分割的依据，称为节点分割（splitting node）。

（4）使用测试数据进行决策树修剪，修剪到决策树的每个分类都只有一个节点，以提升预测能力与速度。也就是经过节点分割后，判断这些内部节点是否为叶子节点，如果不是，则以新内部节点为分支分支的树根来建立新的次分支分支。

（5）不断递归步骤（1）～（4），一直到所有内部节点都是叶子节点。当决策树完成分类后，可将每个分支分支的叶子节点萃取出知识规则。

如果有以下情况发生，决策树将停止分割：

（1）该群数据的每一笔数据都已经归类到同一类别。

（2）该群数据已经没有办法再找到新的属性来进行节点分割。

（3）该群数据已经没有任何尚未处理的数据。

一般来说，决策树分类的正确率有赖于数据来源的多寡，若是透过庞大数据构建决策树，其预测和分类结果往往是符合期望的。

决策树学习主要利用信息论中的信息增益（information gain），寻找数据集中有最大信息量的变量，建立数据的一个节点，再根据变量的不同值建立树的分支分支，每个分支分支子集中重复建树的下层结果和分支的过程，一直到完成建立整株决策树。决策树的每一条路径代表一个分类规则，与其他分类模型相比，决策树的最大优势在于模型图形化，让使用者容易了解，模型解释也非常简单。

在树的每个节点上，使用信息增益选择测试的变量，信息增益是用来衡量给定变量区分训练样本的能力，选择最高信息增益或最大熵（entropy）简化的变量，将之视为当前节点的分割变量，该变量促使需要分类的样本信息量最小，而且反映了最小随机性或不纯性。

若某一事件发生的概率是 p，令此事件发生后所得的信息量为 $I(p)$，若 $p=1$，则 $I(p)=0$，因为某一事件一定会发生，所以该事件发生不能提供任何信息。反之，如果某一事件发生的概率越小，不确定性越大，则该事件发生带来的信息越多，因此 $I(p)$ 为递减函数，并定义 $I(p)=-\log p$。

给定数据集 S，假设目标类别变量有 m 个不同的类别 $(l_1,l_2,\cdots,l_m)$。利用目标变量将数据集分为 m 个子集 $(s_1,s_2,\cdots,s_m)$，其中 s_i 表示在 S 中属于类别 l_i 的样本。在分类的过程中，对于每个样本，对应 m 种可能发生的概率为 $(p_1,p_2,\cdots,p_m)$，记第 i 种结果的信息量为 $-\log p_i$，称为分类信息的熵。熵是测量一个随机变量不确定性的测量标准，可以用来测量训练数据集内纯度（purity）的标准。熵的函数表示如下：

$$\text{Ent}(S)=-\sum_{i=1}^{m}(p_i\log_2 p_i)$$

其中，p_i 是任意样本属于 l_i 的概率，对数函数以 2 为底，因为信息用二进制编码。

变量训练分类数据集的能力可以利用信息增益来测量，计算每个变量的信息增益，具有最高信息增益的变量选为给定集合 S 的分割变量，产生一个节点，同时以该变量为标记，对每个变量值产生分支，以此划分样本。假定数据集 S 中离散属性 A 有 V 个取值 $(a_1,a_2,\cdots,a_V)$，使用属性 A 对数据集 S 进行划分，则会产生 V 个分支节点，其中第

$v(v=1,2,\cdots,V)$ 个分支节点包含了 S 中所有在属性 A 上取值为 a_v 的样本，记为 S_v，计算出 S_v 的信息熵，再考虑到不同的分支节点所包含的样本数不同，给分支节点赋予权重 $|S_v|/|S|$，即样本数越多的分支节点影响越大，于是可计算出用属性 A 对样本集 S 进行划分所获得的信息增益：

$$\mathrm{Gain}(S,A)=\mathrm{Ent}(S)-\sum_{v=1}^{V}\frac{|S_v|}{|S|}\mathrm{Ent}(S_v)$$

一般而言，信息增益越大，意味着使用属性 A 进行划分所获得的“纯度提升”越大。因此，可以使用信息增益来进行决策树的划分属性选择。

2. 决策树的剪枝

决策树学习可能遭遇模型过度配适（overfitting）的问题，过度配适是指模型过度训练，导致模型记住的不是训练集的一般性，而是训练集的局部特性。模型过度配适，将导致模型预测能力不准确，一旦将新数据运用到训练后的模型，将导致错误预测。因此，完整的决策树构造过程，除了决策树的构建外，还应该包含树剪枝（tree pruning），解决和避免模型过度配适问题。

当决策树产生时，因为数据中的噪声或离群值，许多分支反映的是训练资料中的异常情形，树剪枝就是在处理这些过度配适的问题。树剪枝通常使用统计测量值剪去最不可靠的分支，可用的统计测量有卡方值或信息增益等，如此可以加速分类结果的产生，同时可提高测试数据正确分类的能力。

树剪枝有两种方法：先剪枝（pre-pruning）和后剪枝（post-pruning）。先剪枝是通过提前停止树的构造来对树剪枝，一旦停止分类，节点就成为树叶，该树叶可能持有子集样本中次数最高的类别。在构造决策树时，卡方值和信息增益等测量值可以用来评估分类的质量，如果在一个节点划分样本，将导致低于预先定义阈值的分裂，则给定子集的进一步划分将停止。选取适当的阈值是很困难的，较高的阈值可能导致过分简化的树，但是较低的阈值可能使得树的简化太少。后剪枝是由已经完全生长的树剪去分支，通过删减节点的分支剪掉树节点，最底下没有剪掉的节点成为树叶，并使用先前划分次数最多的类别进行标记。对于树中每个非叶子节点，计算剪去该节点上的子树可能出现的期望错误率，再使用每个分支的错误率，结合每个分支观察的权重评估，计算不对该节点剪枝的期望错误率。如果剪去该节点导致较高的期望错误率，则保留该子树，否则剪去该子树。产生一组逐渐剪枝后的树，使用一个独立的测试集评估每棵树的准确率，就能得到具有最小期望错误率的决策树。也可以交叉使用先剪枝和后剪枝形成组合式，后剪枝所需的计算比先剪枝多，但通常产生较可靠的树。

3. 决策树算法的基本步骤

决策树算法基本上是一种贪心算法，是由上至下的逐次搜索方式，逐次产生决策树模型结构。Quinlan 于 1979 年提出 ID3 算法，ID3 算法是著名的决策树归纳算法；算法 C4.5 和 C5.0 是 ID3 算法的修订版本，另外还有 CART 算法。ID3 算法以信息论为基础，企图最小化变量间进行比较的次数，其基本策略是选择具有最高信息增益的变量为分割变量

(splitting variable)，它必须将所有变量转换为类别型变量。ID3 算法使用熵来量化信息，测量不确定性，如果所有数据属于同一类别，将不存在不确定性，此时的熵为 0。ID3 算法的基本步骤包含以下几点。

（1）模型由代表训练样本开始，样本属于同一类别，则节点成为树叶，并使用该类别的标签。

（2）如果样本不属于同一类别，使用信息增益选择将样本最佳分类的变量，该变量成为该节点的分割变量。对分割变量的每个已知值，产生一个分支，并以此分割样本。

（3）算法使用的过程，逐次形成每个分割的样本决策树。如果一个变量出现在一个节点上，就不必在后续分割时考虑该变量。

（4）当给定节点的所有样本属于同一类别，或者没有剩余变量可用来进一步分割样本时，分割的动作就可以停止，完成决策树的构建。

利用 ID3 算法判定学生的学习风险（其中 1 代表有风险，0 代表没有风险）。

由表 3-10 可知，有 3 个正例，即无学习风险，占比为 $p_1=\dfrac{3}{5}$；2 个反例，占比为 $p_2=\dfrac{2}{5}$。首先计算根节点的信息熵：

$$\text{Ent}D=-\left(\frac{3}{5}\log_2\frac{3}{5}+\frac{2}{5}\log_2\frac{2}{5}\right)=0.971$$

表 3-10　学生各学习属性值与有无学习风险情况

编号	学习问答（A）	巩固测试（T）	按时提交作业（H）	学习风险
1	1	1	1	1
2	0	0	1	1
3	0	1	0	1
4	0	0	0	0
5	1	0	0	0

其次，计算出当前属性集合{学习问答，巩固测试，按时提交作业}中每个属性的信息增益。以属性“巩固测试”为例，它有两个可能的取值：$\{1,0\}$。若使用该属性对表进行划分，则可以得到 2 个子集，分别记为 $D^1(T=1), D^2(T=0)$。子集 D^1 包含编号为 $\{1,3\}$ 的 2 个样例，其中正例占 $p_1=1$，反例占 $p_2=0$；D^2 包含编号为 $\{2,4,5\}$ 的 3 个样例，其中正例占 $p_1=\dfrac{1}{3}$，反例占 $p_2=\dfrac{2}{3}$，则根据信息熵公式可计算出用“巩固测试”划分之后获得的 2 个分支节点的信息熵：

$$\begin{cases}\text{Ent}(D^1)=0\\ \text{Ent}(D^2)=-\left(\dfrac{1}{3}\log_2\dfrac{1}{3}+\dfrac{2}{3}\log_2\dfrac{2}{3}\right)=0.918\end{cases}$$

则“巩固测试”的信息增益为

$$\text{Gain}(D,T)=0.971-\left(\frac{2}{5}\times 0+\frac{3}{5}\times 0.918\right)=0.420$$

类似，可计算出其他属性的信息增益：

$$\text{Gain}(D,A)=0.020,\quad \text{Gain}(D,H)=0.420$$

显然，“巩固测试”与“按时提交作业”的信息增益最大，可以任选其一对根节点进行划分，“巩固测试”的划分结果如图 3-18 所示，各分支节点所包含的样例子集显示在节点中。

之后，决策树学习算法将对每个分支节点进一步划分。以图 3-18 中第一个分支节点（$T=0$）为例，该节点包含的样例集合 D^2 中包含编号为$\{2,4,5\}$的 3 个样例，可用属性集合为{学习问答，按时提交作业}。基于 D^2 计算出各属性的信息增益：

$$\text{Gain}(D^2,A)=0.251,\quad \text{Gain}(D^2,H)=0.918$$

显然，“按时提交作业”的信息增益最大，可选其作为划分属性。类似，对每个分支节点进行上述操作，最终得到的决策树如图 3-19 所示。

当需要判断未知的学生是否存在学习风险时，可按上述的决策树进行判断。

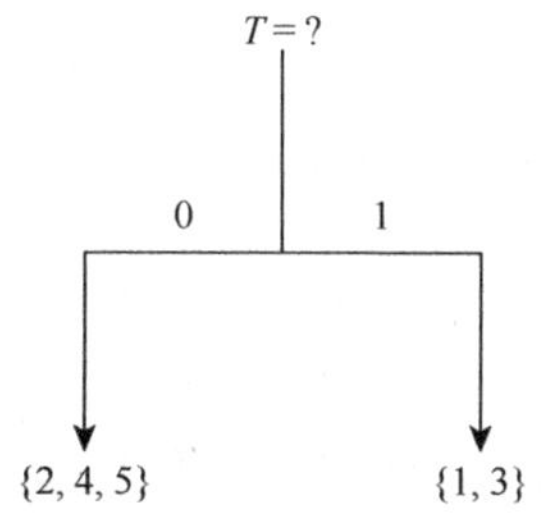

图 3-18　“巩固测试”的划分结果

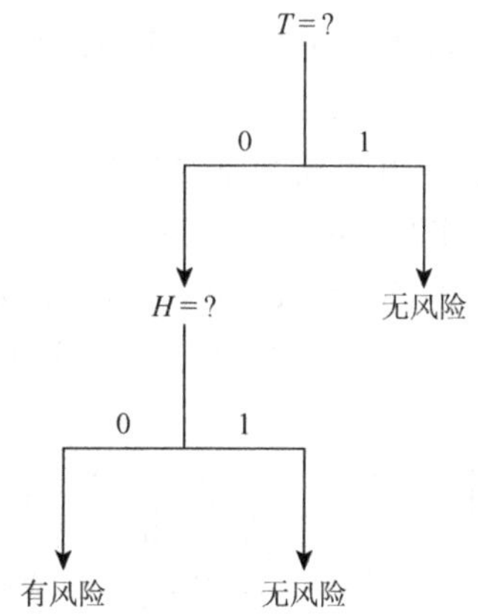

图 3-19　决策树的最终结果

3.6　聚　　类

在自然科学和社会科学中，存在着大量的聚类问题。其实聚类是一个人们日常生活的常见行为，所谓“物以类聚，人以群分”，其核心思想也是聚类。人们总是不断地改进下意识中的聚类模式来学习如何区分各个事物和人。通过聚类，人们能意识到密集和稀疏的区域，发现全局的分布模式，以及数据属性之间有趣的相互关系。

聚类问题的研究已经有很长的历史，聚类起源于分类学，在古老的分类学中，人们主要依靠经验和专业知识来实现分类，很少利用数学工具进行定量的分类。随着科学技术的发展，对分类的要求越来越高，以致有时仅凭经验和专业知识难以确切地进行分类，于是人们逐渐把数学工具引入分类学中，形成了数值分类学，之后又将多元分析的技术引入数值分类学形成了聚类。在实践中，聚类往往为分类服务，即先通过聚类来判断事物的合适类别，再利用分类技术对新的样本进行分类。

聚类已经广泛地应用在许多领域中，包括模式识别、数据分析、图像处理及市场研究。在数据挖掘中，聚类能作为独立的工具来获得数据分布的情况，观察每个簇的特点，集中对特定的某些簇做进一步分析，此外，聚类分析还可以作为其他算法的预处理步骤，可简化计算量，提高分析效率。

3.6.1 聚类概述

将物理或抽象对象的集合分成由类似的对象组成的多个类或簇（cluster）的过程称为聚类（clustering）。由聚类所生成的簇是一组数据对象的集合，这些对象与同一个簇中的对象相似度较高，与其他簇中的对象相似度较低。相似度是根据描述对象的属性值来度量的，距离是经常采用的度量方式。分析事物聚类的过程称为聚类分析，又称群分析，它是研究（样品或指标）分类问题的一种统计分析方法。

在图 3-20 中，可以看到有 2 个或 3 个簇，它们的形状大致是规则的，然而在许多应用中，簇的形象表现在空间分布上也不是确定的，而是呈现各种形状，在二维平面就可以有各种形状，在多维空间里有更多的形状。但总的趋势是，同一个簇的样本在空间上是靠拢在一起的。

聚类分析与其他将数据对象分组的技术相关。例如，聚类可以看作一种分类，它用类（簇）标号创建对象的标记。然而，只能从数据导出这些标号。相比之下，分类是监督分类（supervised classification），即用类标号已知的对象开发的模型，对新的、无标记的对象赋予类标号。因此，有时称聚类分析为非监督分类（unsupervised classification）。

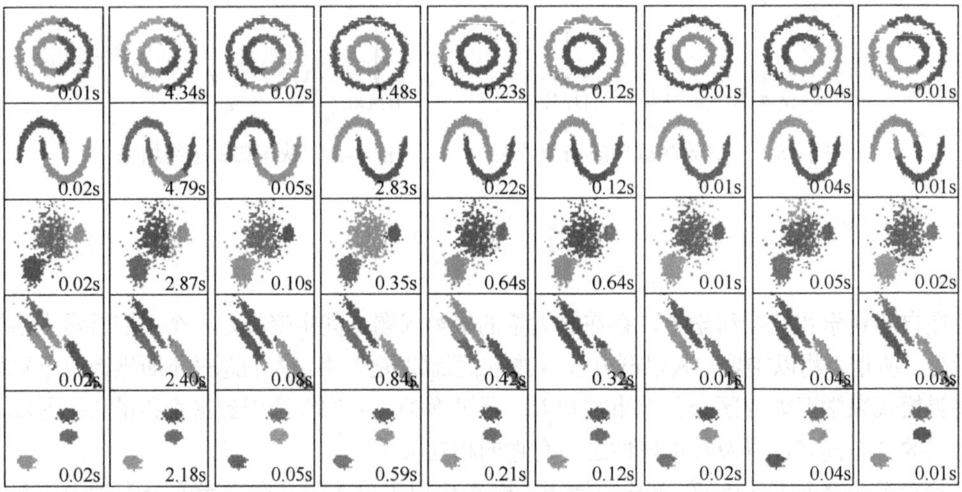

图 3-20　聚类分析示例

此外，尽管术语分割（segmentation）和划分（partitioning）有时也用作聚类的同义词，但是这些术语通常用来表示传统的聚类分析之外的方法。例如，术语划分通常用于将图分成子图相关的技术，与聚类并无太大联系。分割通常指使用简单的技术将数据分组，例如，图像可以根据像素亮度或颜色分割，人可以根据他们的收入分组。尽管如此，图划分、图像分割和市场分割的许多工作都与聚类分析有关。

了解聚类的前提是掌握不同类的度量方法。纵然类的形式各有不同，但总体来说，常用的类的度量方法有两种，即距离和相似系数。距离用来度量样品之间的相似性，相似系数用来度量变量之间的相似性。

1. 距离

设 $X_1,X_2,\cdots,X_n$ 为取自 P 元总体的样本，记第 i 个样品 $X_i=(x_{i1},x_{i2},\cdots,x_{ip})$ $(i=1,2,\cdots,n)$。

聚类分析中常用的距离有以下几种。

1）闵可夫斯基距离

第 i 个样品 X_i 和第 j 个样品 X_j 之间的闵可夫斯基距离（也称闵氏距离）定义为

$$d_{ij}(q)=\left[\sum_{k=1}^{p}|x_{ik}-x_{jk}|^q\right]^{\frac{1}{q}},\quad i,j=1,2,\cdots,n$$

其中，q 为正整数。

当 $q=1$ 时，$d_{ij}(1)=\sum\limits_{k=1}^{p}|x_{ik}-x_{jk}|$ 称为绝对值距离；

当 $q=2$ 时，$d_{ij}(2)=\left[\sum\limits_{k=1}^{p}(x_{ik}-x_{jk})^2\right]^{\frac{1}{2}}$ 称为欧氏距离；

当 $q\to\infty$ 时，$d_{ij}(\infty)=\max\limits_{1\leqslant k\leqslant p}|x_{ik}-x_{jk}|$ 称为切比雪夫距离。

2）兰氏距离

当 $x_{ik}>0(i=1,2,\cdots,n;k=1,2,\cdots,p)$ 时，定义第 i 个样品 X_i 和第 j 个样品 X_j 之间的兰氏距离为

$$d_{ik}(L)=\sum_{k=1}^{p}\frac{|x_{ik}-x_{jk}|}{x_{ij}+x_{jk}},\quad i,j=1,2,\cdots,n$$

兰氏距离与各变量的单位无关，对大的异常值不敏感，故适用于高度偏斜的数据。

3）马哈拉诺比斯距离

第 i 个样品 X_i 和第 j 个样品 X_j 之间的马哈拉诺比斯距离（简称马氏距离）定义为

$$d_{ij}^{*}=\left[\frac{1}{p^2}\sum_{k=1}^{p}\sum_{l=1}^{p}(x_{ik}-x_{jk})(x_{il}-x_{jl})r_{kl}\right]^{\frac{1}{2}},\quad i,j=1,2,\cdots,n$$

其中，r_{kl} 是变量 x_k 与变量 x_l 间的相关系数。

2. 相似系数

常用的相似系数有两种度量方法。

1）夹角余弦

变量 x_i 与变量 x_j 的夹角余弦定义为

$$C_{ij}(1)=\frac{\sum_{k=1}^{n}x_{ki}x_{kj}}{\left[(\sum_{k=1}^{n}x_{ki}^2)(\sum_{k=1}^{n}x_{kj}^2)\right]^{\frac{1}{2}}},\quad i,j=1,2,\cdots,p$$

它是变量 x_i 的观测向量 $(x_{1i},x_{2i},\cdots,x_{ni})^{\mathrm{T}}$ 和变量 x_j 的观测向量 $(x_{1j},x_{2j},\cdots,x_{nj})^{\mathrm{T}}$ 间夹角的余弦。

2）相关系数

变量 x_i 与变量 x_j 的相关系数定义为

$$C_{ij}(2)=\frac{\sum_{k=1}^{n}[(x_{ki}-\overline{x}_i)(x_{kj}-\overline{x}_j)]}{\left[\left(\sum_{k=1}^{n}(x_{ki}-\overline{x}_i)^2\right)\left(\sum_{k=1}^{n}(x_{kj}-\overline{x}_j)^2\right)\right]^{\frac{1}{2}}},\quad i,j=1,2,\cdots,p$$

其中，$\overline{x}_i=\frac{1}{n}\sum_{k=1}^{n}x_{ki},\overline{x}_j=\frac{1}{n}\sum_{k=1}^{n}x_{kj}$。

由相关系数还可定义变量间距离，如：

$$d_{ij}=1-C_{ij},\quad i,j=1,2,\cdots,p$$

迄今为止，为了解决各领域的聚类应用，已经提出的聚类算法有近百种。根据聚类原理，可将聚类算法分为以下几种：划分聚类、层次聚类、基于密度的聚类、基于网格的聚类和基于模型的聚类。虽然聚类的方法很多，在实践中应用比较多的还是 K-means 聚类、层次聚类、神经网络聚类、模糊 C-均值聚类、高斯聚类这几种常用的方法，本节主要讲 K-means 聚类与层次聚类。

3.6.2 K-means 聚类算法

K-means 聚类算法是著名的划分聚类分割方法。划分方法的基本思想是：给定一个有 N 个元组或者记录的数据集，分裂法将构造 K 个分组，每一个分组就代表一个聚类，$K<N$。而且这 K 个分组满足下列条件：①每一个分组至少包含一个数据记录；②每一个数据记录属于且仅属于一个分组。对于给定的 K，算法首先给出一个初始的分组方法，然后通过反复迭代的方法改变分组，使得每一次改进之后的分组方案都比前一次好，而好的标准就是：同一分组中的记录越近越好（或已收敛，反复迭代至组内数据几乎无差异），而不同分组中的记录越远越好。

1. 算法的工作原理

首先从数据集中随机选取 K 个点，每个点初始地代表每个簇的聚类中心，然后计算剩余各个样本到聚类中心的距离，将它赋给最近的簇，重新计算每一簇的平均值，整个过程不断重复，如果相邻两次调整没有明显变化，说明数据聚类形成的簇已经收敛。本算法的一个特点是在每次迭代中都要考查每个样本的分类是否正确。若不正确，就要调整，在全部样本调整完后，再修改聚类中心，进入下一次迭代。这个过程将不断重复直到满足某个终止条件，终止条件可以是以下任何一个。

（1）没有对象被重新分配给不同的聚类。

（2）聚类中心不再发生变化。

（3）误差平方和局部最小。

2. 算法处理流程

K-means 聚类算法是很典型的基于距离的聚类算法，采用距离作为相似度的评价指标，即认为两个对象的距离越近，其相似度就越大。该算法认为簇是由距离靠近的对象组成的，因此把得到紧凑且独立的簇作为最终目标。

输入：聚类个数 k，以及包含 n 个数据对象的数据库。

输出：满足方差最小标准的 k 个聚类。

K-means 聚类算法处理流程如下所示。

（1）从 n 个数据对象中任意选择 k 个对象作为初始聚类中心。

（2）根据每个聚类对象的均值（中心对象），计算每个对象与这些中心对象的距离；并根据最小距离重新对相应对象进行划分，距离计算公式如下：

$$E=\sum_{j=1}^{k}\sum_{x_i\in\omega_j}\|x_i-m_j\|^2$$

（3）重新计算每个（有变化）聚类的均值（中心对象）。

（4）循环（2）和（3）直到每个聚类不再发生变化。K-means 聚类算法接收输入量 k；然后将 n 个数据对象划分为 k 个聚类以便使所获得的聚类满足：同一聚类中的对象相似度较高；不同聚类中的对象相似度较低。聚类相似度是利用各聚类中对象的均值所获得的一个“中心对象”（引力中心）来进行计算的。

K-means 聚类算法的特点是采用两阶段反复循环过程算法，结束的条件是不再有数据元素被重新分配。

已知 10 个学生样本，每个样本有 2 个特征：学习问答与按时提交作业（其值代表次数）情况如表 3-11 所示，利用 K-means 聚类算法聚类。

表 3-11　学生的学习问答与按时提交作业情况

编号	学习问答（A）	按时提交作业（H）
1	0	0
2	1	0
3	0	1
4	1	1
5	2	1
6	7	6

续表

编号	学习问答（*A*）	按时提交作业（*H*）
7	8	6
8	6	7
9	7	7
10	8	7

以学习风险作为聚类，将特征分为 2 类，聚类效果如图 3-21 所示。

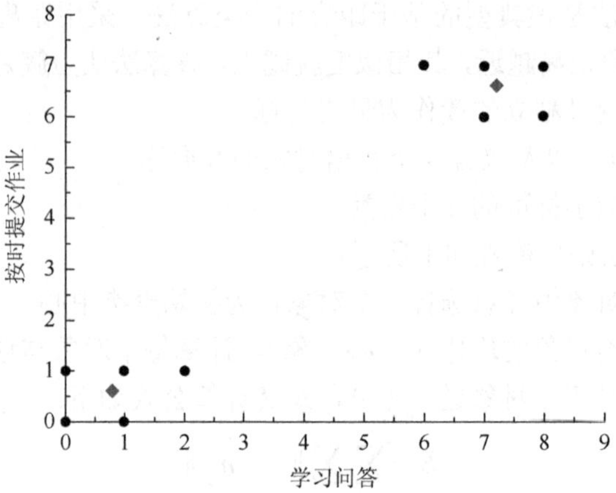

图 3-21　K-means 聚类效果图

由图 3-21 可知，聚类效果是非常显著的。

3.6.3　层次聚类算法

层次聚类算法是通过将数据组织为若干组并形成一个相应的树来进行聚类的。根据层次是自底向上形成还是自顶向下形成，可以进一步将层次聚类算法分为凝聚的层次聚类算法和分裂的层次聚类算法。一个完全层次聚类的质量由于无法对已经做的合并或分解进行调整而受到影响。但是层次聚类算法没有使用准则函数，它所含的对数据结构的假设更少，因此它的通用性更强。

在实际应用中一般有两种层次聚类算法。

（1）凝聚的层次聚类算法：这种自底向上的算法首先将每个对象作为一个簇，然后合并这些原子簇为越来越大的簇，直到所有的对象都在一个簇中，或者某个终结条件达到了要求。大部分的层次聚类算法都属于一类。

（2）分裂的层次聚类算法：像这样的自顶向下的算法与凝聚的层次聚类有些不一样，它首先将所有对象放在一个簇中，然后慢慢地细分为越来越小的簇，直到每个对象自行形成一簇，或者直到满足其他的一个终结条件，例如，满足了某个期望的簇数目，又或者最近的两个簇之间的距离达到了某一个阈值。

图 3-22 描述了一个凝聚的层次聚类算法与一个分裂的层次聚类算法在一个包括 7 个对象的数据的集合$\{A, B, C, D, E, F, G\}$上的处理过程。初始时，凝聚的层次聚类算法将每个样本点自为一簇，之后这样的簇依照某一种准则逐渐合并，例如，簇$\{A, F\}$中的某个样本点和簇$\{B, C\}$中的一个样本点相隔的距离是所有不同类簇的样本点间欧几里得距离最近的，则认为簇$\{A, F\}$和簇$\{B, C\}$是相似可合并的。这就是一类单链接的方法，即每一个簇能够被簇中其他所有的对象所代表，两簇之间的相似度是由这里的两个不同簇中的距离最相近的数据点对的相似度来定义的。聚类的合并进程往复进行直到其他对象合并形成了一个簇。而分裂的层次聚类算法的运行过程中，初始时它将所有样本点归为同一类簇，然后根据某种准则逐渐进行分裂，例如，类簇$\{A, B, C, F\}$中两个样本点 A 和 B 之间的距离是类簇$\{A, B, C, F\}$中所有样本点间距离最远的一对，那么样本点 A 和 B 将分裂成两个簇$\{A\}$和$\{B\}$，并且先前类簇$\{A, B, C, F\}$中其他样本点根据与 A 和 B 之间的距离，分别被纳入簇$\{A\}$和$\{B\}$中，形成新的簇$\{A, F\}$和$\{B, C\}$。

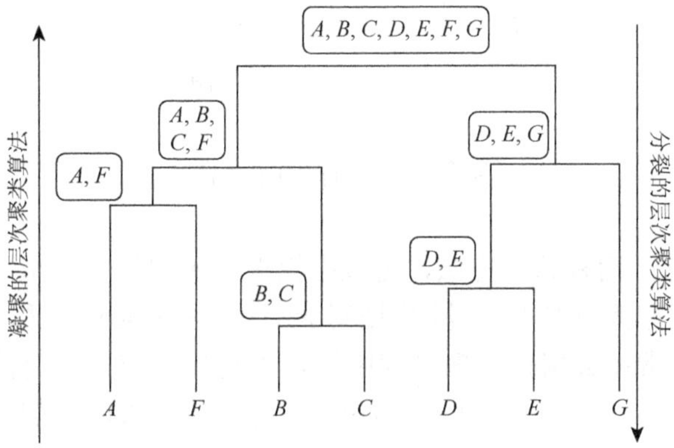

图 3-22　凝聚的层次聚类算法与分裂的层次聚类算法的处理过程

（1）凝聚的层次聚类算法的核心步骤。

输入：目标类簇数 K；样本点集合 D；

输出：K 个类簇集合。

①将 D 中每个样本点当作其类簇。

②找到分属两个不同类簇，且距离最近的样本点对。

③将两个类簇合并。

④重复②③直到类簇数等于 K。

（2）分裂的层次聚类算法的核心步骤。

输入：目标类簇数 K；样本点集合 D。

输出：K 个类簇集合。

①将 D 中所有样本点归并成类簇。

②在同类簇中找到距离最远的样本点对。

③以该样本点对为代表，将原类簇中的样本点重新分属到新类簇。

④重复②③直到类簇数等于 K。

以学习风险作为层次聚类的实例，对表 3-11 中的数据进行层次分析。聚类效果如图 3-23 所示，形成了簇的层次结构图，以此将学习风险聚为两个类别。

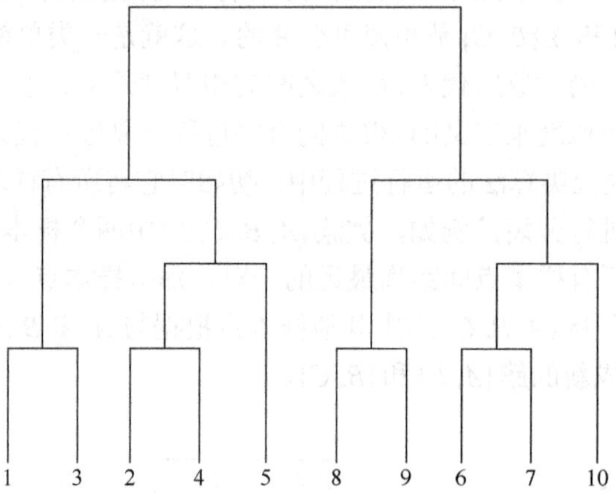

图 3-23　层次聚类效果图

3.7　离群点诊断

离群点诊断方法，简称诊断方法，是数据挖掘领域中的一项重要的挖掘技术，其目标是发现数据集中行为异常的少量数据对象，这些数据对象称为离群点或孤立点(outlier)。离群点通常在数据预处理过程中被认为是噪声或异常而被清理。许多挖掘算法（如聚类算法）也都试图降低离群点的影响，甚至完全排除它们。然而由于离群点既有可能是噪声信息也有可能是有用信息，随意删除离群数据可能导致有用信息丢失。因此，通过离群点诊断发现和利用在离群点中的有用信息，对于教育数据挖掘具有非常重要的意义。

事实上，在某些应用领域中研究离群点的异常行为更能发现隐藏在数据集中有价值的知识。例如，飞机性能统计数据中的一个离群点可能是飞机发动机的一个设计缺陷，地理图像上的一个离群点可能标志着一个危险对象（如埋藏生化武器），网络系统中的一个离群点还可能是对某个恶意入侵行为或手段的精确定位。离群点挖掘还可应用于信用卡欺诈、金融审计、网络监控、电子商务、故障检测、恶劣天气预报、医药研究、客户异常行为检测和职业运动员成绩分析等。

3.7.1　离群点概述

离群点诊断（或称离群点挖掘）可以描述为：给出 n 个数据点或对象的集合，以及预期的离群点的数目 k，发现前 k 个与剩余的数据相比显著差异、异常或不一致的对象。因此，离群点诊断可以看成是在给定的数据集合中定义离群点，并找到一个有效的方法来挖掘出这样的离群点。

离群点是指远离数值的一般水平的极端大值或极端小值，如图 3-24 所示。因此，也称之为歧异值，有时也称其为野值。

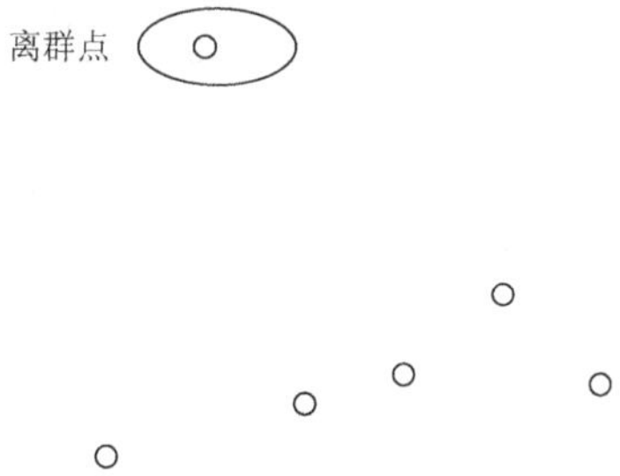

图 3-24　离群点示意图

形成离群点的主要原因可能有两个方面。一是采样中的误差，如记录的偏误、工作人员出现笔误、计算错误等，都有可能产生极端大值或者极端小值。二是被研究现象本身受各种偶然非正常的因素影响。例如，在学生伤病请假时段，学习数据几乎不能被采集，形成离群点；学生不良的学习行为也会转变为离群点。

学生异常学习行为分析就是从学生的学习记录中，利用离群点检测方法进行检测，找出其异常变化点，分析产生异常变化的原因，并采取相应的干预策略。

无论是何种原因引起的离群点，都会对以后的分析造成一定的影响。从造成分析的困难来看，统计分析人员不希望序列中出现离群点，离群点会直接影响模型的拟合精度，甚至会得到一些虚伪的信息。因此，离群点往往被分析人员看成是一个“坏值”。但是，从获得信息来看，离群点提供了很重要的信息，它不仅提示我们认真检查采样中是否存在差错，在进行分析前，认真确认，而且当确认离群点是由于系统受外部突发因素刺激而引起时，它会提供相关的系统稳定性、灵敏性等重要信息。目前，人们已经提出了大量关于离群点挖掘的算法。这些算法大致上可以分为以下几类：基于统计学或模型的算法、基于距离或邻近度的算法、基于密度的算法和基于聚类的算法，这些算法一般称为经典的离群点挖掘算法。

近年来，有不少学者从关联规则、模糊集和人工智能等其他方面出发提出了一些新的离群点挖掘算法，比较典型的有基于关联的算法、基于模糊集的算法、基于人工神经网络的算法、基于遗传算法或克隆选择的算法等，本节主要讲述基于统计的离群点诊断与基于距离的离群点诊断。

3.7.2　基于统计的离群点诊断

最早的离群点挖掘算法大多是基于统计学原理或分布模型实现的，通常可以分为基于分布的方法和基于深度的方法两类。一般，讨论基于统计的离群点挖掘主要指的是基于分布的方法。

基于统计的离群点诊断的基本思想是符合正态分布的对象（值）出现在分布尾部的机会很小。例如，对象落在距均值 3 个标准差的区域以外的概率仅有 0.0027。更一般地，如果 x 是属性值，则 $|x|\geqslant c$ 的概率随 c 的增加而迅速减小。设 $\alpha = p(|x|\geqslant c)$，表 3-12 显示当分布为 $N(0, 1)$时 c 的某些样本值和对应的 α 值。从表 3-12 可以看出，离群值超过 4 个标准差的值出现的可能性是万分之一。

表 3-12　落在标准差的中心区域以外的概率

c	1	2	3	4
$N(0, 1)$的 α	0.3173	0.0455	0.0027	0.0001

为了更清晰地表现基于统计的离群点诊断原理，可以绘制如图 3-25 所示的离群点分布带示意图。该图在实践中具有重要的意义，对于观测样本 x，我们可以从以下 3 个方面理解该图。

（1）如果此点在上、下警告线之间区域内，则数据处于正常状态。

（2）如果此点超出上、下警告线，但仍在上、下控制线之间的区域内，提示质量开始变劣，可能存在“离群”倾向。

（3）若此点落在上、下控制线之外，表示数据已经“离群”，这些点是被诊断出的离群点。

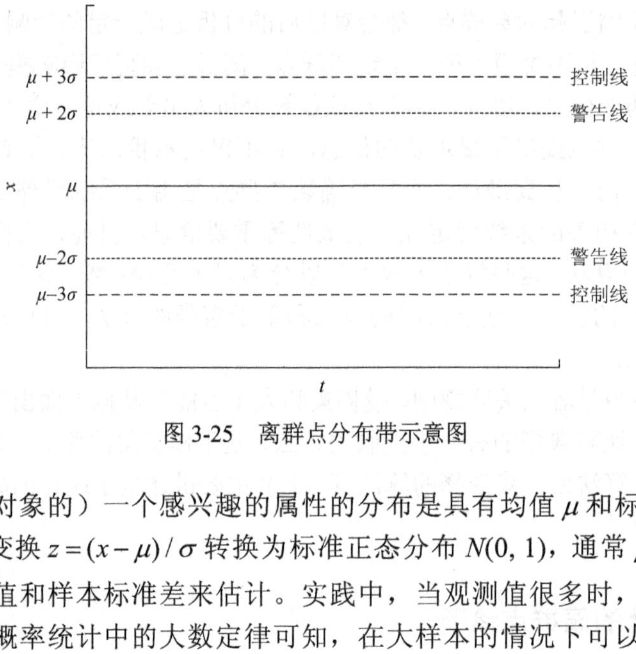

图 3-25　离群点分布带示意图

如果（正常对象的）一个感兴趣的属性的分布是具有均值 μ 和标准差 σ 的正态分布，则可以通过变换 $z=(x-\mu)/\sigma$ 转换为标准正态分布 $N(0, 1)$，通常 μ 和 σ 是未知的，可以通过样本均值和样本标准差来估计。实践中，当观测值很多时，这种估计的效果很好；另外，由概率统计中的大数定律可知，在大样本的情况下可以用正态分布近似其他分布。

基于分布的方法需要使用标准统计分布（如标准正态分布）来拟合数据点，然后根据概率分布模型采用不一致性检验来确立离群点。因此，基于统计的离群点诊断方法要求事先知道数据集的统计分布、分布参数（如均值和方差）、预期的离群点数目和离群点类型等。

基于分布的方法优缺点都很明显。其优点主要是易于理解，实现起来也比较方便，并且对数据统计满足某种概率分布的数值型单维数据集较为有效。但在多数情况下数据分布是未知的，也就很难建立某种确定的概率分布模型。同时，在实际中往往要求在多维空间中发现离群点，而绝大多数统计检验是针对单个属性的。因此，当没有特定的检验时，基于分布的方法不能确保发现所有的异常，或者观测到的分布不能恰当地被任何标准的分布来拟合。

Grubbs 导出了统计量 $g=|x_i-\overline{x}|/s$ 的分布。取显著水平 α，可以得到临界值 g_0，使得

$$P(|x_i-\overline{x}|\geqslant g_0 s)=\alpha$$

其中，$\overline{x}=\frac{1}{n}\sum_{i=1}^{n}x_i, s=\sqrt{\frac{1}{n-1}\sum_{i=1}^{n}(x_i-\overline{x})^2}$。

若某一个测量数据 x_i 满足下式，则认为数据为异常数据而把它剔除：

$$|x_i-\overline{x}|\geqslant g_0 s$$

g_0 可以通过查询专门的 g_0 表得到。

如果一次可以判断两个或两个以上的数据是异常数据，只将其中使得 $|x_i-\overline{x}|$ 最大的数据剔除。然后，重新计算 $\overline{x}$、s 和 g_0，再一次迭代寻找异常数据。如此进行，直到找不出离群点。

具体算法如下。

（1）求出样本均值 $\overline{x}$ 和样本标准差 s。根据给定的显著水平 α 和样本容量 n。查表求出 g_0。

（2）计算 $|x_i-\overline{x}|(i=1,2,\cdots,n)$。找出 x_k，使得

$$|x_k-\overline{x}|=\max_{1\leqslant i\leqslant n}|x_i-\overline{x}|$$

（3）若有 $|x_k-\overline{x}|\leqslant g_0 s$，则认为数据中无异常数据；否则认为 x_k 是异常数据，将之从数据中剔除。

（4）重复步骤（1）至（3），直到数据中无异常数据。

在实践中，对于临界值 g_0，从严格的角度，可以通过查表给出具体的值，但通常的做法就是直接给出，如取 1、2 或 3，甚至小数，具体取多大的值，取决于数据的量及对离群点诊断的严格程度。

假设高中生的具体年龄总体服从正态分布，现在有 20 名学生的年龄数据，如表 3-13 所示。利用离群点诊断来诊断这批数据。

表 3-13　20 名学生的年龄数据

编号	1	2	3	4	5	6	7	8	9	10
年龄	14	15	14	16	17	18	16	19	15	17
编号	11	12	13	14	15	16	17	18	19	20
年龄	20	15	19	16	19	15	16	26	17	20

绘制正态曲线如图 3-26 所示。

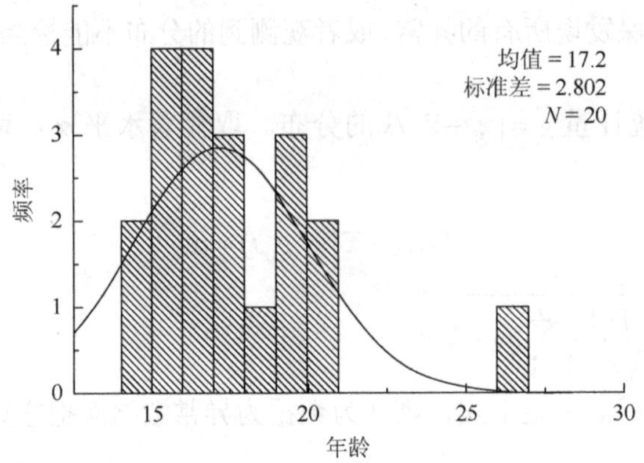

图 3-26　20 名学生的年龄分布图

由图 3-26 可知，呈现正态分布趋势，且均值为 17.2，标准差为 2.802，则上、下控制线的值分别为 25.6、8.8，则诊断示意图如图 3-27 所示，离群点为 26。

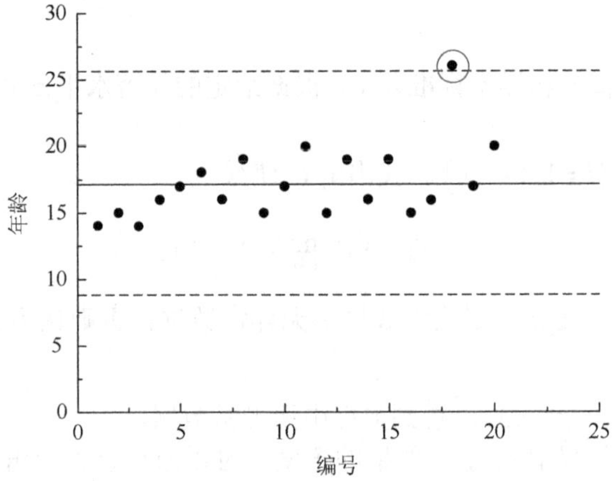

图 3-27　20 名学生年龄的诊断示意图

3.7.3　基于距离的离群点诊断

基于距离的离群点诊断方法基本思想是：如果某个对象远离其他大部分对象，那么该对象是离群的。这样做的好处是使确定数据集有意义的邻近性度量比确定它的统计分布更容易，综合了基于分布的思想，克服了基于分布方法的主要缺陷。

基于距离的离群点诊断方法根据某个距离函数计算数据对象之间的距离，最早由 Knorr 和 Ng 提出。他们给出了基于距离的离群点的定义：如果数据集合 S 中对象至少有 p 部分和对象 o 的距离大于 d，则对象 o 是一个带参数 p 和 d 的基于距离的（DB）离群点，即 DB(p, d)。

基于距离的离群点诊断方法有以下两种不同策略。

（1）采用给定邻域半径，依据点的邻域中包含的对象多少来判定离群点。如果一个点的邻域内包含的对象少于整个数据集的一定比例，则标识它为离群点，也就是将没有足够邻居的对象看成是基于距离的离群点。

（2）利用最近邻距离的大小来判定离群点。使用最近邻距离度量一个对象是否远离大部分点，一个对象的离群程度由到它的最近邻距离给定。这种方法对 k 的取值比较敏感。若 k 太小（如 1），则少量的邻近离群点可能导致较低的离群程度。若 k 太大，则点数少于 k 的簇中所有的对象可能都成了离群点。

点 x 的离群因子定义为

$$\mathrm{OF1}(x,k)=\frac{\sum\limits_{y\in N(x,k)}\mathrm{distance}(x,y)}{|N(x,k)|}$$

其中，$N(x, k)$是不包含 x 的最近邻的集合，其数学表示为

$$N(x,k)=\{y|\mathrm{distance}(x,y)\leqslant k-\mathrm{distance}(x),y\neq x\}$$

$|N(x,k)|$ 是该集合的大小。

输入：数据集 D，最近邻个数 k。

输出：离群点对象列表。

步骤：对于所有对象 x，有

（1）确定 x 的最近邻集合 $N(x, k)$。

（2）确定 x 的离群因子 $\mathrm{OF1}(x, k)$。

（3）对 $\mathrm{OF1}(x, k)$降序排列，确定离群因子大的若干对象。

应注意 x 的最近邻的集合包含的对象数可能超过 k。

假设对于学习问答与按时提交作业（其值代表次数），有 6 名学生的数据，如表 3-14 所示。当 $k=2$ 时，$C1$ 与 $C6$ 哪个更有可能是离群点？（使用欧氏距离）

表 3-14　学生的学习问答与按时提交作业情况

编号（C）	学习问答（A）	按时提交作业（H）
1	2	5
2	7	6
3	8	6
4	6	7
5	7	7
6	12	6

散点图如图 3-28 所示。

对 $C1$ 点进行分析：$k=2$；最近邻的点为 $C2$ 与 $C4$，distance($C1$, $C2$)与 distance($C1$, $C4$)的距离分别为 5.10、4.47，平均距离为：$\mathrm{OF1}(C1,k)=\dfrac{5.10+4.47}{2}=4.785$。

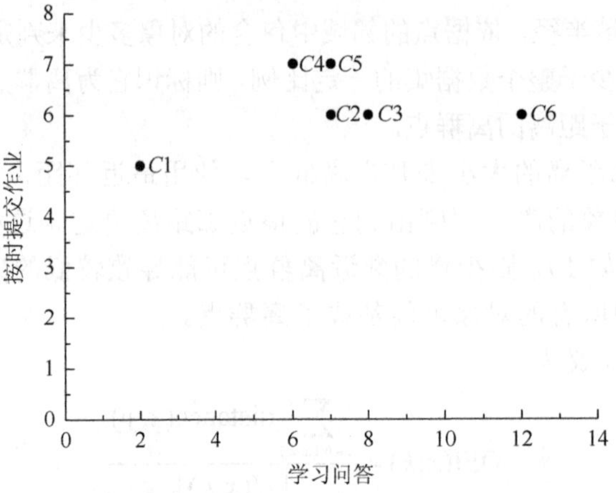

图 3-28　学生的学习问答与按时提交作业情况散点图

对 $C6$ 点进行分析：$k=2$；最近邻的点为 $C2$ 与 $C3$，distance($C6$, $C2$)与 distance($C6$, $C3$)的距离分别为 5、4，平均距离为 $\text{OF1}(C6,k)=\frac{5+4}{2}=4.5$。

综上，$\text{OF1}(C1,k)>\text{OF1}(C6,k)$，因此 $C1$ 更有可能是离群点。

3.8　时间序列

数据挖掘的基础是数据，在大数据的众多数据类型中有一类特殊的数据，这类数据具有一定的序列特征，其中最常见的是时间序列数据。时间序列就是按照一定的时间间隔排列的一组数据，其时间间隔可以是任意的时间单位，如小时、日、周、月等。这一组数据可以表示各种各样的含义，如经济领域中每年的产值、国民收入、商品在市场上的销量、股票数据的变化情况等；社会领域中某一地区的人口数、医院患者人数、铁路客流量等，自然领域的太阳黑子数、月降水量、河流流量等，这些数据都形成了一个时间序列。因此时间序列数据具有时序特征，在对这类数据进行挖掘时，方法会有所不同，分析或挖掘这个数据的方法称为时间序列方法。

3.8.1　时间序列概述

鉴于学习者的在线学习活动是一个连续性的状态，每一次点击都含有时间戳信息，如果仅利用行为的统计特征来预测学习效果可能会失去行为序列中的语义信息，因为有些行为可能会受前一个时间点上行为的影响，例如，学习者在看完视频会去做测试题目，完成测试题后，可能会去讨论区与其他学习者交流学习心得和体会，这些事件是具有连续性的，因此利用事件的时间序列信息进行学习效果预测研究是一个重要的切入点。时间序列分析从行为特征的时序演化过程中捕捉个体辍学的规律性，进而准确预测哪些个体存在辍学可能，以及个体何时表现出退学的迹象。

时间序列是动态数据处理的统计方法，研究随机数据序列所遵从的统计规律，以用于解决实际问题。时间序列分析的思路是，系统中某一变量的观测值按时间顺序（时间间隔相同）排列成一个数值序列，展示研究对象在一定时期内的变动过程，从中寻找和分析事物的变化特征、发展趋势和规律。时间序列分析揭示的是时间过程的演变特性与规律，它不研究事物之间相互依存的因果关系。

时间序列的变化受许多因素的影响，有些起长期的、决定性的作用，使其呈现出某种趋势和一定的规律性；有些则起短期的、非决定性的作用，使其呈现出某种不规则性。在分析时间序列的变动规律时，事实上不可能对每个影响因素都一一划分开来，分别去做精确分析。但我们能将众多影响因素，按照对现象变化影响的类型，划分成若干时间序列的构成因素，然后对这几类构成因素分别进行分析，以揭示时间序列的变动规律性。影响时间序列的构成因素可归纳为以下 4 种。

（1）趋势性（trend），指现象随时间推移朝着一定方向呈现出持续渐进上升、下降或平稳的变化或移动。这一变化通常是许多长期因素的结果。

（2）周期性（cyclic），指时间序列表现为循环于趋势线上方和下方的点序列并持续一段时间以上的有规则变动。这种因素具有周期性的变动，例如，高速通货膨胀时期后面紧接的温和通货膨胀时期将会使许多时间序列表现为交替地出现于一条总体递增趋势线的上下方。

（3）季节性变化（seasonal variation），指现象受季节性影响，按一个固定周期呈现出的周期波动变化。尽管我们通常将一个时间序列中的季节变化认为是以 1 年为周期的，但是季节因素还可以被用于表示时间长度小于 1 年的有规则重复形态。例如，每日交通量数据表现出为期 1 天的“季节性”变化，即高峰期到达高峰水平，而一天的其他时期车流量较小，从午夜到次日清晨最小。

（4）不规则变化（irregular movement），指现象受偶然因素的影响而呈现出的不规则波动。这种因素包括实际时间序列值与考虑了趋势性、周期性、季节性变化的估计值之间的偏差，它用于解释时间序列的随机变动。不规则变化是由短期的未被预测到的及不重复发现的那些影响时间序列的因素引起的。

时间序列的变化规律需要被提取出来，以识别出这种模式，然后采用外推的方式进行预测，其中涉及的方法就是时间序列分析。时间序列分析是一种广泛应用的数据分析方法，它研究的是代表某一现象的一串随时间变化而又相关联的数字系列（动态数据），从而描述和探索该现象随时间发展变化的规律性。时间序列的分析手段可以是直观简便的数据图法、指标法、模型法等。而模型法相对来说更具体也更深入，能更本质地了解数据的内在结构和复杂特征，以达到控制与预测的目的。时间序列分析方法有许多，本节主要讲述 ARMA 模型与 ARIMA 模型。

3.8.2　ARMA 模型

ARMA 模型的全称是自回归移动平均（auto regression moving average）模型，它是目前最常用的平稳序列（时间序列的平稳性，是指时间序列的统计规律不会随着时间的推移而发生变化。平稳序列的时序图直观上应该显示出该序列始终在一个常数值附近随机波动，而且波动的范围有界、无明显趋势及无周期特征）的模型，又可以细分为 AR 模型、MA 模型和 ARMA 模型三大类，都可以看成是多元线性回归模型。

1. AR（p）模型

具有以下结构的模型称为 p 阶自回归模型，简记为 AR（p）：

$$x_t = \phi_0 + \phi_1 x_{t-1} + \phi_2 x_{t-2} + \cdots + \phi_p x_{t-p} + \varepsilon_t$$

即在 t 时刻的随机变量 X_t 的取值 x_t 是前 p 期 $x_{t-1}, x_{t-2}, \cdots, x_{t-p}$ 的多元线性回归，认为 x_t 主要受过去 p 期序列值的影响。误差项是当期的随机干扰 ε_t，其为零均值白噪声序列。

1）均值

对满足平稳性条件的 AR（p）模型的方程，两边取期望，得

$$E(x_t) = E(\phi_0 + \phi_1 x_{t-1} + \phi_2 x_{t-2} + \cdots + \phi_p x_{t-p} + \varepsilon_t)$$

已知 $E(x_t) = \mu, E(\varepsilon_t) = 0$，所以有 $\mu = \phi_0 + \phi_1 \mu + \phi_2 \mu + \cdots + \phi_p \mu$，则

$$\mu = \frac{\phi_0}{1 - \phi_1 - \phi_2 - \cdots - \phi_p}$$

2）方差

平稳 AR（p）模型的方差有界，等于常数。

3）自相关系数

平稳 AR（p）模型的自相关系数 $\rho_k = \rho(t, t-k) = \dfrac{\operatorname{cov}(X_t, X_{t-k})}{\sigma_t \sigma_{t-k}}$ 呈指数的速度衰减，始终有非零取值，不会在 k 大于某个常数之后就恒等于零，这个性质就是平稳 AR（p）模型的自相关系数 ρ_k 具有的拖尾性。

4）偏自相关系数

对于一个平稳 AR（p）模型，求出延迟 k 期自相关系数 ρ_k 时，实际上得到的并不是 X_t 与 X_{t-k} 之间单纯的相关关系，因为 X_t 同时会受到中间 $k-1$ 个随机变量 $X_{t-1}, X_{t-2}, \cdots, X_{t-k+1}$ 的影响，所以自相关系数 ρ_k 实际上掺杂了其他变量对 X_t 与 X_{t-k} 的相关影响，为了单纯地测度 X_{t-k} 对 X_t 的影响，引进偏自相关系数的概念。

可以证明平稳 AR（p）模型的偏自相关系数具有 p 阶截尾性，这个性质连同前面的自相关系数的拖尾性是 AR（p）模型重要的识别依据。

2. MA（q）模型

具有以下结构的模型称为 q 阶自回归模型，简记为 MA（q）：

$$x_t = \mu + \varepsilon_t - \theta_1 \varepsilon_{t-1} - \theta_2 \varepsilon_{t-2} - \cdots - \theta_q \varepsilon_{t-q}$$

即在 t 时刻的随机变量 X_t 的取值 x_t 是前 q 期的随机扰动 $\varepsilon_{t-1}, \varepsilon_{t-2}, \cdots, \varepsilon_{t-q}$ 的多元线性函数，误差项是当期的随机干扰 ε_t，其为零均值白噪声序列，μ 是序列 $\{X_t\}$ 的均值。认为 x_t 主要是受过去 q 期误差项的影响。

3. ARMA（p,q）模型

具有以下结构的模型称为自回归移动平均模型，简记为 ARMA（p,q）：

$$x_t = z_0 + z_1 x_{t-1} + z_2 x_{t-2} + \ldots + z_p x_{t-p} + f_t - i_1 f_{t-1} - i_2 f_{t-2} - \cdots - i_q f_{t-q}$$

即在 t 时刻的随机变量 X_t 的取值 x_t 是前 p 期 $x_{t-1}, x_{t-2}, \cdots, x_{t-p}$ 与前 q 期的随机扰动 $f_{t-1}, f_{t-2}, \cdots, f_{t-q}$ 的多元线性函数，误差项是当期的随机干扰 f_t，为零均值白噪声序列。认为 x_t 主要是受过去 p 期的序列值与过去 q 期的误差项的共同影响。应特别注意的是，当 $q=0$ 时，是 AR（p）模型；当 $p=0$ 时，是 MA（q）模型。

当某个时间序列经过预处理后，被判定为平稳非白噪声序列，就可以利用 ARMA 模型进行建模，其计算步骤如下。

（1）计算自相关系数与偏自相关系数。

（2）ARMA 模型识别，即模型定阶，其选择原则如表 3-15 所示。

表 3-15　ARMA 模型选择原则

模型	自相关系数	偏自相关系数
AR（p）	拖尾	p 阶拖尾
MA（q）	q 阶拖尾	拖尾
ARMA（p，q）	拖尾	拖尾

（3）估计模型中未知参数的值并进行参数检验。

（4）模型检验。

（5）模型优化。

（6）模型应用，进行短期预测。

现假设需要研究某初中的升学率，部分数据如表 3-16 所示，利用 ARMA（p,q）模型进行分析。

表 3-16　部分升学率数据

编号	年份	升学率/%
0	1994	49.32
1	1995	48.13
2	1996	46.24
3	1997	45.86
4	1998	46.94
5	1999	47.51
…	…	…

按年（从 1994 年到 2017 年）统计的时序图如图 3-29 所示。

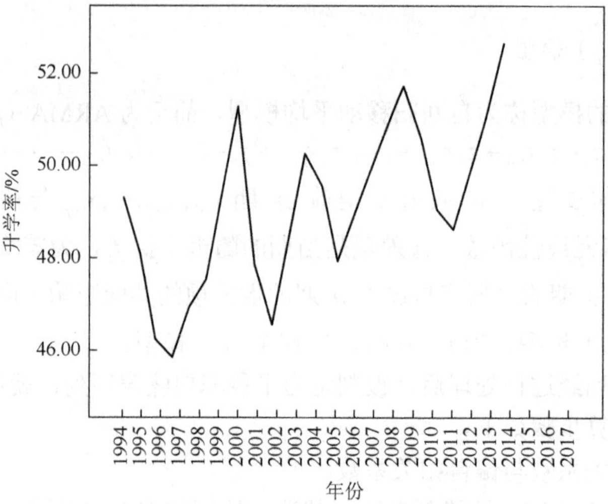

图 3-29　升学率按年统计的时序图

图 3-29 看起来似乎是具有周期性的。首先为了确定原始升学率数据序列中有没有随机趋势或确定趋势，需要对数据进行平稳性检测，检测结果如表 3-17 所示。

表 3-17　原始升学率数据序列的单位根检验

stat	cValue	*P* 值
8.332	−3.311	0.003

由表 3-17 可知，原始升学率数据序列的单位根检验的 *P* 值显著小于 0.05，说明是平稳序列。

为了验证序列中是否有白噪声，如果有白噪声，那么此序列都是随机扰动，无法进行预测和使用，检测结果如表 3-18 所示。

由表 3-18 可知，原始升学率数据序列的白噪声检验的 *P* 值显著小于 0.05，说明是非白噪声序列。

表 3-18　原始升学率数据序列 op 的白噪声检验

stat	cValue	*P* 值
8.332	−3.311	0.001

由上面平稳性检测与白噪声检验我们确定了原始升学率数据序列是平稳非白噪声序列。接下来我们要做的就是计算平稳非白噪声序列的自相关系数及偏自相关系数。

由图 3-30 和图 3-31 可知，很明显自相关图显示出拖尾性，偏自相关图显示出一阶截尾，因此使用 ARMA（p, q）模型，可以选取 $p=1, q=0$。

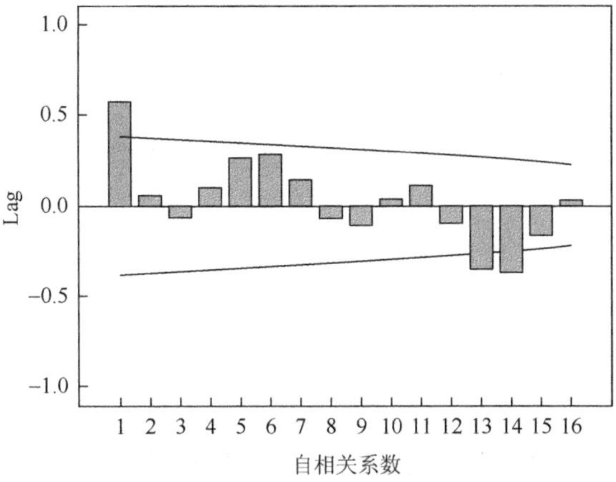

图 3-30　原始序列的自相关系数

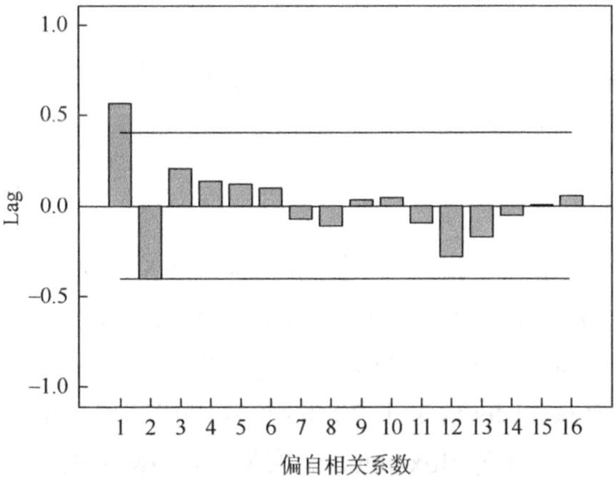

图 3-31　原始序列的偏自相关系数

直接使用 ARMA 模型拟合数据建立模型并预测未来四年的数据，如图 3-32 所示。

由图 3-32 可知，升学率的实际走势与预测走势基本一致，故对未来的升学率预测有一定的借鉴意义。

3.8.3　ARIMA 模型

前面介绍了对平稳时间序列的分析方法。实际上，在自然界中绝大部分的时间序列都是非平稳的。因而对非平稳时间序列的分析更普遍、更重要，创造出来的分析方法也更多。对非平稳时间序列的分析方法可以分为确定性时序分析与随机性时序分析两大类。

1. 确定性时序分析

确定性时序分析是暂时过滤掉随机性因素（如季节因素、趋势变动）进行确定性分析的方法，其基本思想是用一个确定的时间函数来拟合时间序列，不同的变化采取不同的函

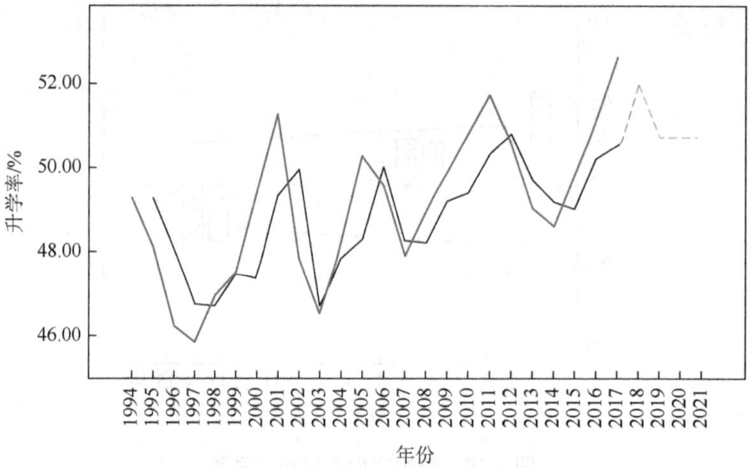

图 3-32　未来四年升学率的预测

数形式来描述，不同变化的叠加采用不同的函数叠加来描述。具体可分为趋势预测法（最小二乘）、平滑预测法、分解分析法等。

2. 随机性时序分析

随机性时序分析的基本思想是通过分析不同时刻变量的相关关系，揭示其相关结构，利用这种相关结构建立自回归、滑动平均、ARIMA 模型等来对时间序列进行预测。

ARIMA 模型全称为差分自回归移动平均模型（autoregressive integrated moving average model），是由 Box 和 Jenkins 于 20 世纪 70 年代初提出的一种著名时间序列预测方法，所以 ARIMA 模型又称为 Box-Jenkins 模型。ARIMA 模型是 ARMA 模型的拓展，可以表示为 ARIMA（p, d, q），其中 AR 是自回归，p 为自回归项，MA 为移动平均，q 为移动平均项数，d 为时间序列平稳时所做的差分次数。ARIMA 模型是指将非平稳时间序列转化为平稳时间序列，然后将因变量仅对它的滞后值及随机误差项的现值和滞后值进行回归所建立的模型。ARIMA 模型根据原序列是否平稳及回归中所含部分的不同，包括移动平均（MA）过程、自回归（AR）过程、自回归移动平均（ARMA）过程及 ARIMA 过程。

ARIMA 模型的基本思想是：将预测对象随时间推移而形成的数据序列视为一个随机序列，用一定的数学模型来近似描述这个序列。这个模型一旦被识别后就可以从时间序列的过去值及现在值来预测未来值。

由于 ARIMA 模型是 ARMA 模型的拓展，ARIMA 模型包含 ARMA 模型的三种形式，即 AR 模型、MA 模型、ARMA 模型，还有另外一种经差分的 ARMA 模型形式，即

$$\Delta X_t = X_t - X_{t-1} = X_t - LX_t = (1-L)X_t$$

$$\Delta^2 X_t = \Delta X_t - \Delta X_{t-1} = (1-L)X_t - (1-L)X_{t-1} = (1-L)^2 X_t$$

$$\Delta^d X_t = (1-L)^d X_t$$

对于 d 阶单整序列 $X_t \sim I(d)$，令

$$w_t = \Delta^d X_t = (1-L)^d X_t$$

则 w_t 是平稳序列，于是可对 w_t 建立 ARMA(p, q)模型，所得到的模型称为 $X_t \sim$ ARIMA (p,d,q) 模型，故 ARIMA(p,d,q) 模型可以表示为

$$w_t = z_0 + z_1 w_{t-1} + z_2 w_{t-2} + \cdots + z_p w_{t-p} + f_t - i_1 f_{t-1} - i_2 f_{t-2} - \cdots - i_q f_{t-q}$$

当某个时间序列经过预处理后，被判定为非平稳序列，就可以利用 ARIMA 模型进行建模，首先需要进行差分运算，然后检测平稳性与噪声得到平稳序列，之后的计算步骤与 ARMA 模型相似。

假设有这样的数据，大学校园里平均每位研究生每年的奖学金（元），部分数据如表 3-19 所示，利用 ARIMA 模型拟合数据并预测未来 10 年的趋势。

表 3-19　部分研究生奖学金数据

编号	年份	奖学金/元
0	2001	10930
1	2002	10118
2	2003	10955
3	2004	10955
…	…	…
87	2088	14106
88	2089	11198
89	2090	10124

根据表 3-19 统计的时序图如图 3-33 所示。

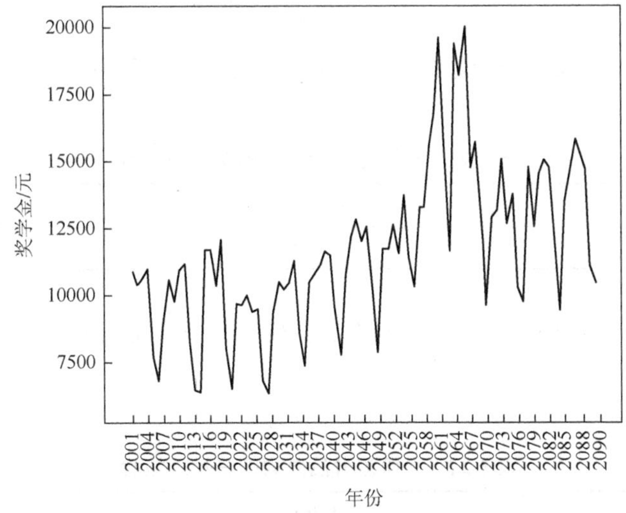

图 3-33　奖学金金额按年统计的时序图

由图 3-33 可知，该序列周期性不明显，首先检验序列的平稳性，如表 3-20 所示。

表 3-20 原始奖学金数据序列的单位根检验

stat	cValue	*P* 值
8.354	−1.869	0.999

原始奖学金数据序列的单位根检验的 *P* 值显著大于 0.05，说明是非平稳序列。因此对原始奖学金数据序列做一阶差分，并进行平稳性与白噪声检验。

由图 3-34 可知，该序列近似周期性，波动也比较平稳。

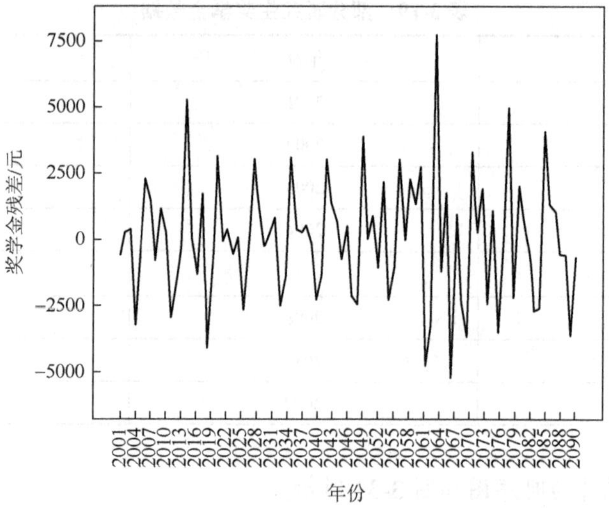

图 3-34 一阶差分后序列的时序图

如表 3-21 所示，一阶差分后序列的单位根检验的 *P* 值显著小于 0.05，说明是平稳序列。

表 3-21 一阶差分后序列的单位根检验

stat	cValue	*P* 值
−7.532	−4.948	0.0096

如表 3-22 所示，一阶差分后序列的白噪声检验的 *P* 值显著小于 0.05，说明是非白噪声序列。

表 3-22 一阶差分后序列的白噪声检验

stat	cValue	*P* 值
85.652	10.628	7.815×10^{-60}

由上面平稳性检测与白噪声检验我们确定了一阶差分后序列是平稳非白噪声序列。接下来我们要做的就是计算平稳非白噪声序列的自相关系数及偏自相关系数结果，如图3-35和图3-36所示。

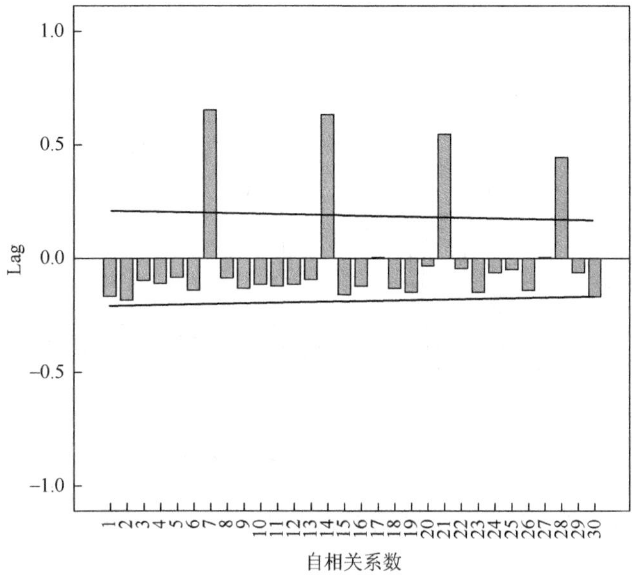

图3-35　一阶差分后序列的自相关系数

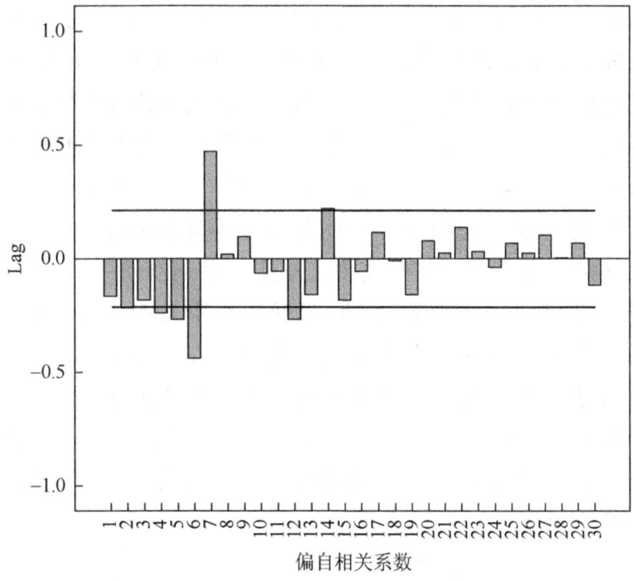

图3-36　一阶差分后序列的偏自相关系数

由图3-35和图3-36可知，一阶差分后序列的自相关图显示拖尾性，一阶差分后序列的偏自相关图显示截尾性，故可选取$p=0, q=1$。

利用ARIMA模型拟合数据并预测出2091～2100年的趋势，如图3-37所示。

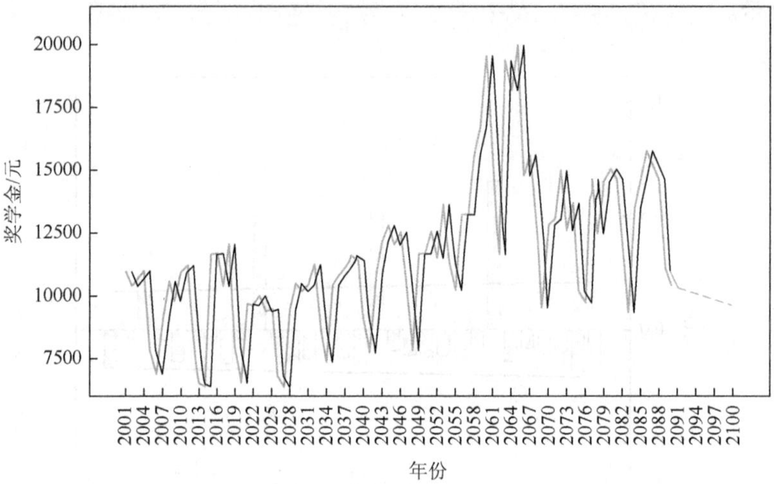

图3-37 未来10年奖学金预测

由图3-37可知，从结果上看，虚线的趋势比较合理，在未来的奖学金收入中，学生可以以此为借鉴依据。

美国加利福尼亚大学伯克利分校使用学生在MOOC中的学习数据，利用隐马尔可夫模型，对学生在MOOC中的辍学行为进行预测，并对学生辍学与不同学习行为之间的关系进行分析实验的数据类型为：①每位学生在整个课程期内的点击流数据，包括服务器端与浏览器端的点击流数据；②每位学生的作业得分数据；③每位学生浏览论坛帖子的数据与发言数据。研究选取的特征集包括5个方面：①学生在线/辍学状态，通过点击流数据计算学生获取课程元素的最后时间来进行判断；②学生观看已有教学视频的累积百分比；③学生浏览的论坛帖子数；④学生的论坛发言数；⑤学生检查课程进度页面的次数。

研究使用了两种隐马尔可夫模型，一种是离散单流隐马尔可夫模型；另一种是混合隐马尔可夫模型。研究结果表明：前两周内，与至少每周检查一次课程进度的学生相比，不检查课程进度的学生辍学的概率更大，后面的周数中几乎不检查课程进度的学生辍学速度明显加快；而至少每周检查4次课程进度的学生几乎不会辍学；观看教学视频的累积比率越大，学生辍学的概率越小，当学生的观看比率达到50%及以上时，其辍学的可能性极小；第一周内浏览了论坛的学生辍学概率与未浏览论坛的学生辍学概率之间的差别较小，越往后两者的差别越大，且在课程的最后两周内，未浏览论坛的学生辍学概率与之前几周相比明显上升。

思考题

（1）请说明数据采集的方法，并举例其在教育中的适用场景。
（2）阐释常用的数据采集技术，描述滞后行为序列分析的过程。
（3）解释社会网络分析在教育数据挖掘中的作用，说明使用方法。

（4）请说明如何对教育数据进行预处理。

（5）解释多元线性回归在教育数据挖掘中的使用方法。

（6）对比分类与聚类算法，解释其在教育数据挖掘中的作用。

（7）试分析凝聚的层次聚类算法使用最小距离与最大距离的区别。

（8）如何在教育数据挖掘中使用时间序列分析，请举例说明。

第4章 学习者画像与应用

学习目标

（1）阐释学习者画像的概念、特征与内涵。

（2）掌握学习者画像的分类与相关指标。

（3）识记个性化推荐系统的概念，理解4种推荐系统的内涵与原理。

（4）掌握信息设计的本质，列举常见的数据可视化与知识可视化形式。

（5）描述可视化分析的概念与作用。

（6）了解学习分析工具的内涵、应用场景与相关案例。

核心概念与内容结构

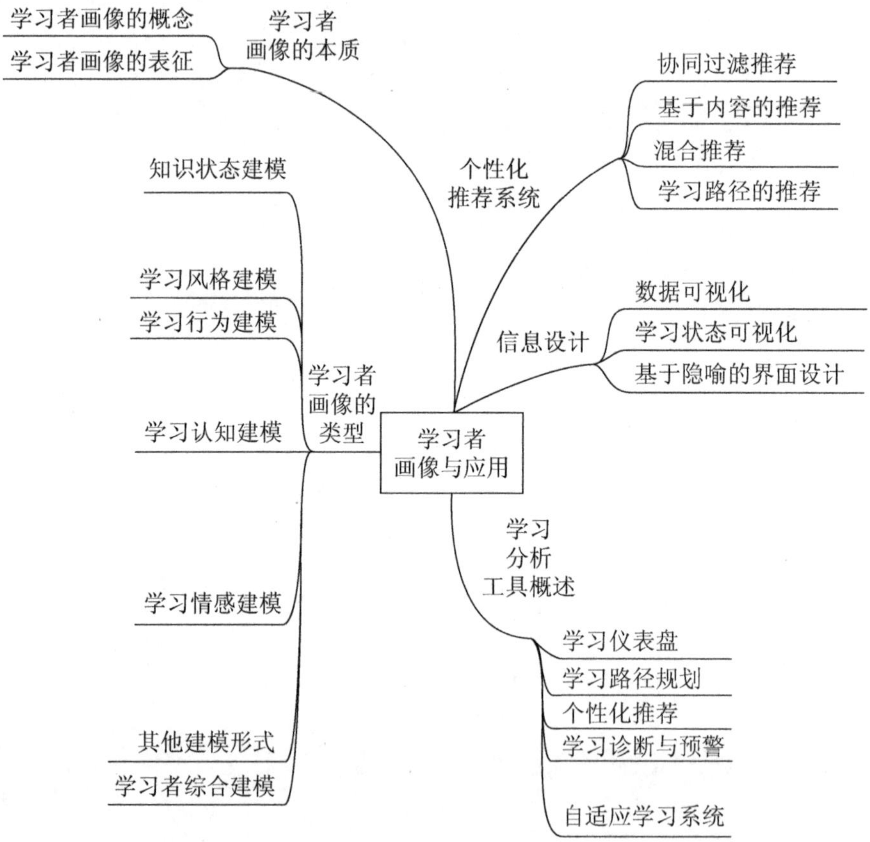

4.1　学习者画像的本质

4.1.1　学习者画像的概念

学习者画像，即学习者内部或外部特征的多维度量化，是依据学习者的基本属性和学习过程而抽象出的学习者模型。学习者画像通过对相关数据的建模勾勒学习者形象，还原学习者的心理特征、社会背景、兴趣喜好，甚至还能揭示内心需求、动机水平等潜在属性，进而了解学习者行为倾向和需求，发现和把握蕴藏在海量学习者中的规律。针对特定学习场景进行学习特征不同维度的聚合，可以改进学习平台设计、完善学习推荐系统与教学策略。

如图 4-1 所示人物：身长八尺，面如冠玉，头戴纶巾，身披鹤氅，飘飘然有神仙之貌。

讨论：上述画像的不同之处在哪里，你还能给出哪些学习者画像的形式？

学习者画像是对现实世界的数学建模，是对学习者真实学习状态的抽象表示，代表了学习者知识技能、认知行为、情感体验等方面的水平和特征。学习者画像源于现实又高于现实：学习者画像源于现实，体现在学习者画像是描述性数据，是基于特定需求对学习者的形式化描述；学习者画像高于现实，体现在学习者画像通过分析、挖掘、关联多维度的数据信息来还原事物的原貌。

图 4-1　学习者画像 1

图 4-2 从丢球次数、成功过人、射门转化率、射门次数等方面给出了梅西与足球平均水平的对比。

4.1.2　学习者画像的表征

朴素的知识可以通过符号与概念的方式进行表示，如图 4-3 所示。汉字“狗”属于符号，代表这一类动物，进一步符号化会产生狗的“概念”，概念指的是一组事物的集合。

同样，朴素的学习者画像可以利用标签与模型进行表征，如图 4-4 所示。模型指经验总结的学习者特征，标签指学习特征的符号化表现，是某一种学习者特征的符号表示，显示指对应特征的学习者群体。

大数据时代学习者画像通常采用“标签体系”方法来表示，标签体系即标签的集合。图 4-5 给出了利用标签体系法建模的例子，其中学习者画像包括基础属性、行为属性、认知属性、人群属性及兴趣偏好，且具备两种特征：一是化整为零，即每个标签都规定了我们观察、认识和描述用户的一个角度；二是化零为整，即学习者画像是一个整体，各个维度不孤立，标签之间有属性的联系。

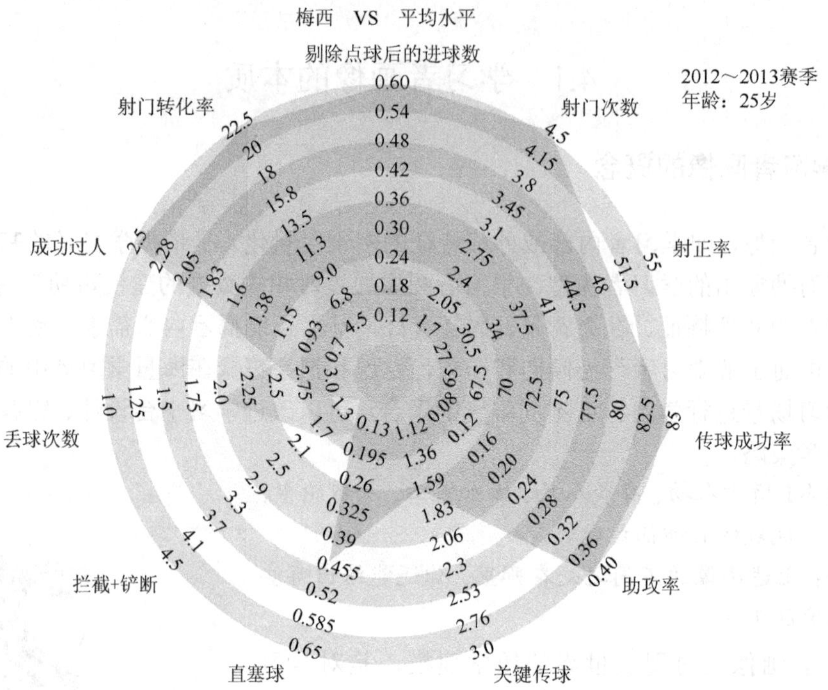

图 4-2　学习者画像 2

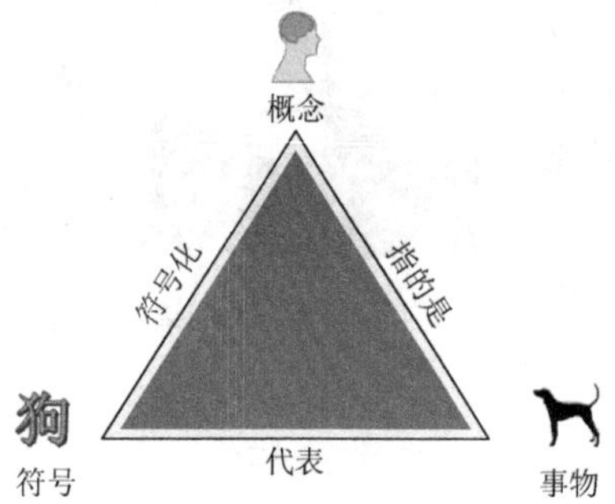

图 4-3　朴素知识的表示方法

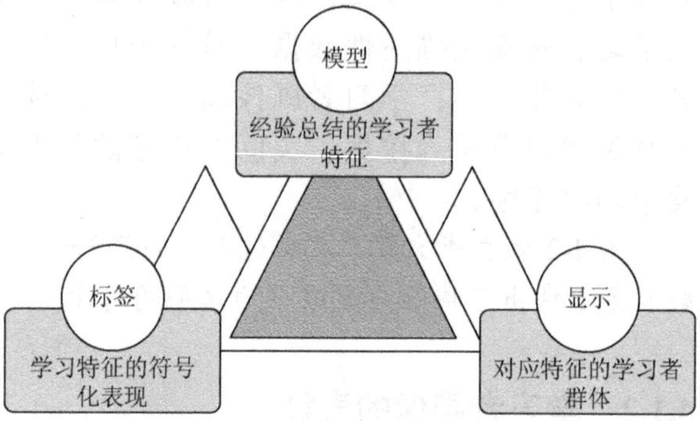

图 4-4　朴素学习者画像的表示方法

学习者画像是否反映现实可以从以下 2 个方面进行验证。

（1）检查逻辑的可靠性及文献的完全性。

（2）从正确率、准确率与查全率等方面进行验证。其中，正确率指分类正确的样本数与样本总数的比率；准确率又称查准率，指检索相关文档数与检索出文档总数的比率；查全率又称召回率，指检索相关文档数与所有相关文档数的比率。

4.2　学习者画像的类型

学习者画像包括知识状态建模、学习风格建模、学习行为建模、学习认知建模、学习

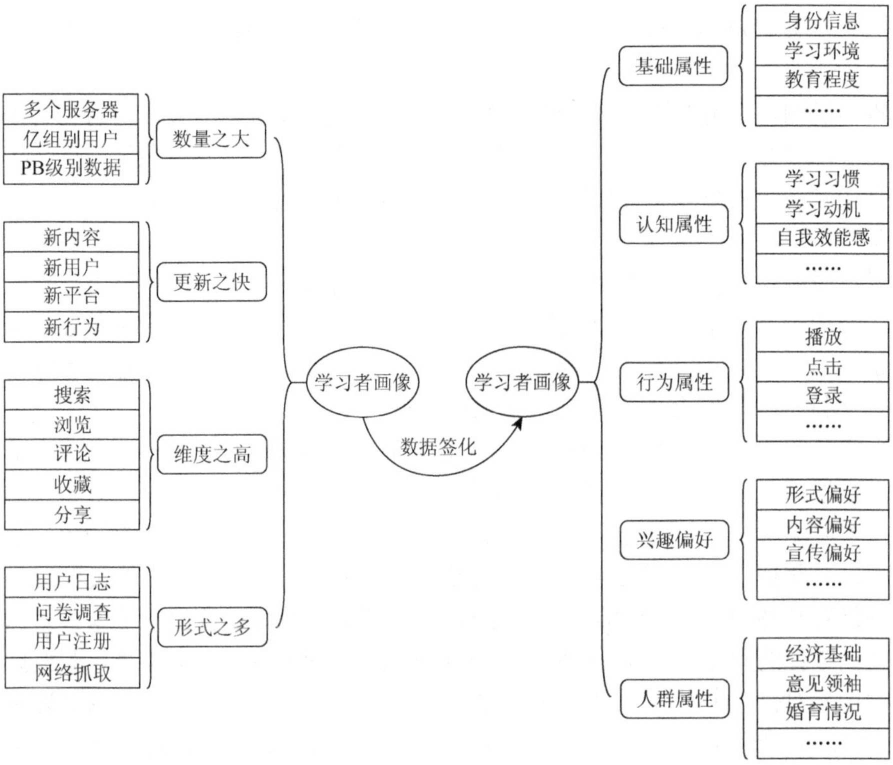

图 4-5　标签体系法表示学习者画像

情感建模、学习者综合建模及其他建模形式。需要指出的是，各类建模形式并非独立，而是相互影响的。例如，学习者的认知因素、情感与学习行为之间存在相互影响的关系，学习者的知识状态影响学习者的学习行为与学习情感，不同学习风格的学习者在学习行为方面亦存在相应的差异与共性。

4.2.1　知识状态建模

知识能力培养一直是教育的核心目标。知识能力不仅包含学习者对某一知识领域当前知识的掌握水平，也包括对先前知识的掌握水平，是学习效果最直观的体现。通常借助学习目标分类法，通过提供相应的练习和测试估算学习者对每个知识点的认知水平，调整学习内容的难度和顺序，为其创建独特的学习路径。

1. 标准参照测验与常模参照测验

标准是指在编制测验和解释测验分数时依据知识与技能的达成度，而不是指分数的分界标准。即对测验结果进行评价时不以常模为标准，而是根据特定的操作标准和行为领域，对个体做出是否达标或达到何种程度的判断。

常模是测验分数的总体分布形态，一般用测验分数的平均数和标准差表示。用常模可以确定一个被试测验分数的相对高低，即他在所属群体的能力或知识连续体上的相对位置。

标准参照测验常用来检验学习效果是否达到某一标准，衡量测验优劣的主要指标是内容效度。标准参照测验是将一个人的分数与其他人比较，看其在某一团体中所处的位置。也就是把受测者的成绩与具有某种特征的人所组成的群体进行比较，根据一个人在团体内的相对位置来报告他的成绩。

常模参照测验就是以常模为评价测验分数优劣标准的测验，常模被视为测验分数的参照，它关心的不是一个人能力或知识的绝对水平，而是学习者所属群体的能力或知识连续体上的相对位置。常模参照测验是将测验分数参照常模加以解释，也就是将每一个人的分数同团体中的其他人进行比较，是一种相对的比较。

两种测验的相同点在于都是对测验分数的解释，并给被试提供相应的信息。不同点是两种测验是根据对测验分数的解释参照不同而划分的。

标准参照测验从兴起到发展之所以如此迅速，有其深刻的原因。自 20 世纪 50 年代美国相继提出“掌握学习”“个别化教学”等教学改革主张，为了能有效地实现这些改革，教师必须能对某种知识与技能的“掌握情况”进行界定，并且在教学中可以有效识别学生是否已达到掌握的程度。此时，如果成绩评定准则仍然是相对性、竞争性，即根据学生在常模组内的相对位置来判断他的成绩，虽然学生在群体与组内的次序变化也能说明其学习的进展，但如果把这种变化仅仅看作是竞争性的，这种成绩评定准则可能会摧毁学生的自信与发展。为了考核学生对学科内容的掌握情况，若采用以传统的区分度指数为根据的常模参照测验的选题程序编制测验，则有可能将之前希望在测试中包含的题目剔除，从而不能有效实现测量目的。此外，常模参照测验的内容领域通常较广，难以确切量化学习者实际掌握的程度。因而，提出了绝对标准的成绩评定思想，排除相对性的成绩评定准则，可鼓励学生经过努力都能达到这一标准，标准参照测验应运而生。标准参照测验有着常模参照测验所不具有的优点，尤其是各学习者的成绩能直接说明真实的学习状况。会计师职业资格考试、高中会考、教师自编测验、驾驶执照考试、体育达标测验等都属于标准参照测验。

2. 基于标准参照测验的实施原则

标准参照测验以知识概述为依据，确定试题范围为测试考生是否达到某一级别的要求。测试的关键取决于试题的内容效度，即内容是否能衡量考生的真实水平。由于标准参照测验具有固定的题目、施测方法与计分程序，如果学习者的分数能够与同年龄学习者的分数相比较，就能得知该学习者的相对能力等级。借助标准化测验，不同的研究之间也能够互相比较，了解不同的实验样本的知识能力测量结果。为了这个目标，标准化测验需要建立常模，计算特定学习者在一种标准测量值上的水平分布情况。为了得到常模，需对标准化的样本实施特定的标准化测验，计算出平均值 μ 和标准差 σ，得到总体的正态分布 $N(\mu,\sigma)$。如此一来，其他研究者进行此标准化测验，得到分数 x 后，便可利用如下公式计算该学生的标准分数 z：

$$z = \frac{x - \mu}{\sigma}$$

由于标准分数 z 是一个标准正态分布 $N(1,0)$，便能够推算出此能力在总体的百分等级，如图 4-6 所示。例如，一位 z 值为 1 的学生，其能力约为全部学生的前 15.86%。需要注意的是，常模的建立必须满足总体为正态分布的假设，否则计算标准分数是没有意义的。

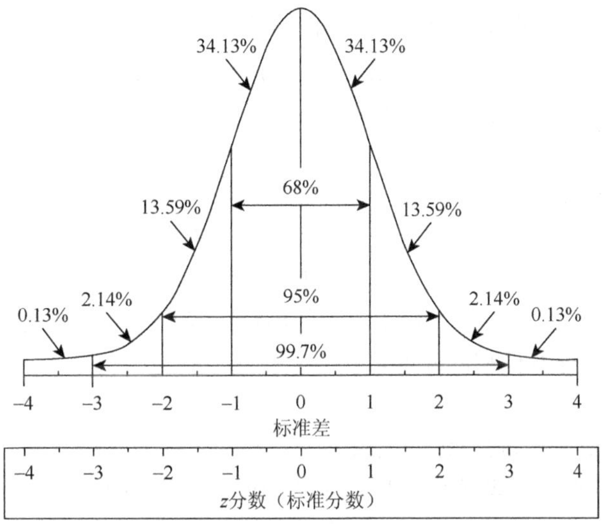

图 4-6 标准正态分布

标准参照测验的编制基本原则有两个：一是测量目标必须明确和具体，在测验中不能包含过多的测量目标。二是试题必须与测量目标之间具有较高的一致性。每一道测验题目的反应必须能体现出测量目标的得分表现。此外，标准参照测验同样需要难度、区分度等参数进行项目分析。

3. 基于计算机的知识测评

无论是对学校、教师还是学生个人，计算机化测验都能够提供随时、快速的计分与反馈，以方便进行后续的数据处理与分析，同时教师也不再需要逐批阅卷，这大大地节省了人力成本。科学的计算机化测验可以提升检验效率，保障测验的客观性和稳定性。计算机化测验程序的效率完全取决于设计过程，设计过程也决定了测验的信度与效度。计算机化测验需要借助教育框架来设计，才能把不同的知识类型和认知过程纳入考虑。在科学教育的领域，有学者指出需要一个探究式和问题导向能力的概念模型，才能设计出有意义且有效的测验。未来知识能力测评与分析将更注重对高等能力的评量，如合作能力、问题解决能力、创造力、沟通与表达能力等 21 世纪关键能力。

1）覆盖模型

覆盖模型（overlay model）将学习者知识作为专家知识的子集（理想的状态是二者重合），也就是将学生的知识与领域专家知识库进行比较，借此来了解学生的知识状态及其缺陷，并建立学生模型。覆盖模型能够独立描述学习者对每一个概念的认知水平，要求学习平台领域知识模型对每一个概念进行详细描述，关注的是学习者在学习的过程中其知识状态的变化。覆盖模型的复杂程度取决于领域模型中知识概念的精细化程度及对学习者知识水平的估测能力。

覆盖模型中对学习者的描述是一种相对简单的推理机制，可以很好地适用于将知识由专家传授给学习者的学习场景。覆盖模型的主要问题是将学习者的知识等同于专家知识的子集，这与学生学习的真实状态是不一致的。初学者的问题解决和信息加工的方式与专家之间具有差异，初学者通常在两个问题之间采用浅层次的表面性类比（surface analogies），而专家则采用深层次的功能性类比（functional analogies）。

2）铅版模型

铅版模型（stereotype model）是一种描述学习者知识状态的模型。它的基本思想是将学习者按照特征进行分组，同一个组中的学习者有一些相同或相似的个体特征，然后利用刻板印象为用户赋初值。其本质是分组用户模型，将用户分成几组，每组学生包含学生知识、偏好、兴趣、学习目标、学习历史等。使用铅版模型进行用户匹配时，只需要将用户特征与模型中的大部分条件相匹配即可。

3）偏差模型

偏差模型（buggy model）通过记录学习者与专家在问题解决路径方面的差异表征学习者知识水平。实现偏差模型的通用技巧是首先展示专家知识，然后在附加可能出现误解知识的基础上，对已作的陈述进行补充。在偏差模型中，学习者不再被看成是专家的一个子集，而是学习者知识加工的潜力在数量和质量方面体现出与专家的差异。偏差模型中含有的偏差提供了对学习者更加灵活的理解，而不是仅依据对专家模型的简单覆盖。

建立偏差模型前，系统须建立一个学习者错误知识库，该库中存放着学习者可能出现的所有偏差类型，并为学习者的每种错误给予相应的补救策略。随着学习者的进步，偏差模型将根据偏差库中已知偏差的存在与减少进行更新。该模型的难度在于，不同的学习者对于不同的知识，产生的错误千差万别，难以进行穷举。

4）贝叶斯网络模型

贝叶斯网络模型（Bayesian network model）是贝叶斯网络应用于学习者模型的建模方法。将其应用于学习者建模中，能够编码学习者知识项之间的因果关系，通过不断加入后验数据信息，可以推导出学习者知识的掌握程度。

课程中的知识项之间主要有两种关系，即组织关系和依赖关系。组织关系表示了元知识项（在结构上不可分割的知识项）和复合知识项（由一组知识项聚合而成的知识项）之间的聚合关系。依赖关系表示知识项学习的顺序，若学习知识项 A，必须先掌握知识项 B，则 B 称为 A 的前驱。分别用 Preparation$\{(I_1, I_2, \cdots, I_n), I\}$表示依赖关系、Organization$\{I, (I_1, I_2, \cdots, I_n)\}$表示组织关系。$I$ 为复合知识项，$I_i(i = 1, 2, \cdots, n)$为 I 的子知识项。目前，对于知识项之间的逻辑因果关系有两种结构模型，对于 Organization$\{I, (I_1, I_2, \cdots, I_n)\}$可以从以下两方面考虑：

（1）考虑子知识项 $I_i(i = 1, 2, \cdots, n)$会对父知识项 I 产生一种因果影响。

（2）考虑父知识项 I 会对它下面的各个子知识项 $I_i(i = 1, 2, \cdots, n)$产生因果影响。

为了准确地表示知识项之间的两种关系，图 4-7 为基于知识关系的贝叶斯网络学习者模型。其中，黑色箭头表示组织关系，灰色箭头表示依赖关系。贝叶斯网络模型中的节点代表了学习者各方面的特征，如掌握的知识、理解的概念、学习风格、学习目标和情感状态等。这样使得学习者模型更加接近领域知识。

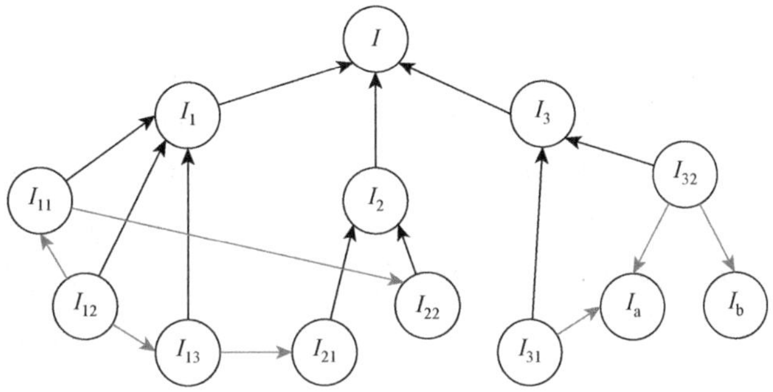

图 4-7　基于知识关系的贝叶斯网络学习者模型

随着学习分析系统智能化程度的提高，系统知识库越来越庞大，数据处理难度不断增加，部分系统应用本体技术构建学习者模型，以精确测评学习者的知识水平。教育机构在其开发的智能自适应学习系统中，同样利用机器学习技术构建知识水平模型，实时测评每个学习者当前知识点和相关知识点的能力水平，进而为学习者推荐合适的学习内容。

4.2.2　学习风格建模

目前，自适应系统的研究和应用采用比较多的是学习风格模型，包括 Felder-Silverman 学习风格模型，Kolb 学习风格模型，Honey&Mumford 模型及 Joy Reid 学习风格偏好模型。

Felder-Silverman 学习风格模型最初由 Felder 等提出，该模型将学习者按照 4 个维度分别打分，每个维度都有两个极值。4 个维度分别是：信息感知（感觉型和直觉型）、信息输入（视觉型和言语型）、信息加工（主动型和自省型）、信息理解（顺序型和整体型）。所罗门（Barbara A. Soloman）设计了包含 44 个问题的问卷，并在之后将其简化为二值选择题，这套学习风格指标（index of learning style，ILS）已被学术界广泛应用。Kolb 学习风格模型将学习者划分为 4 类不同的风格特征：以具体经验和反思观察为主的发散型（diverger），以抽象概括和积极实践为主的聚合型（converger），以反思观察和抽象概括为主的同化型（assimilator），以积极实践与具体经验为主的顺应型（accommodator）。Honey&Mumford 模型则基于 Kolb 的相关研究，将学习风格分为行动者、反思者、理论者和实用主义者 4 种类型。此外，Joy Reid 学习风格偏好模型也得到了较多的应用，该模型将学习风格分为视觉型（visual）、听觉型（auditory）、触觉型（tactile）、小组型（group）、个人型（individual）和动觉型（kinesthetic）。

目前大多数的检测学习风格的研究都集中在 Felder-Silverman 学习风格模型上，其已成功应用于自适应系统中。Felder-Silverman 学习风格模型有对应的所罗门学习风格量指标，用于初始化学习风格，在大量实验数据的支持下，证明了其在网络教学环境下具有良好的适用性和信效度。国际上对自适应系统的研究也有通过学习风格模型的组合来实现。例如，基于学习风格（Felder-Silverman 模型）和认知特征（工作记忆和归纳推理能力）的混合运用分析学习者，以提供个性化的学习推荐。或者利用 Felder-Silverman 学习风格模型及 Hofstede 文化模型等判定学习风格。

从模型的适用范围看，经典的学习风格模型均由西方学者提出，鉴于东西方文化及学习者个体的差异存在，这些理论是否适用于国内学习者，有待进一步考证；现有学习风格模型均为经典心理学的产物，将传统的学习风格研究直接拿到 e-learning 环境中来使用，这种方法的合理性也值得深入思考，相关研究多未能给出合理的论证及阐释；此外，中学生身心发展的变动性及学习内容的深入性会导致其学习方式存在较大的变化，这一点已在国内大规模研究中得到证实。基于上述观点，将学习风格模型应用于基础教育，学习者应谨慎考量其信效度。

e-learning 环境中学习者的学习风格可以通过两种方式获取：

（1）通过量表直接测量。例如，设计网页版量表，学生登录后填写问卷，系统判定学习风格。其优势是采集方便、易于实现。缺点是大量的题目填写存在耗费时间及填写不真实的现状，并且测量精确性很大程度上取决于学习者对量表的理解与认真程度。

（2）基于“模式识别技术”（pattern recognition technique）实现。这类方法首先通过问卷获取学习者的认知风格，利用分类技术构建数据模型，对数据集的特征进行描述，基于描述规则可将未知学习行为数据划分到对应的类别中。利用这种思路，可以在显式获取样本学习风格的基础上，利用决策树算法、神经网络算法及贝叶斯网络等分类机器学习算法，建立学习风格与在线学习行为相匹配的数据模型，从而进行数据预测。研究表明，决策树在推断感知与直觉、活跃与沉思、视觉与言语维度方面更适合，隐马尔可夫在推断序列与综合维度方面更准确，采用模糊值方式估算学习风格模型中的学习偏好维度更为合适。

4.2.3 学习行为建模

学习行为是学习者基于学习动机实现学习目标的行为活动，是学习者和环节交互作用的表现形式。学习行为是预测学习者在线学习效果的重要变量。在线学习中，研究者希望通过尽可能多的指标反映学习者的个体学习行为，围绕不同模块被浏览的资源页面数、浏览频次、单个页面浏览频次、浏览学生数、学生参与率、人均浏览频次、页面跳转情况等展开分析。认为在线学习测试得分、学习频次、登录次数、各单元平均学习时间、下载的资源数量、论坛参与活动的频率及对学习模块的点击次数是影响在线学习的重要因素。

在线学习行为具备多维度和多层次的特征。其中，多维度体现在行为类型的多样化，包括信息采集、存储、处理、传播、应用等；多层次体现在与不同学习目标所对应的行为序列的复杂性，包括偏向“操作”的低级信息加工层次，反映认知加工层次的中级别层次及高级别行为。

（1）根据学习行为结构的高低层次，将学习行为体系界定为操作行为（operational behavior）、认知行为（cognitive behavior）、协作行为（collaborative behavior）和问题解决行为（problem solving behavior）。其中操作行为指学习者的直接操作，包括登录、浏览、点击等；认知行为是体现引起动机、分析、注意、回忆等认知活动的行为；协作行为指建立在前两个层次基础上，与教师和学习者交流所引起的一系列互动行为，包括同步或异步交流、协同创作等；问题解决行为是网络学习的最终指向和目标，包括设计、制作、发布、反思等。

（2）综合信息检索学习行为、信息加工学习行为、信息发布学习行为、人际沟通交流行为、基于问题解决的学习行为五个维度构建多维度的在线学习行为模型。

（3）社会性学习行为，主要通过分析在线论坛或对其他协作工具中留下的交互行为数据来提取和归纳。社会性学习行为可以按照协作的深入程度分为 3 类：第一类为论坛中的信息交换行为，如论坛讨论与即时交流；第二类为协同创作行为，如共同完成任务、协同编辑等；第三类为协作问题解决行为，如解决问题和共享知识的行为。

学习行为原本指学习者在学习过程中表现出来的动作或反应，尤其是在行为主义学习理论盛行的年代。随着认知主义的崛起及人们对学习机制的不断探索，关于学习行为的实质及与学习之间的关系正逐渐被厘清。实际上，学习行为是一个复合性概念，既有可以被观察或测量的外在表现，可称之为外显行为；也有学习者进行思考或反省等内部思维学习活动，可称之为内隐行为。外显行为不能脱离学习者的内部生理、心理活动而孤立存在，是学习者思维、兴趣、态度、动机、情感等内部心理特质的外在表现。

根据学习心理学的原理，学习会使学习者的身心行为发生多方面的变化，学习结果必然能够被转换成可观察的行为，但这种行为变化不一定是在学习经验之后立即发生，学习可能会导致行为潜能发生变化，而这种潜能通常是在经历一段时间后才转变成行为。因此，以行为变化为指标，通过行为变化可以揭示和刻画学习者的学习状态。一直以来，受技术和条件的限制，关于传统学习行为（尤其是学习过程行为数据）的采集比较困难，即使是对于易测量、可观察的外显行为，要么是不够系统全面，要么是不够精细连贯，这使得我们无法完全发挥出学习行为分析的潜在价值，难以通过深度挖掘学习行为数据来了解学习者与学习过程。

4.2.4　学习认知建模

认知能力主要是对学习者已有认知水平的描述。学习者的认知模型可以描述为学习过程中学习者内在状态的变化，或用以解释学习者外在学习行为和知识变化的原因。学习者认知特征包括记忆、理解、知觉、学习风格和偏好、协作能力、问题解决能力、决策能力、分析能力、批判性思维等。

1. 基于认知理论的测量标准建模

认知理论侧重于考量学习活动中认知投入的程度。布鲁姆认知目标分类理论提出的认知能力模型，将认知能力分为识记、理解、应用、分析、综合与评价六种，并给出了较为详细的认知能力计算公式。“交互—建构—主动—被动”框架根据学习活动提供的交互水平提出了四个层次的认知投入，该框架将学习投入分为交互式（如交互式教学）、建设式（如自我解释）、主动式（如逐字记笔记）和被动式（如观看演讲）4 个层级。

常用的认知能力建模方法主要采用内容分析法和问卷调查法。内容分析法通常是根据已有的编码表，主要通过人工分析来完成，对分析者的研究能力要求也较高。其中最有影响力的分析框架包括：Henri 的认知框架，Newman 等的批判性思维能力内容分析框架，Garrison 等提出的实践探究模型等。问卷调查法则用于在课程结束后，通过问卷让学生对自己在线学习的水平进行自我评价，它更适合于采集总结性评价数据。而内容分析法能够提供形成性评价数据。

关于认知水平的分析框架，最有影响力的是 Henri 在 1992 年基于布鲁姆认知目标分类理论所提出的认知水平分析框架，如表 4-1 所示。Henri 认为，认知能力也就是人对知识的加工能力，可以划分为五个层次：澄清、深度澄清、推理、判断和策略。Henri 的认知框架是目前最被认可的认知水平分析指标，是后续大多数认知水平分析框架的基础。

表 4-1　认知能力的分析框架（Henri，1992）

<table>
<tr><th>指标</th><th>描述</th><th>分析指标</th></tr>
<tr><td rowspan="5">澄清</td><td rowspan="5">通过分析问题中所涉及的基本概念或者概念之间的关系以获得基本的理解</td><td>澄清相关概念</td></tr>
<tr><td>重构问题</td></tr>
<tr><td>询问相关问题</td></tr>
<tr><td>重申之前的假设</td></tr>
<tr><td>要求澄清概念</td></tr>
<tr><td rowspan="6">深度澄清</td><td rowspan="6">分析和理解问题，以理解问题背后存在的价值、信仰和假设</td><td>陈述假设</td></tr>
<tr><td>建立可供引用的分类</td></tr>
<tr><td>寻找更加专业的信息</td></tr>
<tr><td>回顾或者修订之前的陈述</td></tr>
<tr><td>提供与主题相关的信息或者引用文献</td></tr>
<tr><td>使用例子或者类比</td></tr>
<tr><td rowspan="4">推理</td><td rowspan="4">通过归纳或者演绎，认可或提出某个观点，并建立观点与公认事实之间的联系</td><td>得出结论</td></tr>
<tr><td>做出归纳</td></tr>
<tr><td>基于之前的陈述，进一步阐述观点</td></tr>
<tr><td>提出假设</td></tr>
<tr><td rowspan="3">判断</td><td rowspan="3">做出决定、声明，表达赞赏、批评或者支持</td><td>判断解决措施的合理性</td></tr>
<tr><td>做出价值判断</td></tr>
<tr><td>判断推断的合理性</td></tr>
<tr><td rowspan="2">策略</td><td rowspan="2">提出应用某个解决方案或实施某项决策的具体行动</td><td>决定采取行动</td></tr>
<tr><td>提出解决方法</td></tr>
</table>

2. 通过学习行为建模

该类建模方法旨在探索在线学习行为与在线认知水平之间的关系，确认能够表征在线认知能力的形成性评价指标，进而构建表征认知水平的学习分析模型。

（1）利用个体行为、交互行为、社会网络属性这三个维度表征与认知水平相关的在线学习行为。

（2）基于学习者观看授课视频时产生的交互数据进行建模：第一层是最基本的学习行为，包括播放、暂停、向前搜寻、向后搜寻、向前滚动、向后滚动、加速和减速八种点击操作；第二层是有认知含义的行为性动作，包括重看、跳过、快看、慢看、核对参考和速率改变；第三层是代表认知投入水平的信息处理指数，由对第二层的动作进行加权求和得到。

3. 利用文本数据建模

使用计算语言学工具对每个学习者所贡献的文本数据分别从叙事性、深度衔接性、指称衔接性、句法复杂性、词汇具体性五个维度进行量化，进而对学习者进行建模。

认知建模还涉及认知策略与元认知能力。认知策略最初由美国心理学家布鲁纳提出，是指学习者在信息加工过程中用以调节自己注意力、记忆、思维等认知过程的内部技能。认知策略由一系列操作步骤构成，本质上是一种程序性知识。常用的认知策略包含复述策略、精加工策略和组织策略等三类。此外，元认知也是一种高级的认知能力，元认知是对自己认知过程的认知，包括元认知知识、元认知体验和元认知监控三个部分。目前对这类认知画像的建模还处于探索阶段。

4.2.5　学习情感建模

情感是人对外部刺激的主观体验。《心理学大辞典》将情感定义为：人对客观事物是否满足自己的需要而产生的态度体验。情感是学习者认知过程中的必然要素，它会伴随整个认知发展的过程。从教育的本质出发，教育者对受教育者的教育和影响是通过情绪来传递的。情感一般会伴随表情、动作或心率、血压、脑电波等生理指标的变化而产生。

情感是学习者与学习环境之间关系维系的基础。例如，当客观事物或情境符合学习者的需求和接受能力时，学习者会以微笑、眉头舒展、嘴角上扬等表情来表现出高涨的情绪状态。这些情绪状态均会对个体学习过程和学习效果产生显著影响。在线教学环境中，师生的准分离状态可能会导致教学者与学习者间情感交流的缺失。采用同样的教学资源和教学方式，会造成学习者的“认知负载”和“信息迷航”现象，其根本原因在于以往在实体课堂互动中表情、语音、语调所蕴含的情感信息在虚拟课堂中难以传达，教学者无法感知学习者的学习情绪，不能实现情感方面的个性化教育。

情感建模的前提是情感分析。情感分析是利用计算机技术挖掘用户对特定话题所表达的意见、情绪和评价。Ekman 提出的六种基本情感分类是比较常用的情感分类形式，包括：高兴、愤怒、悲哀、害怕、厌恶与惊讶。情感分析所分析的内容包括文本、音频、视频等多种媒体形式，分析技术涉及计算语言学、人工智能、统计学、自然语言处理、机器学习和 Web 数据挖掘等多个领域。通过对学习者情感的分析，可以及时发现可能影响教学互动过程与效果的学生情感因素，给学生提供及时的情感支持与激励，强化那些激励学习动机和投入的情感因素。

情感模型是情感分析与建模的理论基础。情感模型的研究经历了从一维模型（愉悦维度）到二维模型（愉悦维度和唤醒维度）再到三维模型（愉悦维度、唤醒维度和兴趣维度）的变迁。随着维度的增多，情感模型对情感的描述更为完整与全面。基于情感认知理论提出的 OCC 模型是被广泛使用的模型之一。OCC 模型是第一个以计算机实现为目的而发展起来的情感模型，该模型被广泛应用在情感计算、意见挖掘与情感识别等领域。

1. 基于量表方法

基于量表的情感测评方法是一种最直接和简单的情感测量方法。该方法应用的关键在于制定出可靠和有效的情感量表和自我报告工具。利用情感自评量表可直接获取学习者的情感信息，并根据其情感状态，及时提供相应的帮助和情感干预措施。但通常因为被试人群规模较小，且需要学习者回忆过去的学习活动，量表的信度与效度难以保证。特别是需要回忆的学习活动项目太多时，自我报告的情感信息容易失真，进而影响教学者的判断。

2. 基于机器学习方法

基于机器学习方法的基本流程包括模型训练、模型测试和情感分析三个阶段，如图 4-8 所示。使用该方法进行情感分析的关键任务是利用合适的机器学习算法对语料训练样本进行训练，并通过语料测试样本对训练模型进行性能评测，最终获得情感分类模型，再根据情感分类模型对文本进行情感分析。相关算法包括朴素贝叶斯、支持向量机、K-最近邻、最大熵、决策树 C4.5 等。基于机器学习的方法不仅可以支持对文本的情感分类，还可以支持情绪识别。该方法将情绪识别看成一个分类问题，采用现有的机器学习算法来识别出文本中的情绪。

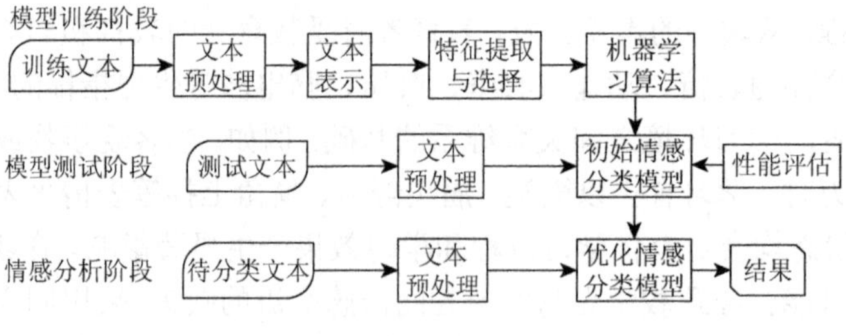

图 4-8　基于机器学习的情感建模流程

3. 基于语义方法

文本作为在线学习产生的信息载体正呈爆炸趋势增长，特别是随着大规模学习平台互动模式的多样化发展，学习者拥有了更多的在线学习场景，不同学习场景中的文本数据均蕴含学习者的情感状态。若采取适当的技术进行挖掘，这些反映学习者情感的数据将会成为追踪学习状态、预测学习困难、评估教学质量及改善学习能力的重要信息来源。基于语义的方法根据情感词典匹配并抽取出文本中具有情感色彩的词语，并对这些词语及修饰词的情感强度进行量化加权，从而计算整个文本的情感倾向，如图 4-9 所示。情感词典是快速识别文本中所包含词语的情感类型的重要工具。词典将具有情感色彩的词语按照一定的规则分门别类。因此，情感词典的全面程度和准确性在一定程度上决定了情感分析结果的准确率。该方法不需要使用任何标记样本来构建识别模型，但因为依赖外部语义资源和构建的情感词典、语法规则，所以泛化能力较差。

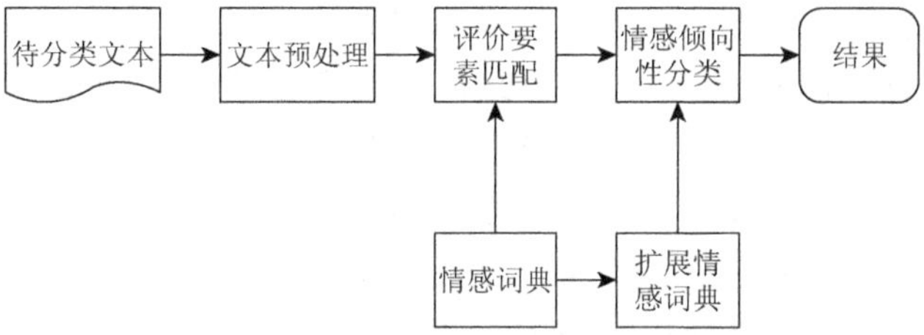

图 4-9　基于语义方法的情感建模

卡内基梅隆大学以 MOOC 论坛帖子为样本，利用机器学习算法对学习者在互动交流中的情感状态进行识别和分析。研究目的在于探索论坛中的整体情感比例与每天退出者（放弃参与讨论）数量间的关系，以及评估个体情感状态对其退出讨论组行为的影响。研究部利用布朗聚类，对在线学习论坛中与课程和课程工具相关的帖子进行收集和分类，该方法与潜在语义分析类似，但它能鉴别更为细粒度的词汇簇。

4. 基于面部表情识别方法

面部表情是教育系统中个体进行情感交流的重要信息载体。通过表情的交流，教学者与学习者之间可以互相感知对方的情绪变化，表情识别构成了情感理解的基础，是计算机理解学习者情感的前提。表情识别通常采集学习者在学习过程中的表情图片，在图片的面部区域提取一些关键的点，将那些相对不变的“锚点”，作为一些参考的固定点，如嘴角等关键点判断学习者做出的表情；然后进行脸部特征的提取，如灰度特征、运动特征、频率特征等，通过多特征的融合，构建特征矩阵；最后根据预定义的表情类别，采用机器学习方法训练人脸表情分类器，以实现学习者情感状态的自动识别。

北卡罗来纳州立大学通过跟踪学习者在线学习中的面部表情，识别其情感状态是表情挫败还是积极参与。所有学习者学习过程中的面部表情均被摄像头记录并形成视频文件。使用支持向量机算法计算所追踪的每个面部动作单元的权重。实验结果发现面部移动的频率和强度对学习情感都具有较好的预测效果。

5. 基于生物信号方法

如前所述，学习情感与生理变化具有直接关系。人类情感的变化往往伴随着某些生理特征变化，如呼吸、血压、脉搏、心率及体温等。通过提取这些生理特征在外界刺激下的不同反应模式可以识别学习者的情感状态。例如，通过面部动作单元及头部姿势判定学习者情感状态。近年来的研究开始尝试利用心率变异性、脑电图和皮肤电信号进行综合建模。例如，基于朴素贝叶斯算法对心电联和功能近红外光谱数据进行情感分类。也有研究基于虚拟学习环境提出了一种实时语音情感识别框架，其情感计算工具包含语音检测、语音特征提取和语音情感分类三个子部件。首先，在语音检测时将输入的语音分割为几个重要的片段；其次，使用特征提取部件从中提取出情感鉴别性特征，如语音间距与音强，并将它们转化为向量；最后，利用序列最小优化（SMO）算法对声流进行情感识别。

人类之间的交流与沟通是自然而富有情感的。在人际互动过程中，研究者也希望计算机能具有情感理解的能力。鉴于此，美国麻省理工学院媒体实验室于 1995 年提出了情感计算的概念。情感计算的本质在于赋予计算机能与人类进行畅通无阻互动交流的能力，并使计算机具备人的理解、观测和情感表达的能力。情感识别是情感计算的核心内容，通过传感器进行生理信号检测、面部表情捕捉、语音信号检测，以及基于在线文本信息的数据挖掘技术，可以更准确地识别学习者在不同场景的情感状态。

4.2.6 其他建模形式

1. 内部特征的刻画

除了认知特征之外，学生的内部特征也是影响学习过程与绩效的心理特征。心理特征主要涉及影响学习动力与学习方法的个体心理因素。与学习动力相关的典型心理特征因素包括学习动机、自我效能感和兴趣。影响学习方法的典型心理特征因素包括学习风格和人格。这些特征不仅影响课程设计者和教师对学习内容的选择与组织，还影响教学方法、教学媒体和教学组织形式的选择与运用。

1）动机

在学习过程中，动机通常与学生获得学术任务成功的内在驱动力有关，通常也被定义为学习动机。学习动机通常解释为学习者选择学习、在学习中投入努力和坚持完成学习任务的原因。动机变量的测量以学生自我报告的量表为主。相关文献中已有大量具有较好信效度的动机量表。

2）自我效能感

自我效能感是社会认知学习理论中的重要概念。自我效能感是关于个体对于自身是否能够成功完成某个任务的能力判断。在进行学生自我效能感的特征分析时，研究者需要明确究竟哪些效能感与研究情境更加相关。在线学习的研究中，除了要关注一般自我效能感、学习效能感之外，可能还要关注网络应用自我效能感。目前已经有很多关于自我效能感的测量量表，如一般自我效能感量表（general self-efficacy scale，GSES）、学习能力效能感分量表等。

3）兴趣

兴趣是影响学习动力的心理特征。文献中主要关注的兴趣有两种：一种是情境兴趣，是指在环境刺激下个体对某个事物的特别关注和情感反应，通常情境兴趣不会持续太久；另一种是个人兴趣，指个体在一段时间内对特定事物（对象、事件、观点）不断投入和关注的心理倾向，以及当这种倾向被激活后个体瞬间的心理状态。对兴趣的测量也主要通过量表进行，也有通过研究心率、舒张和收缩血压等生理特征信号来测量情境兴趣。

2. 外部特征的刻画

外部特征是相对心理和认知方面的特征而言，是与学习者的自然属性、社会属性相关的特征。这些特征是与学习者个人历史和背景相关的信息，不需要测量，可直接通过相关工具或渠道采集获得。外在特征数据可以帮助快速了解学习者的基本构成，理解学习者的学习资历条件、社会支持环境与学习条件。

1）人口学特征

人口学特征和社会学特征往往是在学生入学注册时需要填写的个人资料特征，因此这些特征在文献中又被称为入学特征（entry characteristics），包括性别、年龄、户籍所在地、学习状态、收入、婚姻状态等。人口学特征会对学习体验、表现、动机、行为等产生不同程度的影响。

研究表明年轻学习者或来自主流文化群体的学生，在学习第一年会有更高的完成率，或获得更多学分。对国内外12个开放教育资源平台的研究表明，除问题解决维度外，深度学习各维度均存在显著的性别差异，表现为男生显著高于女生。在信息素养维度，大一、大二、大三学生显著低于大四学生和研究生；在知识建构维度，大一、大二和大三学生显著低于研究生，研究生显著低于大四学生；在知识再加工维度，大一、大二、大三学生显著低于大四学生和研究生。此外，在职学生和非在职学生，对课程成本、需求、个人信息安全及学生服务的可获得性等方面的期待存在差异。不同人口学特征学习者在线交流的便捷性、使用频次和学习动机存在显著差异。

2）学习环境特征

学习环境特征同样会影响学生的学习过程和效果。如果学生处于较为不利的学习环境，如学习时间有限、学习条件较差、学习本身并没有获得家人或教师的支持等，那么学生将会在学习中产生消极情绪并感受较大压力，这样的消极情绪积累到一定程度将会导致学生最终做出辍学的决定。学习环境特征也称为支持性特征。该类特征因素的数据除了有一部分需要进行数字化处理之外，绝大部分都需要进行离散化处理。如将文本数据分类、数值型数据分段等方式转化为离散数据。另外，值得注意的是，学习环境特征数据在学习期间可能会发生变化，需定期更新。

4.2.7　学习者综合建模

学习者综合模型指的是对学习者多个方面进行综合而建立的整体性模型。越来越多的研究表明，学习者的“特质”是多维度的，因此需要进行全面的评价。在自适应学习系统中可以通过对学习者的知识水平、认知能力、偏好信息进行综合性建模，提高自适应学习系统适应学习者的能力。

1. 学习行为投入模型

作为“学习者实际表现的主要驱动力量”，学习行为投入是指更积极、持久和有效的行为状态，是学习者借助无缝学习空间，在工具、学习方式与学习任务的调控下，与学习资源、共同体进行信息交换活动的行为表达结果。学习行为投入周期反馈循环模型如图 4-10 所示，确定了持续性（persistence）、反思性（reflection）、主动性（initiative）、专注性（concentration）的评测维度，以表征学习行为投入的水平。

模型内部交互机制包括四个方面。一是核心层与中间层之间的交互作用，体现在“专注性”调控周期循环与学习行为投入。二是周期循环层内部的持续流动，体现在“持续性”连接设定计划、行为策略、任务执行与观察评价四要素。三是周期循环层各要素之间的重组和变化，体现“反思性”对设定计划、行为策略与任务执行的调控。需要说明的是，“观察评价”作为周期循环的要素之一，同样属于反思环节的一部分。四是周期循环层与信息交换之间的交互作用，体现在“主动性”调控周期循环与信息交换活动。其中，持续性和专注性可以保障信息交换活动的自定步调特征，主动性和反思性可以保障学习活动的多维特性，由此形成稳定、持续、积极的投入状态。

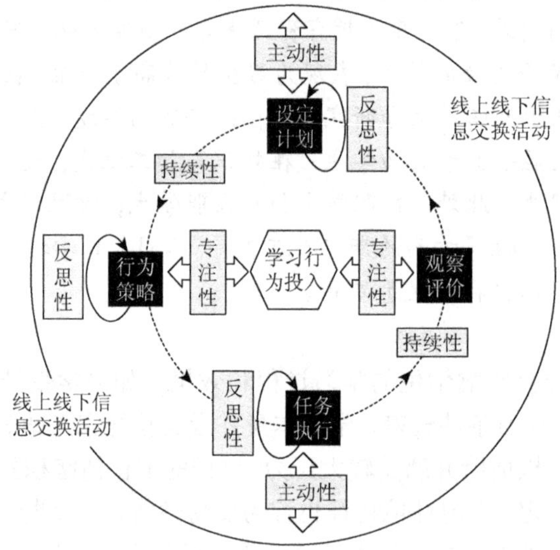

图 4-10　学习行为投入周期反馈循环模型

2. T-SERI 模型

教师系统性评估参考指标（teacher-systematically evaluation reference indicator，T-SERI）模型如图 4-11 所示。该模型由维度和指标构成，其中维度满足对教师的某方面评价需求，具有一定概括度和抽象层次，可能包含多个指标；指标则是对维度的具体分解。

例如，衡量教师教学投入的“投入度”维度，包括“认知投入”“情感投入”“行为投入”等一级指标，在“行为投入”指标下又包括“活跃度”“持续度”等二级指标。

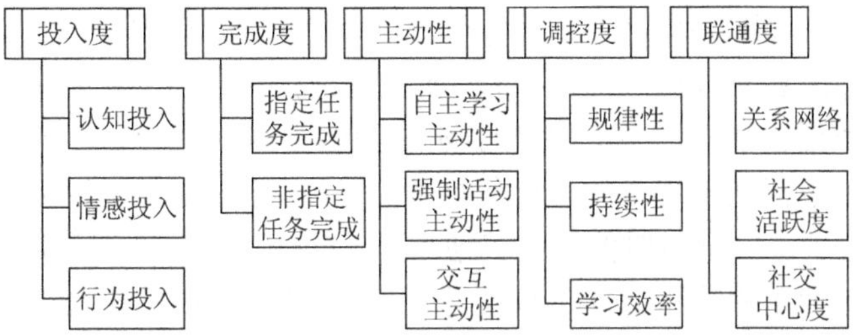

图 4-11 T-SERI 模型

数据来源于两方面：一方面通过学习管理平台获得功能相关数据，如课程所应用的功能；另一方面基于爬虫和埋点数据获得内容相关数据，如教学资源结构。在分析方法方面，多个维度的特征变量需要通过时序分析、语义主题建模等方法综合构建特征变量。

3. 学习者全景建模

未来的发展是基于生物数据源的学习者全景画像。该模型以学习者为中心，以个性特征、学习体征和社交特征作为个体特征识别，以认知行为、心智行为、眼动行为、面部行为、交流行为和语言行为作为行为数据源，通过情感计算、行为分析、知识分析和社群计算，解析出以个性优势、学习情绪、个人网络等为代表的个性化学习特征。面向在线学习的多模态情感计算研究模型强调学习情感变化路径对学习干预的重要性，认为学习干预的存在形式应多种多样，以适应在线学习者的不同学习风格。

学习者画像的设计，是对学习计算和机器学习背景下通过人工智能实现个性化学习的一种再审视，既要实现学习内容的自适应、学习资源推送的个性化、学习评价的差异化，还需要底层具有个性特征的学习者画像作为服务支撑。因此，学习者画像解决的是各类个性化学习服务的核心依据问题，基于该模型才能提供个性化学习路径服务。

4.3 个性化推荐系统

自适应学习是学习分析的重要研究领域，是根据学习者的个性化特征选择相适应的学习内容和学习方法。海量信息容易导致学习者难以定位适合自己的学习资源，或推荐的学习资源不能满足学习者的个性需求。推荐系统是信息过滤的重要手段，是解决信息过载问题的非常有潜力的方法。个性化推荐是指依据不同用户的个人偏好推荐不同的学习内容，它需要开发并维护一个用户模型或用户记录以保存用户的个人偏好。实际上，个性化推荐可以看成是一个映射问题，其目标是建立用户需求与资源相映射的二元关系。推荐方法决定了个性化推荐系统推荐的精准度，是影响个性化推荐系统推荐效果的重要因素。推荐系统中采用的推荐方法不尽相同，较为成熟的个性化推荐系统包括协同过滤推荐、基于内容的推荐、混合推荐及学习路径的推荐。

4.3.1 协同过滤推荐

协同过滤推荐（collaborative filtering recommendation，CFR）的基本思想是利用已有用户群过去的行为或意见预测当前用户最可能感兴趣的物品，其输入数据为“用户—物品”评分矩阵，输出数据包括表示当前用户对物品喜厌程度的预测数值和 N 项推荐物品的列表。协同过滤推荐包括基于用户的最近邻推荐和基于项目的最近邻推荐。

（1）与当前用户过去有相似偏好的其他用户，这些用户称为对等用户或最近邻。基于用户的协同过滤根据用户的相似性进行推荐，是较为常见的协同过滤推荐方法。若目标用户与用户 1 有高度相似的偏好、兴趣等特征（如二者都喜欢内容 B 和 C），则将用户 1 所选择的内容 A 推荐给目标用户。基于用户的协同过滤建立在具有相同特征的人会对相似内容感兴趣这一假设上，相比提前定义不同用户特征与内容的关系，这种基于同类用户具有相似兴趣的推荐方法具有更高的成本效益。

（2）基于项目的协同过滤是根据项目之间的相似度进行推荐。内容 A 与内容 C 之间有很高的相似性，若目标用户喜欢或选择了内容 C，则将与内容 C 相同的内容 A 推荐给目标用户。基于物品的最近邻推荐主要思想是利用物品间相似度，而不是用户间相似度来计算预测值，物品的相似度度量标准一般采用余弦相似度。由于协同过滤推荐算法依赖的是用户对物品的得分，与资源的内容或形式无关，这一特点使得其不仅适用于文本类资源，而且对音视频、动画等多媒体资源具有同样的推荐效果。基于项目的协同过滤方法同样无须提前定义用户特征与推荐内容的关系，只需定义推荐内容的相关特征，通过用户与内容的互动，来找到其他的推荐内容。

协同过滤方法对推荐的内容类型没有要求，是个性化推荐中成本效益较高，且应用效果较好的方法，Amazon、Google 和 Yahoo 等网站都运用了协同过滤推荐方法向用户推荐内容。协同过滤推荐方法虽然是当前使用较为成功的个性化推荐技术，但其推荐效果依赖于学习者共同浏览过的资源数量和时间，由于学习者的兴趣和学习目的差异，共同浏览过的资源数量是非常有限的。随着学习资源种类的不断丰富，就会出现学习者与资源兴趣矩阵非常稀疏的现象，尤其当短时间内有大量注册的学习者参与虚拟学习社区学习的时候，那么基于该矩阵进行相似学习者聚类分析时就会存在误差，因此推荐的准确性就会降低。

为了弥补协同过滤方法的缺陷，有研究基于该方法探索出一些新的方法。如基于人口统计学的推荐方法，此方法在用户没有产生行为的时候，系统也可以向人口统计学特征相似的用户推荐内容。又如社会化推荐，社会化推荐的思路是基于用户的协同过滤，将用户间相似的特征转换为用户间的社会关系。社会化推荐的方法利用社会网络分析、社会内容分析和社会情境分析等分析技术，综合考虑社会关系和用户特征等多方面的因素，该方法在社会化学习中得到了较为广泛的应用。

4.3.2 基于内容的推荐

基于内容的推荐常被称为基于内容的过滤推荐（content-based filtering recommendation，

CBFR），该方法通过对推荐内容特征与学生特征之间进行相似度匹配，并将匹配成功的内容推荐给学生。基于内容的推荐是协同过滤系统的延续与发展，只需要内容特征的描述和描述用户兴趣的个人记录两类信息就能实现推荐。其本质是以学习者需求与内容之间相似度的形式或依据明确的推荐规则而形成的一种推荐方式。

基于内容的推荐需要形成学生对内容的兴趣特征配置文件，系统可以分别对学习者和内容特征建立配置模型，通过分析已经点击或浏览过的内容，建立或更新用户的配置信息，系统可以比较学习者与内容配置信息的相似度，并直接向学习者推荐与其模型最相似的内容。例如，在课程资源推荐中，基于内容的推荐系统首先分析学习者已经看过的评分较高的课程的共性（时长、年份、类型等），再推荐与这些用户感兴趣的内容相似度高的其他课程。基于内容的推荐系统可以打破用户数量问题的约束，推荐新出现的内容，发现隐藏信息，通过列出推荐内容的特征，可以解释为什么推荐这些产品，使学习者在使用时具有更好的用户体验。

基于内容的推荐主要包括基于内容相似度检索和基于概率的方法。

（1）基于内容相似度检索是推荐与用户过去喜欢物品的相似物品，在衡量两个文档相似度方面，其与协同过滤推荐中的最近邻计算方法一样，该推荐技术首先计算出用户当前浏览的资源文档中出现权重比较高的关键字，这些关键字构成描述当前用户特征的向量，计算出被推荐资源的特征，将权重高的关键字作为该推荐项的属性特征。根据用户评价过的资源建立基于向量空间模型的用户的兴趣特征（包括系统用户的偏好和需求），通过将资源内容特征进行过滤，根据资源内容与用户描述文件间的相似性的计算结果，最终确定两个相似性最高的资源作为系统用户最可能感兴趣的资源项推荐给用户。

（2）基于概率的方法采用服从条件独立假设的朴素贝叶斯方法计算词语在文档中出现的概率，再由数据的观测估算出条件概率系统，首先通过获取到目标用户对某组已定义的资源进行评价的结果来计算出每个资源的关键词属于某个类的条件概率，从而获取到该用户的特征描述。根据此特征描述的计算结果获取后验概率，将具有最高后验概率的资源推荐给系统用户。

基于内容的推荐是目前应用比较广泛的推荐技术，具有稳定性好、无“冷开始”及容易理解等优点。该推荐技术的缺点在于，使用范围局限于用户以往浏览的资源及类似信息资源，不能为用户发现、提供新的资源推荐。此外，受信息获取技术，如自动提取多媒体数据（图像、视频流、音频等）内容特征等技术上的制约，该技术对复杂资源特征提取的效果受到影响。由于获取资源关键词表征资源特征需要专业人士，这在某种程度上也增加了开发系统的负担。

基于内容的推荐技术能够充分考虑学习者已有兴趣，它是基于学习者以往的浏览行为和日志数据来计算学习者的兴趣，能够推荐与学习者以往兴趣相吻合的资源，但是学习者的兴趣也会随着时间的迁移而发生变化，对学习者潜在和新奇兴趣的挖掘而言，内容推荐算法就显得无能为力了，而这正是协同过滤推荐算法的优势所在。协同过滤算法可以很好地发现符合学习者潜在兴趣需要和新奇的学习资源，并实施推荐。因此，两种算法可以很好地实现优势互补。

4.3.3 混合推荐

从实践中来看，上述推荐方法各有优势，一个好的推荐系统也不是只用一种推荐技术就能解决问题，往往都是相互结合来弥补彼此的不足，常见的组合方式如下。

加权的混合（weighted hybridization）：用线性公式（linear formula）将几种不同的推荐按照一定权重组合起来，具体权重的值需要在测试数据集上反复实验，从而达到最好的推荐效果。

切换的混合（switching hybridization）：前面也讲到，其实对于不同的情况（数据量、系统运行状况、用户和物品的数目等），推荐策略可能有很大的不同，切换的混合方式就是允许在不同的情况下，选择最合适的推荐机制计算推荐。

分区的混合（mixed hybridization）：采用多种推荐机制，并将不同的推荐结果分为不同的区域显示给用户。Amazon、当当网等很多电子商务网站都是采用这样的方式，用户可以得到很全面的推荐，也更容易找到他们想要的东西。

分层的混合（meta-level hybridization）：采用多种推荐机制，并将一个推荐机制的结果作为另一个推荐机制的输入，从而综合各个推荐机制的优缺点，得到更加准确的推荐结果。

4.3.4 学习路径的推荐

共享内容对象参考模型（SCORM）标准中提出，学习路径（learning path）是指学习活动的路线与序列，是学习者在一定的学习策略指导下，根据学习目标和学习内容对所需完成的学习活动的排序。适应性学习推荐系统是为具有不同认知水平、认知风格的学习者提供个性化学习路径。对基于传统课程学习和联通主义学习环境下的学习路径对比可以看出，cMOOC 以及 Web2.0 学习环境中，学习者以生成性知识为掌握目标，在学习内容、活动和评价上开展的是个性化学习路线，以知识链接和内容为中心，学习者由此开展的是震荡型学习路径。因此学习推荐系统需要为不同的学习者量身定制不同的学习路径，推荐的路径要高效并且适应性强。

适应性的学习路径需要依据学习者自身的各种因素及能够影响学习者学习的因素综合考虑，推荐的学习路径才会符合学习者需求。算法由于固定的公式或本身的局限性，不可能把所有影响因素都考虑周全，一般会结合学习者因素、学习对象和情境因素进行综合考量。个性化学习路径是个性化学习服务中的重要组成部分，在学习计算的背景下，随着教育大数据的逐步完善、自适应技术和人工智能技术的日渐成熟，基于个性特征和优势的学习路径生成和推送成为可能。

除此之外，还有基于流行度的推荐，类似于各大新闻、微博热搜榜等，根据页面浏览量、独立 IP 数或分享率等数据按某种热度排序推荐给用户。这种算法的优点是简单，但无法针对用户提供个性化推荐。此外，还有通过学习者情景信息和学习资源情景信息，改善学习者体验，提高推荐精确性；基于模型的算法，如采用随机森林算法，对学习行为和学习记录的建模，得到具体的规则，并应用到在线学习环境中；通过关联规则发现大量数据中不同项目之间有趣或有用的关联，将有关联的内容或链接推荐给学习者；基于粒子群优化算法的学习资源推荐策略，帮助学生从海量的学习资源中挑选适合自己的学习资源。

4.4 信 息 设 计

信息设计源于平面设计与统计学，是研究如何挖掘信息的价值、发挥媒体的整合优化作用，以准确、生动传达信息内容的研究领域。信息设计关注信息界面与媒体元素的有效传达，倾向以实证的方法对设计内容进行分析，并对所涉及的内容展开社会科学视角的阐释。信息设计是对信息清晰而有效的呈现。它通过一种多学科和跨学科的途径达到交流的目的，并结合了平面设计、技术性和非技术性的创作、心理学、沟通理论和文化研究等领域的技能。信息设计涉及对数据的组织和呈现，即将其转化成有价值、有意义的信息。

4.4.1 数据可视化

1. 数据可视化的概念

可视化是对某事物建立心理模型或心理图像。作为辅助学习者认知活动展开或表征的技术，可视化是将被认知物视觉化的过程，同时也是意向结果（意义）的视觉表达过程。数据可视化是将数据信息转化为视觉表征，以充分利用个体对可视模式的快速识别能力。数据可视化基于计算机图形学和图像处理技术，将多维数据集以图形或图像形式表示，学习者可从不同维度观察、理解、探索、操纵海量数据，进而可以发现信息背后的趋势和规律，从而做出有效的决策。

数据可视化并非仅局限于平面作品，也可以是三维实物装置。我们熟悉的浑天仪，其实也是基于观测到的天体运行数据，定量展示天体运行规律的数据可视化应用，如图 4-12 所示。

图 4-12　浑天仪模型

不同的感官获取的速度和效率是不一样的，面对一张密密麻麻的数据表，可能很难判断最大的数字在哪里，若以颜色标注、图形分割、举例说明则有可能快速透析数据背后的规律、趋势与意义。

1854 年 8 月，英国伦敦宽街地区暴发了霍乱疫情。研究者在调查疫情原因的过程中检测了饮用水，没有发现异常，也没有找到进一步调查的依据。之后，研究者从伦敦的登记处获取了 83 个霍乱死者的名单，并将他们的地址标记在地图上。经过一番仔细地分析与判断，从地图上找到了出问题的水井。确定了霍乱暴发的原因之后，疫情逐渐得到控制。后来的分析显示疫情在拆除水井之前就开始缓解。伦敦霍乱原因分析地图如图 4-13 所示。

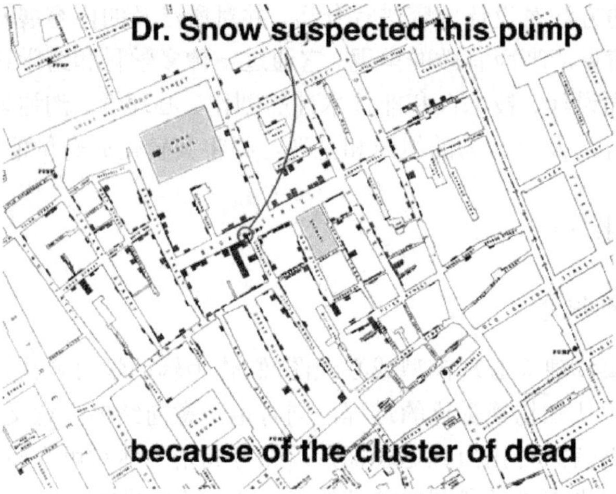

图 4-13　伦敦霍乱原因分析地图

2. 数据可视化的类型

数据可视化是数据统计分析的基础。作为描述性统计方法，数据可视化使得统计数据能够更鲜明地呈现给读者，也便于学习者更易于理解研究者借用统计数据可视化方式传达的意图与导向。数据可视化主要通过可视化图表（visual chart）实现。图 4-14 总结了数据可视化的选择指南，概述了柱形图、条形图、饼图、散点图、面积图、折线图或者雷达图等的使用场景，以及各图表的比较、分布、构成与联系。下面具体介绍一些可视化图表。

（1）折线图（line chart）用于在连续间隔或时间跨度上显示定量数值，最常用来显示趋势和关系。此外，折线图也能给出某时间段内的整体概览，展现数据在这段时间内的发展情况。

（2）柱形图（column chart）和条形图（bar chart）在社会科学研究中被广泛应用。两者利用垂直柱形或横条形长度与数据数值成比例的关系表示数值大小，主要用来描述数值分布和比较大小，既适用于不同分类的绝对量数据的可视化，也适用于比例数据的可视化。柱形图通常沿着水平方向组织类别，而沿着垂直轴组织数值；条形图通常沿着垂直方向组织类别，沿着水平轴组织数值，适合用来显示在连续间隔或特定时间段内的数据分布，有助于估计数值集中位置、上下限值及确定是否存在差距或异常值，也可粗略显示概率分布。

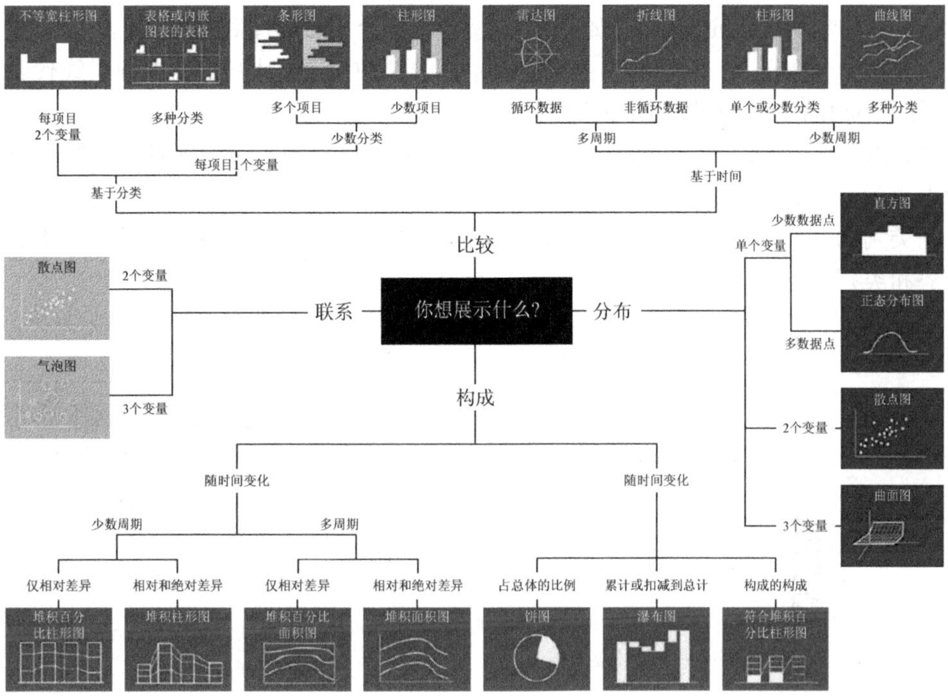

图 4-14　数据可视化的选择指南

（3）饼图（pie chart）也称为馅饼图、扇形图，适用于不同分类的比例数据的可视化，它是依据圆中各个扇形面积的大小或者圆心角度数描述某个部分在总体中所占的比例。饼图适合用来快速展示数据比例分布，但主要缺点是不能显示太多项目，通常需要图例说明，不能准确比较。

（4）箱形图（box-plot），如图 4-15 所示，又称为箱线图。箱形图能方便地显示数字数据组的四分位数，可以以垂直或水平的形式出现。其中，上极限，表述最大值；上四分位数，又称“第三四分位数”，等于该样本中所有数值由小到大排列后第 75%的数字；中位数，又称“第二四分位数”等于该样本中所有数值由小到大排列后第 50%的数字；下四分位数，又称“第一四分位数”，等于该样本中所有数值由小到大排列后第 25%的数字；下极限，表示最小值；从盒子两端延伸出来的线条称为晶须，用来表示上、下四分位数以外的变量。箱形图是以图形方式快速查看一个或多个数据集的好方法，可以直观明了地识别数据批中的异常值，同一数轴上，几批数据的箱形图并行排列，几批数据的中位数、尾长、异常值、分布区间等形状信息便清晰明了。

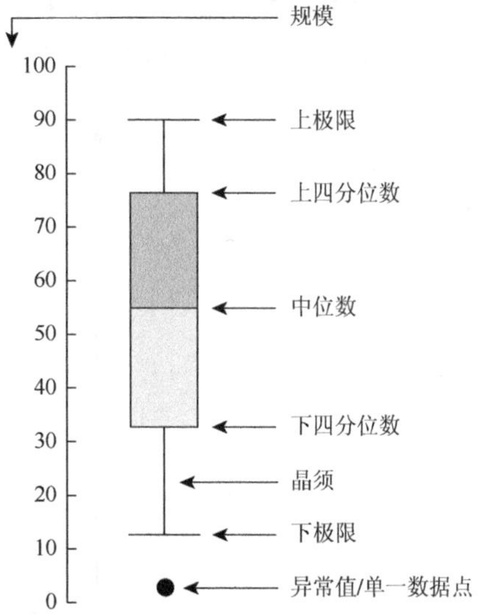

图 4-15　箱形图

（5）小提琴图（violin plot），如图 4-16 所示。结合了箱形图和密度图的特征，主要用来显示数据的分布形状。中间的黑色粗条表示四分位数范围，从其延伸的细黑线代表 95% 置信区间，而中间的白点则为中位数。

（6）点阵图（dot matrix chart），如图 4-17 所示。以点为单位显示离散数据，每种颜色的点表示一个特定类别，并以矩阵形式组合在一起。点阵图适合用来快速检视数据集中不同类别的分布和比例，并与其他数据集的分布和比例进行比较，让学习者更容易找出趋势和类别。

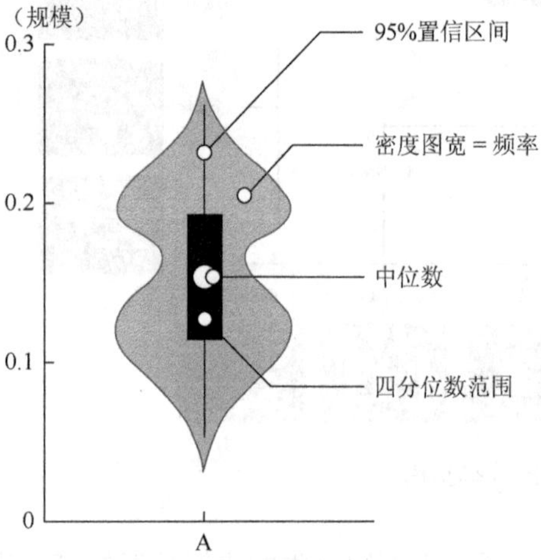

图 4-16　小提琴图

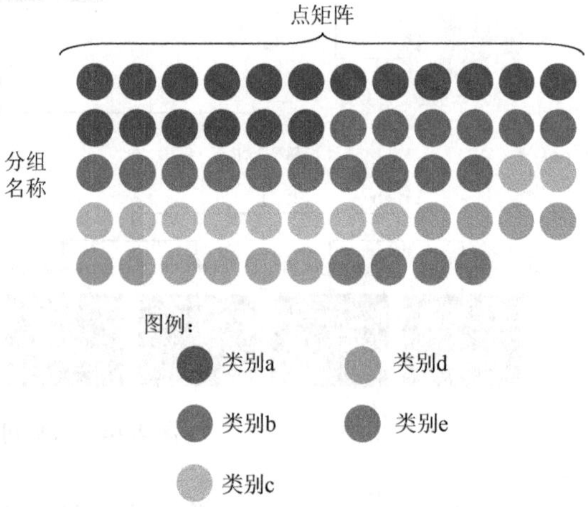

图 4-17　点阵图

（7）密度图（density plot），如图 4-18 所示，用于显示数据在连续时间段内的分布状况。这种图表是直方图的变种，使用平滑曲线来绘制数值水平，从而得出更平滑的分布，并且它们不受所使用分组数量的影响，能更好地界定分布形状。

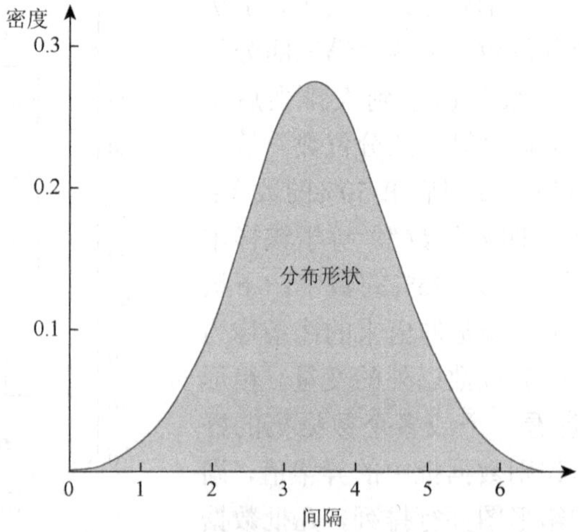

图 4-18　密度图

（8）人口金字塔（population pyramid）图，如图 4-19 所示，是背靠背的一对直方图，显示所有年龄组和男女人口的分布情况。人口金字塔图最适合用来检测人口模式的变化或差异。多个人口金字塔放在一起更可用于比较各国或不同群体之间的人口模式。

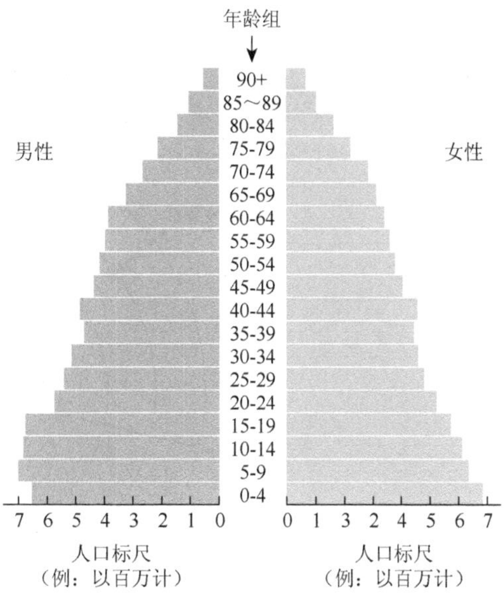

图 4-19　人口金字塔图

（9）堆叠面积图（stacked area graph），如图 4-20 所示。原理与简单面积图相同，但它能同时显示多个数据系列，每一个系列的开始点是先前数据系列的结束点。堆叠面积图使用区域面积来表示整数，因此不适用于负值。堆叠面积图适合用来比较同一间隔内多个变量的变化。

（10）雷达图（radar chart），如图 4-21 所示，又称为蜘蛛图，是用来比较多个定量变量的方法，可用于查看哪些变量具有相似数值，或者每个变量中有没有任何异常值。此外，雷达图也可用于查看数据集中哪些变量得分较高/低，是显示性能表现的理想之选。每个变量都具有自己的轴（从中心开始）。所有的轴都以径向排列，彼此之间的距离相等，所有轴都有相同的刻度。轴与轴之间的网格线通常只作指引用途。每个变量数值会画在其所属轴线之上，数据集内的所有变量将连在一起形成一个多边形。

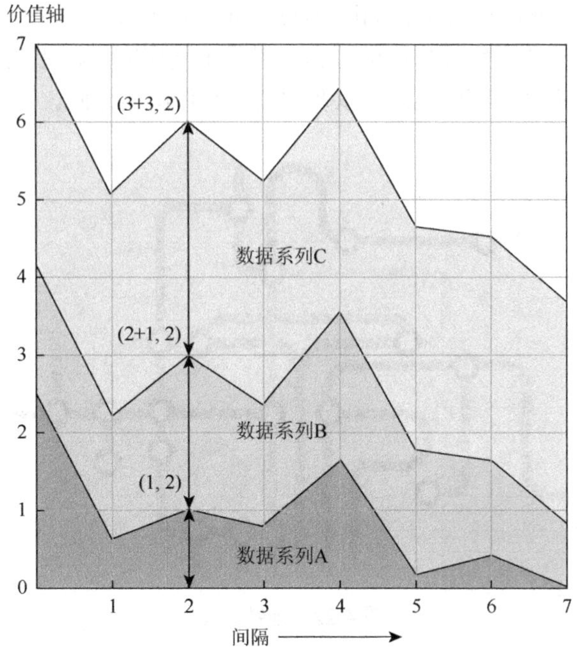

图 4-20　堆叠面积图

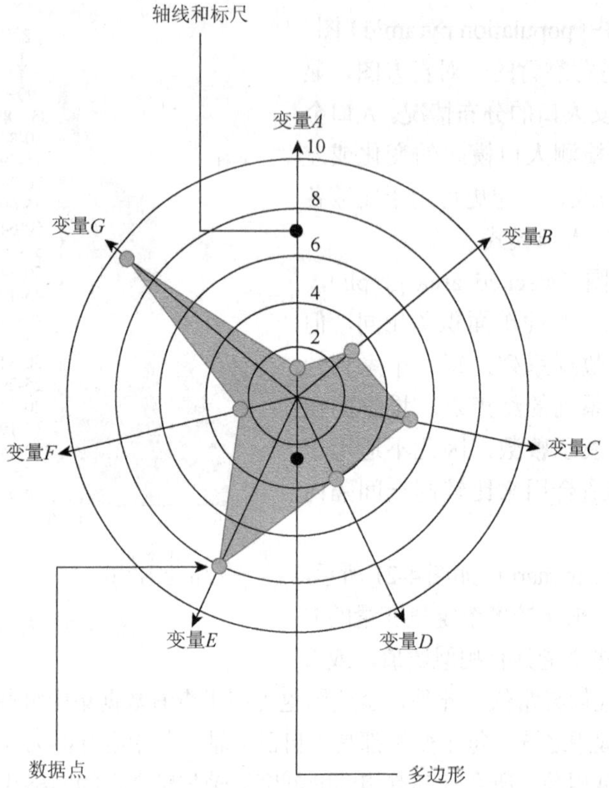

图 4-21　雷达图

（11）地铁地图（subway map），如图 4-22 所示，能够显示多个站点之间交叉的路线。地铁地图可以清晰描述概念相互作用的过程，以及不同研究目标相互关联的路程，如解决问题的路径，课程资源之间如何连接，以及它们相互作用的方向。

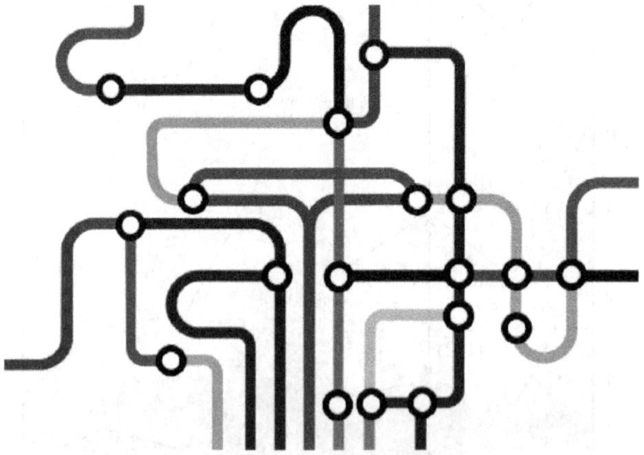

图 4-22　地铁地图

（12）速度计图（speedometer chart），如图 4-23 所示，是一种类似于汽车速度计的图表，可以表示某件事物安全与危险系数指数，也可以表示快与慢状态，如使用速度计图可以更加贴切地表示学生的成绩预警状况或者学习的专注度等指标。

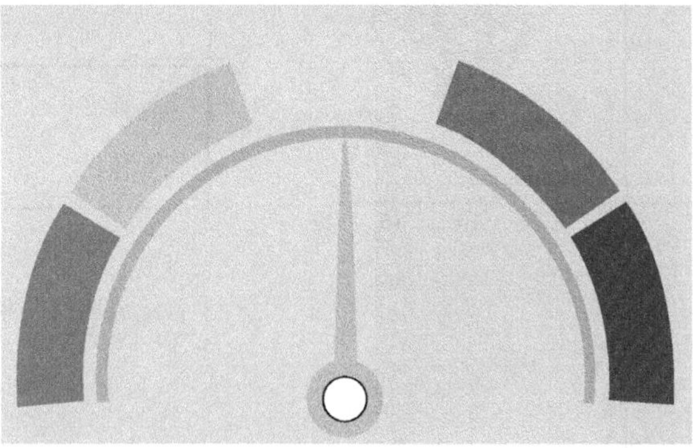

图 4-23　速度计图

（13）热图（heatmap），如图 4-24 所示，通过色彩变化来显示数据，当应用在表格时，热图适合用来交叉检查多变量的数据。热图适用于显示多个变量之间的差异；显示当中任何模式；显示是否有彼此相似的变量；检测彼此之间是否存在任何相关性。热图依赖颜色来表达数值，它比较适合用来显示广泛数值数据。因为要准确地指出色调之间的差异始终有难度，所以较难从中提取特定数据点。

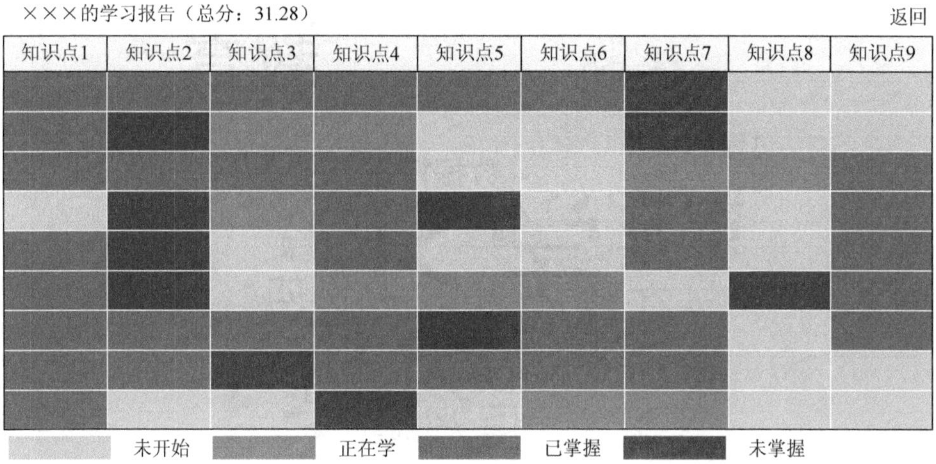

图 4-24　热图

（14）气泡图（bubble chart），如图 4-25 所示，是一种包含多个变量的图表，结合了散点图和比例面积图，圆圈大小需要按照圆的面积来绘制，而非其半径或直径。通过利用定位和比例，气泡图通常用来比较和显示已标记或已分类的圆圈之间的关系。过多气泡会使图表难以阅读，可以在图表中加入交互性功能来解决这个问题（点击或把鼠标悬停在气泡上以显示隐藏信息），也可选择重组或筛选分组类别。

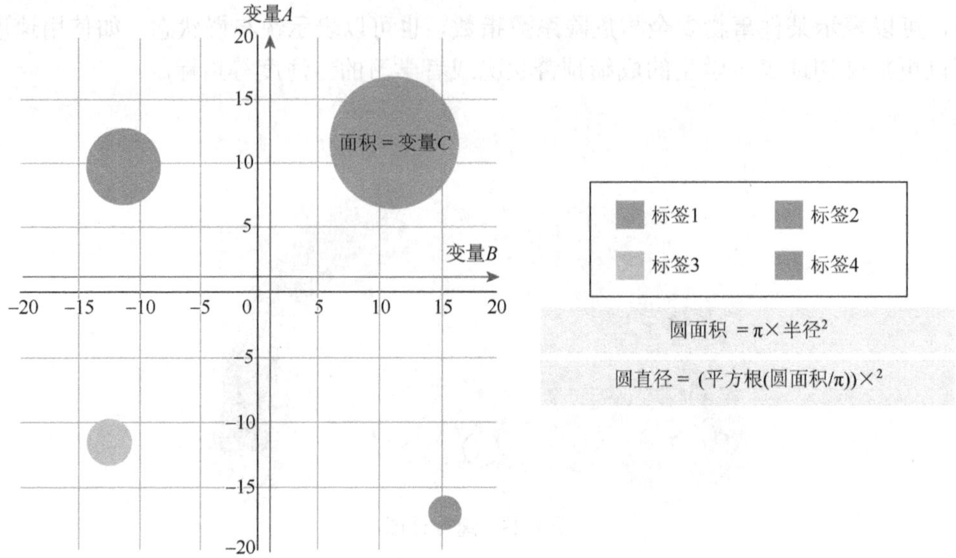

图 4-25　气泡图

（15）字云（word cloud）图，如图 4-26 所示，也称为标签云图、词云等。每个词的大小与其出现频率成正比，以此显示不同单词在给定文本中的出现频率，然后将所有的字词排在一起，形成云状图案。为了美观，可以用颜色对单词进行分类。

图 4-26　字云图

4.4.2　学习状态可视化

1. 学习状态可视化的概念

学习状态可视化是数据可视化在教育领域的应用，一般是用图形、图像、表格或视频等方式呈现学习者的学习状态。在传统教育中，对学习者学习状态的评估则采用文字形式，往往伴随着冗余的解释和评价，而可视化方式则可方便直观地对学习者的学习状态进行刻画。

学习状态可视化以学习分析为基础，以数据可视化为表现形式，优先考虑能反映学习者学习表现的关键指标。结合数据分析技术，学习状态可视化还可以帮助教师发现学习者的学习模式，预测学习者的表现和风险，发现促进学习者进步的因素等。对学习者来说，学习状态的直观呈现能够加深学习者的自我认识，有助于培养学习者的洞察力和自控能力。学习状态可视化具有以下 6 个方面的功能。

（1）理解交互协作：了解学习者在学习环境中如何相互交流与协作，交互协作环境可以是社交网络、在线论坛或真实/虚拟教室环境等。

（2）优化教学设计：改进学习材料，提供反馈，帮助教师理解与改进其教学设计。例如，将在线视频播放行为与暂停密度进行颜色图谱区分，能够让教师了解学习者对视频内容的理解问题，进而改进教学设计。

（3）促进学习者反思：为学习者状态的可视化分析，往往是为了促进学习者的反思。例如，向学习者展示他们在多个维度上的努力，并要求他们思考在一段时间内所付出的努力。

（4）了解学习动机：学习动机的测量以往通常建立在量表的使用上，使用可视化分析技术，能够通过更多的客观数据来了解学习者的动机指标。例如，通过可视化分析学习者在课程中的测试、交流与写作数据，追踪其课程中的动机变化。

（5）探索学习模式：帮助研究者探索学习者如何在学习环境中使用不同的资源，以确定练习内容与形式的有效性，发现学习者的学习行为规律。

（6）提供学习预警：通过“红绿信号灯”或者不同颜色的警示，识别有辍学风险的学习者并通知教师，辅助教师做出决策。

2. 学习分析工具中的可视化形式

学习状态可视化更多体现在学习分析工具中的应用，通常包括饼图、雷达图、散点图、气泡图、面积图、折线图、柱形图等形式。其中，单一维度数据多采用柱形图、条形图、饼图等形式呈现；多维度数据一般采用“复合”形态的图表呈现。除了形式的变化之外，在信息设计领域，还会采用“触发式”呈现（trigger presented）或者结构化图形（graphic organizer）的方式强化学习者对可视化图表的感知。其中，“触发式”呈现是指通过学习者自行控制某个图表的显示或隐藏，以达成对数据更为清晰的比较；结构化图形（graphic organizer）则是通过线条、文本框、颜色对比和触发文字形式，强化可视化图表的内容逻辑，以促进学习者对可视化图表整体内容的快速理解。元分析表明，结构化图形有助于促进学习者对相关内容的深层加工，并有可能降低材料组织和整合阶段导致的认知负荷。

当前学习状态可视化多为“拿来主义”，以借鉴传统数据分析的可视化方法为主。表 4-2 给出了 9 种较具代表性的学习仪表盘数据呈现信息及对应的可视化形式。从该表可以看出，数据可视化类型与学习分析工具中呈现信息的特点有关联。例如，丰富的学习活动信息一般采用直方图或条形图形式呈现；每周登录趋势多采用折线图呈现；一些学习仪表盘（如 LOCO-Analyst 和 SAM）包含整合与标签的信息分析功能，以标签云的形式呈现；对学习者之间进行比较和定位时，散点图被视为一种有效的可视化方式；此外，对包含字母、文字和单位数量等的活动概况比较时，通常使用矩阵表的形式呈现；表现结果和内容使用的情况常采用条状图和饼图的形式，以突显指标在整体中的相对位置。

表 4-2　学习仪表盘数据呈现信息及对应的可视化形式

学习仪表盘名称	数据呈现信息	数据可视化形式
LOCO-Analyst	登录趋势、成绩、内容使用、消息分析	柱形图、饼图、矩阵表、字云图
Student Success System	成绩、社会网络分析、风险学生预测	风险象限图、散点图、胜负图、社交网络图
SNAPP	内容使用、社交网络、消息分析	社交网络图
Student Inspector	成绩结果、内容使用	柱形图、饼图
SAM	登录趋势、成绩、内容使用、消息分析	折线图、柱形图、标签云
Course Signals	登录趋势、成绩结果、内容使用、消息分析	信号灯、柱形图、
Desire2Learn	文档下载、工具使用、社会交互	柱形图、社会关系图
Narcissus	内容使用、社交网络	树状图
Collaid	言语和肢体参与情况、协作水平	雷达图、指针图

学习分析可视化的发展趋势主要体现在以下 3 个方面。

（1）利用多重可视化图表。提倡更具创新性和交互性的视觉学习分析工具。当前，最常见的可视化策略仍然是直方图、折线图等简单的传统统计可视化技术，这些可视化图表具有很高的通用性，并且简单易用，内容清晰直观。但是在面对更复杂的分析场景时，利用多重可视化图表来表达复杂数据则更为重要。多重可视化图表能够为真实的教学场景提供更直观和全面的可视化方案，对数据的解读更为深刻且易于理解。

（2）使用高维数据集的数据。可视化分析提供了处理异构数据源的优势，包括人口统计学和历史数据等数据可以帮助更好地理解学习过程。此外，更多创新和交互式可视化工具可能有助于处理这些复杂的异构数据。未来的研究将探索如何将异构数据集成到交互式视觉学习分析中，以及哪些情境变量（如人口统计学和教育记录）能够集成到相关视觉学习分析工具中。

（3）新教育理论做支撑。可视化学习分析的研究必须考虑学习环境和研究重点，并选择合适的教育理论作为支撑。尽管社会科学领域的技术应用往往落后于技术创新的步伐，但在教育理论中有丰富的知识体系来解释学生的学习方式，学生之间如何互动，教师如何支持学生学习。未来的研究还应该探索如何更好地将信息可视化与教育研究领域相关联。例如，借鉴 TPACK（整合技术的学科教学法知识）的研究脉络。教育工作者应关注不同可视化文献中的设计问题，创造出综合可视化技术特点与成熟教育理论支持的学习分析工具。

4.4.3　基于隐喻的界面设计

人机界面设计（GUI）的可用性越强，才越能让学习者聚焦在良好互动关系的学习环境中，使其从烦琐的导航任务中释放出来。这就引发了 GUI 是否应该“更聪明”的问题，即不需要学习者刻意的努力就可以从上下文线索中有效定位。“隐喻法”是解决此类问题的有效方法。

隐喻的作用是在人们用语言思考所感知的物质世界和精神世界时，能从之前互不相关的不同事物、概念和语言表达中发现相似点，建立极其丰富的想象的联系。所谓“固以其所知谕其所不知，而使人知之”，隐喻的界面在程序功能和用户经验之间建立了桥梁，可以带动用户的联想和推理，大大减少了用户的学习成本。隐喻设计，即找到和当前程序功能有共同点的用户经验，分析该经验代表性的形态或动作，再将其用抽象或直接拟物的方法设计成视觉用户界面或交互行为，如图 4-27 所示。

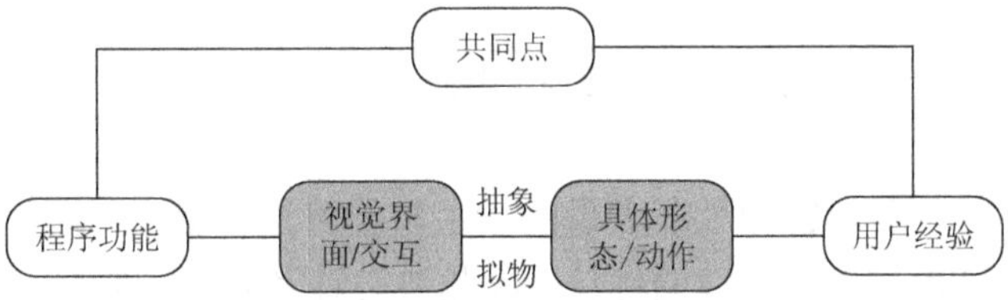

图 4-27　基于隐喻的界面设计

iOS Human Interface Guidelines 白皮书中这样解释隐喻对体验的影响：

When virtual objects and actions in an application are metaphors for objects and actions in the real world，users quickly grasp how to use the app.

如图 4-28 所示，苹果系统的文件夹更多像一个抽屉的隐喻，并且它的顶部是玻璃材质的。从拉开的动画当中，系统建立了一个类似抽屉的空间。简单来说，隐喻就是通过熟知事物去认知未知事物的思维方法，是用明确的事物去辅助认知和理解“默会”事物。在教育学领域，隐喻被认为是人类的基本思维方式，是人们利用已知概念（喻体）去解释另一新概念系统（本体）的认知工具，具有认知方法论的意义。

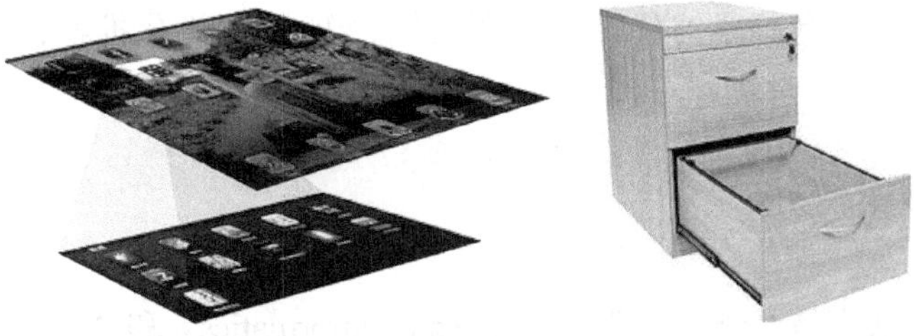

图 4-28　苹果系统的文件夹隐喻

一个触摸屏手机的物理尺寸在 4 寸左右，比一张信用卡稍大。在这么狭窄的空间内，设计者不能完全按照 PC 客户端“在一个主界面内完成大部分的任务”的思想去设计移动客户端，必须把界面分拆。与之而来的问题是，分拆后的界面是有逻辑的，但我们并不能照搬 PC 客户端中的方法：使用任务栏、层叠的模态对话框去表现这种逻辑。因为根本就没有空间，所以得另辟蹊径。因此，设计者对界面的拆分更独立化，让界面变成卡片式，一个界面只完成一项任务，保证界面之间联系的单一化，避免界面之间逻辑或者跳转的混乱。

隐喻设计的评判标准如下所示。

（1）符合现实逻辑的界面空间。流动式的动画成为隐喻设计的最后一块拼图，但是仅仅把拼图拼起来是不够的，还需要检验这样的拼图是否符合真实世界的逻辑。

（2）符合学习者习惯。界面是如何进入用户的视野，也应该以相反的方式，从界面中消失。并且，这个过程，是能够自圆其说的，且符合真实生活的隐喻。

焦点隐喻法是隐喻设计方法的进一步发展。焦点隐喻法结合了设计理论、认知心理学和教育理论以创造更自然的界面交互方式。焦点隐喻设计比一般隐喻设计更先进，这种方法将大脑皮质的连通性和认知功能的重要性作为设计原则，利用更为关联的形式使界面适合用户同时保持一个主聚焦要素，进而设计动态性与适应性强的用户界面。

4.5　学习分析工具概述

学习分析面临的首要问题即处理大量的学生与学习过程数据。此外，学习分析的最终目的是实现对学习过程与学习环境的优化。因此势必惠及教师、学生、教育研究者与决策者等多方面的人群。处理海量数据，必然要求实现数据抓取、处理过程的自动化与智能化；惠及各种人群，必然要求操作的简单与功能的友好丰富。学习分析工具是学习分析的应用形式（LA-Application），指代在学习分析技术基础上开发的服务于具体教育目的的工具。使用学习分析工具可以使学习分析事半功倍，教师、学生、研究者可以便利地进行学习分析，深入理解学习活动，提高学习、教学与研究的效率。因此，学习分析工具应该具备的基本特点包括：服务对象多元化、界面操作简单化，数据获取自动化、数据处理智能化、结果呈现可视化、分析功能多样化等特征。

从需求角度，学习分析工具可分为教师端和学生端。教师端主要对班级的学习结果进行多维分析，帮助教师了解学生在活动参与、互动交流和测评等方面的情况，了解学习群体差异和学习成绩变化，从而为教学策略的调整和学习活动的设计提供数据支持。学生端主要对学生的学习活动参与和结果进行分析反馈，帮助学生了解个人的学习情况。按照场景划分，学习分析工具包括学习仪表盘、学习路径规划、个性化推荐、学习诊断与预警及自适应学习系统。

4.5.1　学习仪表盘

学习仪表盘被认为是“个人信息学”（personal informatics）和“量化自我”的特定应用类型。个人信息应用通过提供回顾和分析个人历史的工具帮助学生提升自我感知。自我感知的提升有诸多益处，如培养洞察力，增加自我控制能力及积极的行为表现。此外，随着“量化自我”研究的影响也日益扩大，可以通过多种范式收集学生的学习痕迹，并利用这些痕迹，提升他们的学习经历。这些学习痕迹的来源可分为四类：一是线上活动，如博客、Twitter 消息推送；二是通过网络浏览或 LMS 中的日志记录；三是各类传感器（GPS、眼动、加速度计、EGG 等）；四是通过自我报告（如个人的情绪状态和理解程度）。

学习仪表盘有助于学生为建立自我调节学习而进行的自我反思和策略行动。自我调节学习（SRL）是学生为了成功完成学习目标持续努力的学习管理行为，是一个整合认知、元认策略的循环过程。学生基于已有知识和信念解释任务的属性和需求，通过建构的解释，设置新的目标或者调整学习策略。此时，学习仪表盘扮演了提示的角色，通过比较目标和当前任务状态让学生在自我调节过程中学会精致自我监控，并把学习作为一个积极的过程去探究与追求。

作为学习分析系统“意义建构”的重要部分（sense-making component），学习仪表盘可以使学生加深对学习过程的理解。学习仪表盘通过把抽象复杂的数据转变为具体和易于理解的信息，使师生对目标状态和当前任务状态进行比较，从而让学生学会自我监控，并把学习作为一个积极的过程去追求，最终支撑学生达成学习目标。

图 4-29 描述了基于学习仪表盘的信息处理过程。该模型是在“个人信息学系统的基础阶段模型”及“信息觅食”理论的基础上，考虑了影响阶段是否涉及行为变化取决于个体对意义建构阶段的理解。基于该模型，当数据可以与相关目标和记录的过程相联系时，有意义的反馈环被创建，进而可以引发学生调整或保持强化期望的行为。

感知阶段涉及各类可视化数据，这些数据包括学习结果、内容使用、行为模式或者预警信息的可视化。

反思阶段集中在聚焦学生提问或者评估数据的有用性和相关性，从而引起数据的增值及后续的意义建构产生。

意义建构阶段关注的是学生确定反思过程的问题及产生创造性的见解。

影响阶段涉及从学习数据中获得意义，不断增强对指标的理解并强化特定的行为。

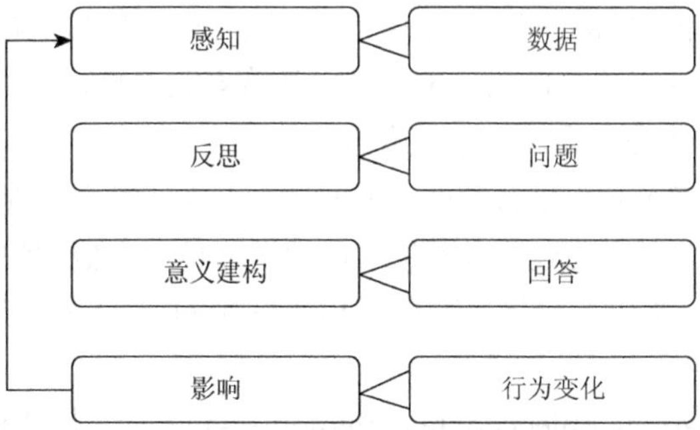

图 4-29　学习分析处理模型

图 4-30 描述了学习仪表盘的形成和使用过程。学生在 LMS 和 PLE 的互动学习数据被保存在 LMS 和 PLE 的数据库中。学习分析工具根据预设指标从 LMS 和 PLE 中采集和挖掘数

据，对数据进行预处理。经过挖掘和预处理的数据通常会被存储在数据仓库中，以备进一步的分析所用。教师选取他们所关注的学习指标提出分析需求，学习分析引擎会根据需求采用相应的挖掘技术，如聚类、分类、社会网络分析等对预处理后的数据进行分析。数据分析结果将以仪表盘等可视化方式呈现给教师。教师根据分析结果对数据进行解释与反思。

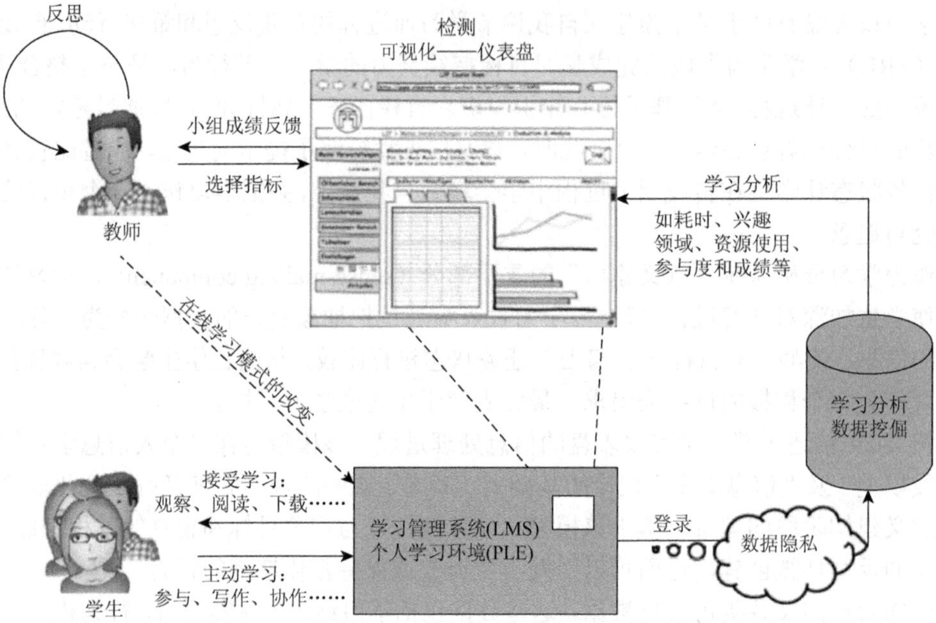

图 4-30　学习仪表盘原理

马里兰大学从 1999 年开始使用 Blackboard 开展在线学习。2008 年，他们开发了“自我检查活动”（CMA）的学习仪表盘，该系统根据 Blackboard 的学习数据生成分析报告，报告包括了学生在线学习的点击次数和登录次数，点击行为包括查看文件、参与讨论、阅读公告等。除了学生个人的点击次数和登录次数，分析报告中还展示了班级平均水平。另外，如果教师使用了 Blackboard 的 Gradebook 功能，学生还可以查看自己学习活动的得分情况，并和其他学生的得分进行比较。2011 年，还有超过 2000 名学生使用了该系统，统计分析表明，该学生群体获得了更高的学习成绩。

从应用场景看，仪表盘被用于传统面对面的教学、在线教学及混合学习。面向教师的仪表盘，旨在监控多个学生的学习过程并帮助教师更有效地履行他们的职责，包括对课堂进行管理及促进学生学习。常见学习分析仪表盘有 LOCO-Analyst、SNAPP、Collaid、Class-on 等。

（1）LOCO-Analyst。

LOCO-Analyst（learning object context ontologies-analyst）是通过跟踪并分析学生学习时间、社会交互、生成资源、练习、测试等学习数据，为教师提供有关学生活动和表现的反馈信息。如图 4-31 所示，教师进入 LOCO-Analysis 界面，学生数量、每一位学生的活动完成情况将会以折线图的形式表示其时间线性的变化，并借助箱形图表示其作业与测试表现，教师可以通过观察箱形图与折线图的变化，明确学生的努力程度。教师还可以通过

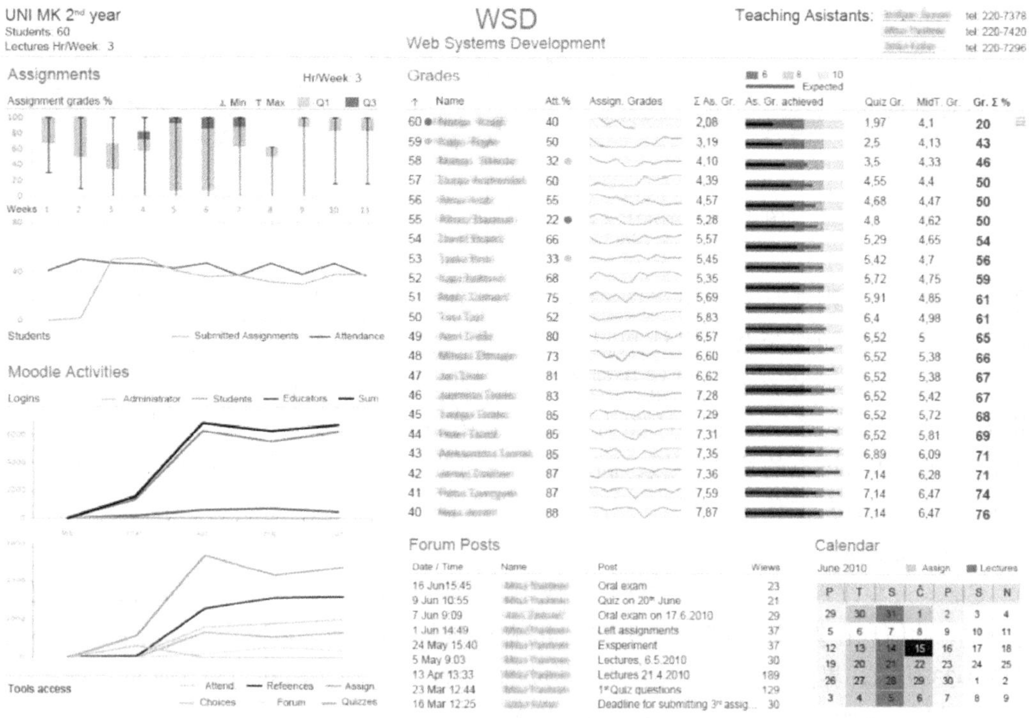

图 4-31　教师界面学生学习状态仪表盘

观察论坛贴的实时数据，找到学生的集中问题所在。LOCO-Analysis 中还提供了日历图来提醒教师和学生整体的活动情况，辅助教师监控学生学习发展，帮助教师有效地对班级进行管理。

（2）SNAPP。

SNAPP 是强大的社会网络可视化工具，这种社交互动和在线协作的指标也体现在 TUT Circle Dashboard 和 Classroom View 上。SNAPP 使在线论坛中学生之间的社交互动演变形象化。仪表盘界面中，红点作为节点代表在线论坛中的学生，节点之间的连线为节点间的互动，如提问与回复，发起活动与参与活动等。可视化界面能够显示学生在论坛中的交互信息，并以社会关系网图显示，教师可确认中心点或隔离学生，可以知道哪些学生积极参与讨论，哪些学生状态消极或未参与讨论，从而及时调整小组成员，对处于"危险"中的学生给予有效干预。

（3）Collaid。

Collaid 能够捕捉真实环境下的学生协作数据，并将这些数据可视化，以便让教师了解学生之间的协作水平。该系统使用麦克风和运动传感器来捕捉每个用户的音频、动作。然后将这些数据在教师的平板电脑以仪表盘形式呈现。如图 4-32 所示，每个圆圈代表一个学生。第一个雷达图中三角形描绘了每个学生的点击次数和语音量，分别可视化表征该组学生的身体和语音参与度。协作水平高的团体应是所有成员都能够共同参与其中，而参与度不协调的群体通常是低投入和低协作水平的体现。该雷达显示语音和动作参与的数量和对称性，三角形的角越接近圆圈，学生参与的越多。如果三

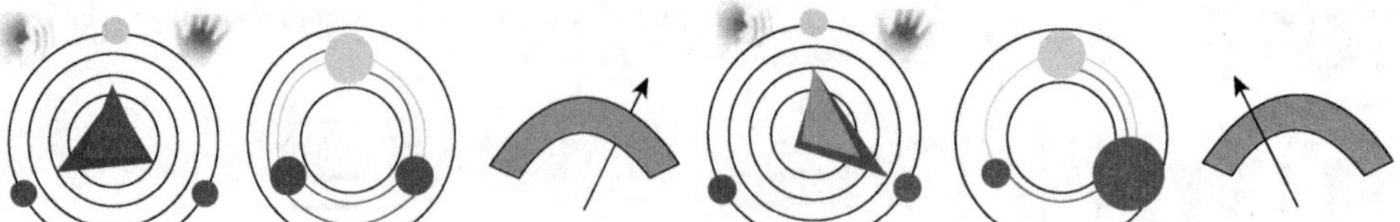

图 4-32　高协作（左）与低协作（右）可视化对比图

角形是等边的，则意味着学生平等参与，该组成员的协作水平也较高。第二个雷达图显示了学生之间动作交互的累计数量，圆圈的大小表示每个学生的身体活动量，连接这些圆圈的线条宽度表示学生与其他学生的交互数量，由此反馈在此环境下学生的动作数量和对称性。第三个速度计图为前两个雷达图的信息合成，每 30s 设置一个节点，根据模型计算出该点的协作等级：高协作、中协作和低协作，高协作则指针向右偏移，低协作则指标向左偏移。

（4）Class-on。

Class-on 将平板电脑上的学习活动可视化。系统在学习过程中跟踪学生的帮助请求及学习进度，此信息在教师使用的平板电脑上可视化呈现，以便教师可以决定如何去帮助小组。如图 4-33 所示，界面中给出了学生寻求帮助的时间、学生已经消耗的辅导时间、每个小组的进展情况、老师参加的小组和需要帮助的下一组。

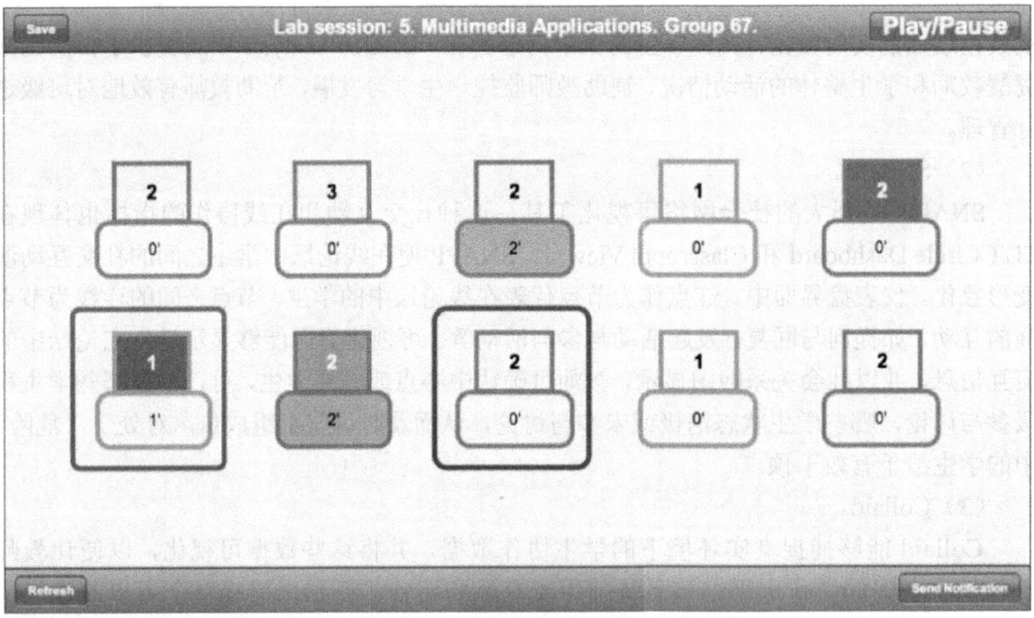

图 4-33　Class-on 教师平板电脑中的界面

面向学生的仪表盘可以提供学生自身学习模式的信息，旨在通过提升自我感知从而改变心理状态、行为，帮助其修订学习策略、增强学习动机，介绍如下。

（1）Duolingo。

Duolingo 的学习仪表盘以“技能树”形式可视化学生的学习进度和知识构架，着色区表示学生已经开始学习的主题，进度格显示该主题下的学习进度。“技能树”的设计生动形象地呈现学科体系及学习任务，同时将学生的个性化知识架构呈现出来，有助于促进学生的自我认知与元学习能力的提升。该学习仪表盘的另一突出特点在于运用一系列游戏化设置，将语言学习过程与游戏设计理念巧妙融合，给予学生持续的快乐学习体验。如果学生坚持每天在平台上学习或在一组练习题中获得满分，学习仪表盘会给学生奖励虚拟货币，如图 4-34 所示。这些虚拟货币可以在学习平台上换取学习道具，如魔法药水、加时器等，用来在学习过程中增加答题时间、优化练习成绩、加速积累虚拟货币等。

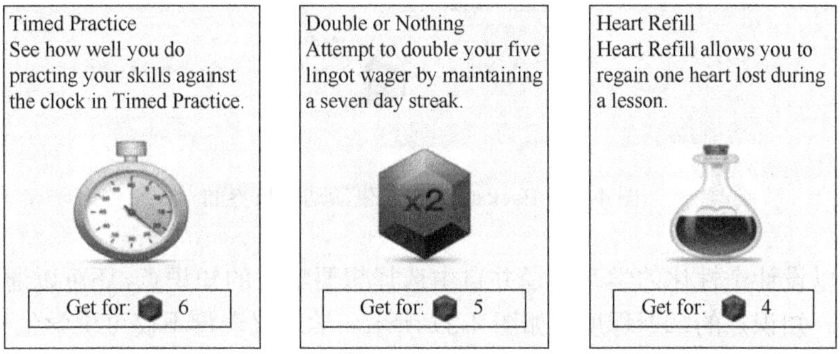

图 4-34 Duolingo 学习仪表盘的学习道具

（2）Backstage。

Backstage 可以在面对面的讲座中将学生的活动形象化。学生可以将他们的信息活动与他们的同行进行比较。每个点的颜色，代表学生的个人值或平均值，根据颜色区分学生的分数评级，从绿色到黄色依次递减。Backstage 的一大特色在于其有色垂直数轴的设计，来帮助学生识别光点表示的不同类型信息。如图 4-35 所示，Backstage 的扩展版本显示了学生的活动（中间右侧线，标有“Me”），平均活动（中间左侧线，标有“All”），其他不同颜色的线条代表被选中的学生、未选中的学生及设置隐私不显示用户信息的学生。当移动鼠标光标到各点上时，界面下方会显示与该学生相关的更多信息，如用户名、当前活跃状态、发帖数量、收到的帖子评分总数、收到的帖子的正向评分、被收藏的帖子等。学生在反馈活动中越活跃，代表他的点所在位置会上浮。

部分学习仪表盘既能为教师提供服务，又能为学生提供服务，包括 Khan Academy 课程仪表盘、SAM 及 Student Inspector 等。

（1）Khan Academy 课程仪表盘。

可汗学院数学课程的学习仪表盘，贯穿课程学习的整个过程，包括学习、练习、复习和测试等环节。如图 4-36 所示，要学的知识被精细切割为上百个知识点并可视化为由多个小格组成的“任务进度”图，其中每个小格代表并链接一个知识点中要完成的学习任务，其颜色深浅表示了学生对该知识点的掌握程度。

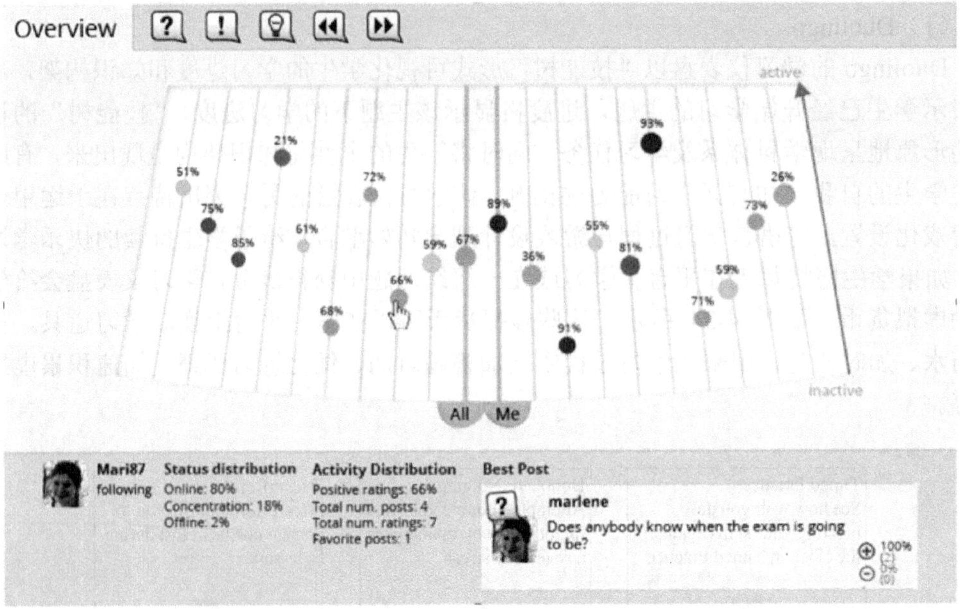

图 4-35　Backstage 中学生活动分析界面

学生可以设计个性化的学习路径并自由选择想要学习的知识点，还可以通过练习或测试提升对某一知识点的掌握程度，如图 4-37 所示。学习仪表盘不仅可供学生使用，教师、教学管理者、学习分析者都可以从中获得需要的信息。

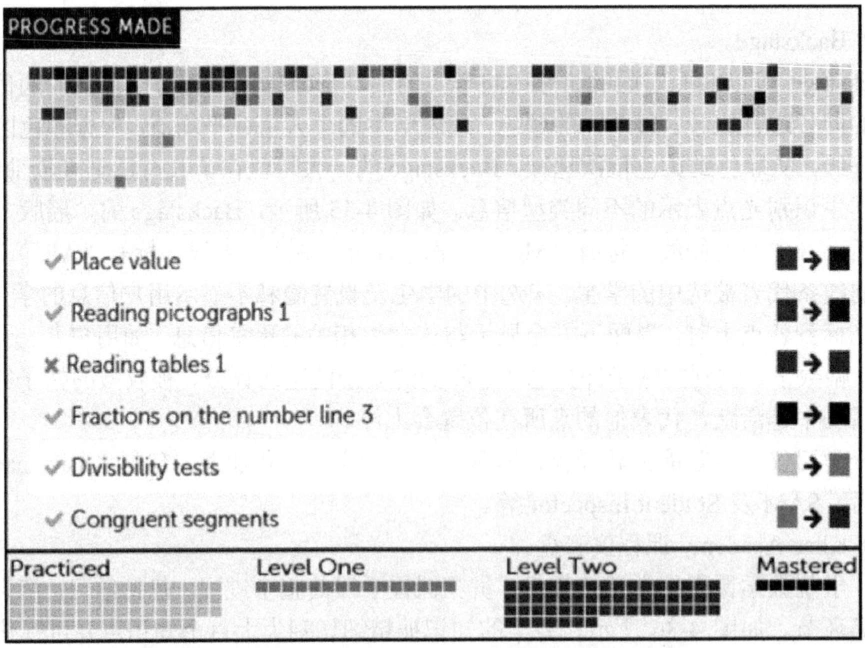

图 4-36　可汗学院数学课程学习仪表盘的学习进度图

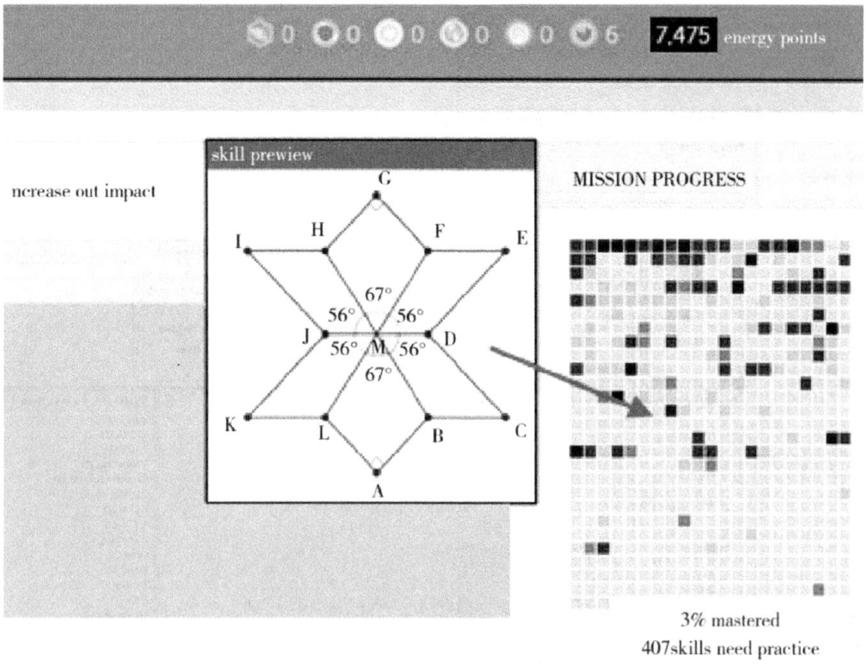

图 4-37　可汗学院数学课程学习仪表盘的知识掌握情况图

（2）SAM。

SAM（student activity meter）使教师和学生能够可视化学生的课程进度。界面中灰线显示了课程期间学生的时间花费。右侧的统计面板提供了更多详细信息，如最小、最大和平均活动数值。SAM 能够从各种学习环境中跟踪时间和资源的使用，并根据其不同环境配置功能各异的可视化图表，满足教师与学生的理解需求。

（3）Student Inspector。

Student Inspector 能够对学生的测试表现进行多方面的可视化分析，包括对学生典型错误的分析等。除了对学生自测情况的可视化分析之外，还支持对学生的学习提醒。图 4-38 给出了个人和团体的表现评分。学生的个人表现是通过对考试或测试成绩的平均值来计算的。学生可以使用该视图来了解每组的平均水平。教师可以通过多个方式查看学习团体表现，如学生团体选择（区域 1）、时间段选择（区域 2）、结果排序选择（按学生姓名或成绩分数，区域 3）、最低阈值设置（区域 4）。区域 5 根据前 4 项选择确认分析信息，区域 6 为根据之前条件分析出的可视化结果，包含个人信息与团体均值，区域 7 则显示未达到筛选要求的学生名单。

4.5.2　学习路径规划

学习路径是指在线学习过程中形成的学生对教学资源选择和加工的时间线索记录。好的学习路径是学生课程学习的脚手架，能够引导和支持学生达到预期学习目标。支持个性化学习的课程甚至会提供多种学习路径，以适应更多学习需求或学生特征。在课程

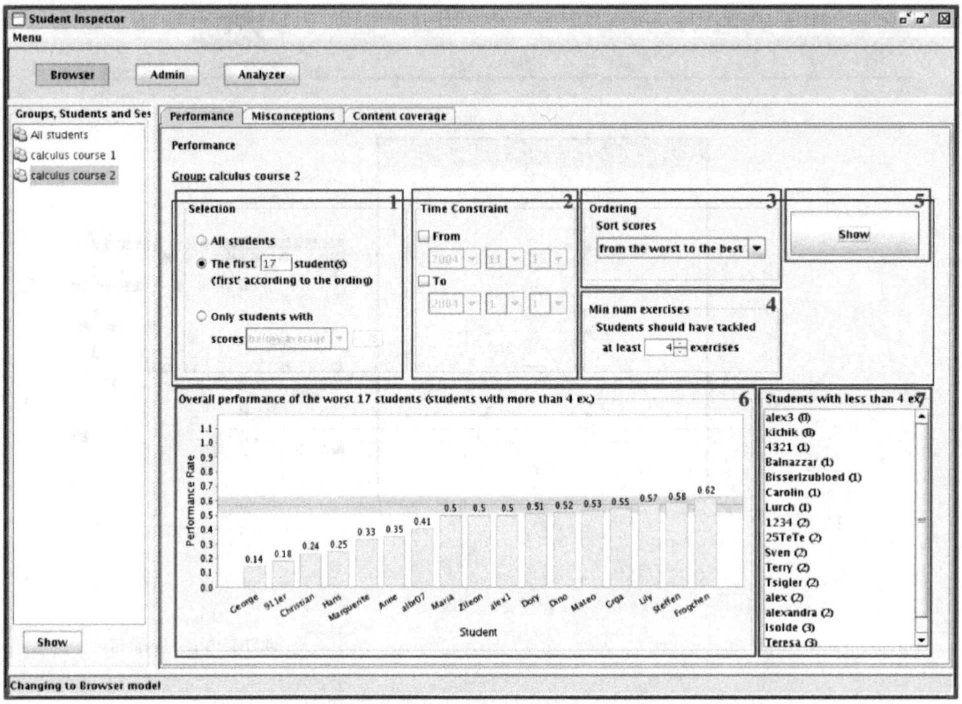

图 4-38　Student Inspector 学生评分图

实施过程中，将构成该课程学习路径的学习活动相关行为指标作为监测点，通过对相应行为指标数据的实时检测与分析，便可实现对学生个体和群体的学习路径和进度的规划指导。

1. 爱课程 MOOC

如图 4-39 所示，中国大学 MOOC 平台“现代教育技术”课程中的课程学习页面，清晰地呈现了建议的学习路径，包括每讲的活动列表，每个活动右侧顺序排列的活动子任务，

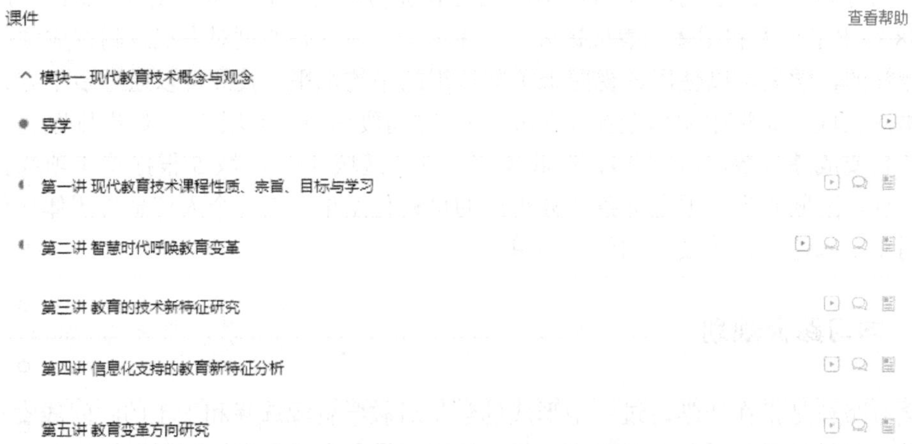

图 4-39　中国大学 MOOC 平台课程学习页面

这些任务通过反映活动方式的可链接图标呈现给学生。课程记录学生访问和参加活动及其子任务的情况，并将学习进度通过活动与任务的图标样式和颜色变化表征出来，学生未访问的活动和任务的图标是灰色。已经访问和完成活动的图标则变为绿色。这种在学习页面将学习路径和学习进度清晰呈现的方式将有助于学生对学习的自我监控。

2. Gooru

Gooru 旗下的 Learning Navigator 是免费的在线学习平台，能够给学生和教师提供高质量的教育资源和课程资料，并提供教学资源导航，帮助有效搜索最适用的学习资源。如图 4-40 所示，平台通过分析学生收藏行为，自动分类网上各种资源，让使用者从有序的目录中取得正规学习的线上辅助学习材料，根据测验试题以调整学习资源难度，并提供科学的学习资源选择路径，以帮助教师形成对学生完成任务的实时形成性评估，实时了解学生的理解进度，做出课堂教学的调整。

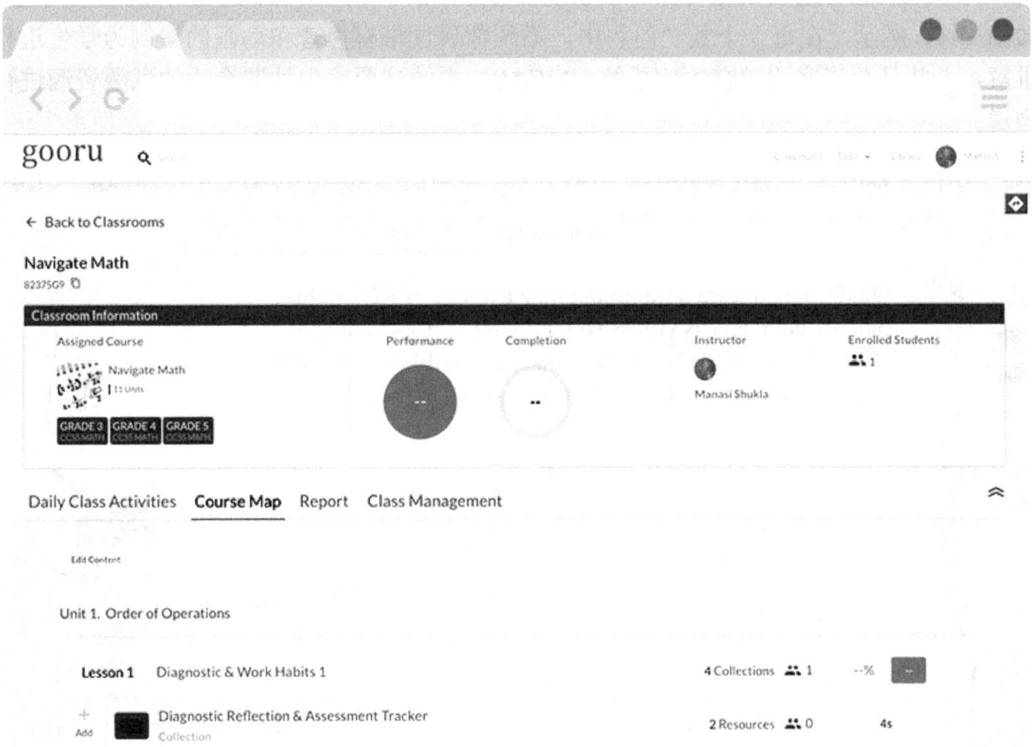

图 4-40　Gooru 中的学习资源推荐

此外，SACS（style-based ant colony system）采用蚁群算法来生成学习路径，在生成路径时考虑了学习内容的难度等级。PELS（personalized e-learning system）平台利用遗传算法来生成学习路径，根据答错知识点的关键词来产生合适的路径，并在生成路径时考虑了学习内容的难度和连贯性。

4.5.3　个性化推荐

如何解决学生因海量学习资源爆炸性增长所带来的信息迷航和认知过载问题，是学习分析领域的研究热点。在分析学生个性化特征的基础上，根据学生模型缩小学生资源浏览的信息空间，将最符合其特征的信息和链接呈现给学生，为其提供个性化学习资源推荐，是学习分析工具的主要应用场景。个性化学习资源推荐利用学生的个人或行为信息，建立学生和学习对象之间的二元关系，利用学生与学生之间的相似性、学生与学习对象之间的相似性挖掘学生可能感兴趣的学习对象。通过个性化学习资源推荐有利于减少学生查找学习资源的时间，发现学生潜在的学习兴趣，从而为学生提供个性化的推送服务。

Wayang Outpost 是基于多媒体的个性化推荐系统，它能够为学生解决常见数学问题提供广泛的教学支持。该系统在为学生进行问题讲解的同时，通过对学习过程和效果分析，为学生推送合适的试题资源。该系统设有虚拟的智能导师帮助学生解决数学问题，如图 4-41 所示，在每一个数学问题中，系统都通过带有声音和动画的案例为学生进行讲解，并从马萨诸塞州综合评估系统（MCAS）中的试题库中抽取合适的试题资源进行推送。

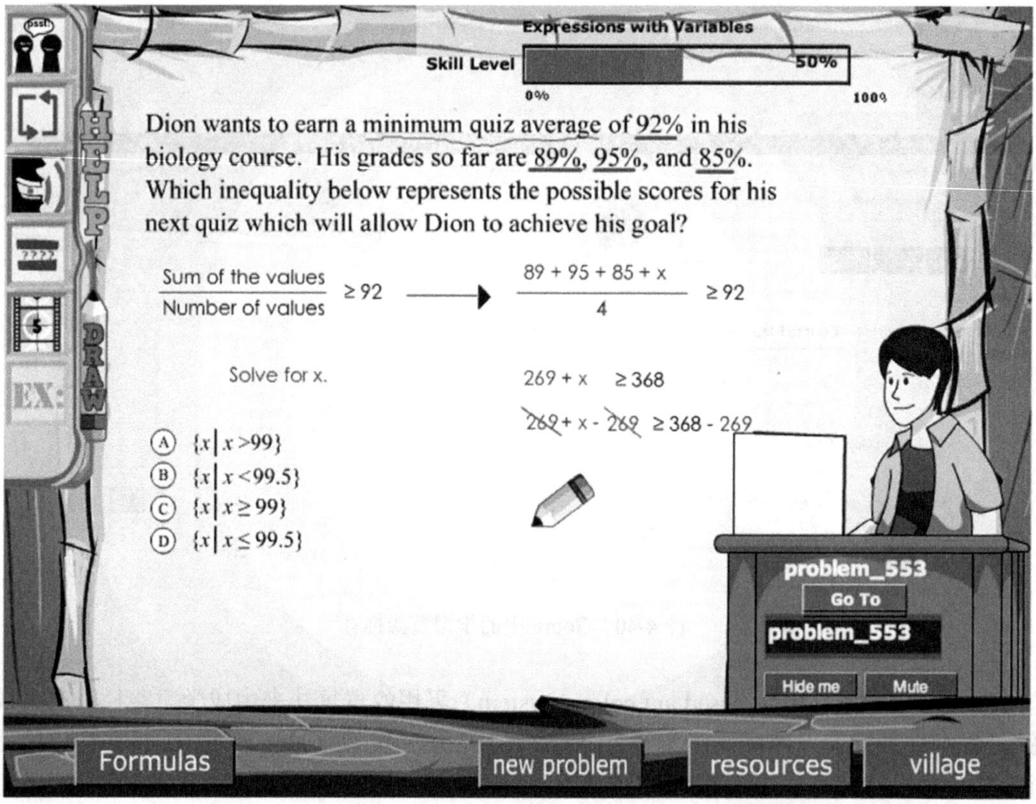

图 4-41　Wayang Outpost 系统中利用动画实现个性化测试资源的推荐

过去，奥斯汀皮耶州立大学的学生常常为如何选择课程而感到困惑，为了方便学生选择课程，学校开发了 Degree Compass 系统。该系统利用学生的入学数据和记录成绩，通过预测分析技术预测出学生可能在哪些课程中取得好成绩，然后对课程进行排序，最后由推荐模块为特定的学生推荐特定的课程集合。在推荐课程时，系统还综合考虑了课程与学生专业的匹配程度、课程在整个大学课程体系中的重要程度及课程对学生毕业的影响程度等诸多因素。2012 年秋季，学生开始使用 Degree Compass 系统，通过比较两组学生的成绩，研究人员发现 A、B、C 三个等级的成绩所占的百分比上升了 1.4%，从大一到大四的学生中都可以看到这个变化。

4.5.4 学习诊断与预警

诊断原指对人体的生理、精神疾病及其病理原因进行判断，学习诊断是将此概念应用到教育领域的形象术语。学习诊断的目标是确定学生对知识或技能的掌握情况及薄弱环节，为后续的学习补救、干预或个性化提供依据。近年来，教育大数据、学习分析和智能网络学习平台的逐步发展使得学习轨迹不仅能够得到记录进而形成全学习过程数据链，而且能够对学习过程和结果进行个性化分析诊断。而以深度学习、机器学习、自然语言处理等为代表的人工智能技术兴起，使得分析诊断技术更加智能和精准，基于学习内容和结果可以对学生的知识和能力水平进行智能化测评，以更好地服务于认知诊断。学习诊断系统包括对低投入、学习路径异常、学习进度滞后、“孤僻”、存在认知困难或能力局限等类型的学生的诊断区分。

学习预警是干预系统的另一种表现形式，学习预警系统通过信号灯、可视化学习结果等形式，让学生及时调整与反思学习策略。若学生学习状态不佳，系统会自动发送提醒以督促学生学习，若显示学生已经严重偏离学习轨道，系统会通知教师对学生进行人工干预。

1. Smart Sparrow

Smart Sparrow 采集来源于学生在线学习中的文本材料及在线学习行为数据，据此诊断学生学业能力、学习适应力。Smart Sparrow 不仅提供学业诊断，还可以根据学生的前期数据进行学前诊断，通过前后诊断的分析，提供前后学习成效对比，为改进教学提供科学依据。界面中左侧为课程学生等级分析，下方通过不同颜色对学生给出描述性标签，以诊断学生的单元学习效果和学习能力。

2. OLI

OLI（open learning initiative）仪表盘由卡内基梅隆大学开发，其原理与 Course Signals 仪表盘类似。如图 4-42 所示，OLI 仪表盘根据三个数据来源预测和可视化学习成果：当前课程成绩、任务时间和过去表现。若当前课程成绩低于教师指定的某个阈值，教师将看到学生在该课程的红色信号。当当前课程成绩高于该指定阈值时，其他课程的过去表现和任务时间被用来计算学生是否在轨（绿灯）或者是否需要改善课程活动（橙灯），与 Course Signals 仪表盘相比，OLI 仪表盘提供了更加细致的级别，如自我评估和活动评估等。

2007 年，美国普渡大学的研究人员完成了 Course Signals 项目的研发工作，并将其投入使用。在课程学习的早期，Course Signals 监测学生可能存在的学业风险，并为这些学生提供个性化的帮助。具体来说，Course Signals 给学生发送系统生成的自定义消息，鼓励学生重视学业，并帮助学生提高成绩，促进学生学业成功。Course Signals 的数据来源包括学生信息系统、内容管理系统及学生分数，并通过学生成功算法（student success algorithm，SSA）来判断学生当前的学业表现，Course Signals 把学业表现分为三种状态：低风险（正常）、中度风险和高度风险，分别用绿色、黄色和红色来表示。Course Signals 会根据学生在这门课的当前成绩、学习时长及学生过去的学业表现来判断学生的风险级别。当学生登录系统时，学生会看到其风险级别。在课程教学的过程中，教师可以选择在合适的时间运行 Course Signals，系统为教师提供了所有学生的评估结果和多种报表来帮助教师预测学业有风险的学生，教师可以给学生发送自定义消息或采取其他干预措施。

从 2007 年秋季引入 Course Signals 以来，截止到 2012 年春季，使用该系统的学生达到了 24000 名，有超过 145 名教师在至少一门课程中使用该平台。普渡大学的跟踪数据表明，Course Signals 有效提高了学生的整体成绩。与对照组相比，使用 Course Signals 的课程中，获得 A 或 B 的学生数目提高了 2.23%至 13.84%，获得 C 的学生数目降低了 1.84%至 9.38%，获得 D 或 F 的学生数目降低了 0.50%至 9.40%。

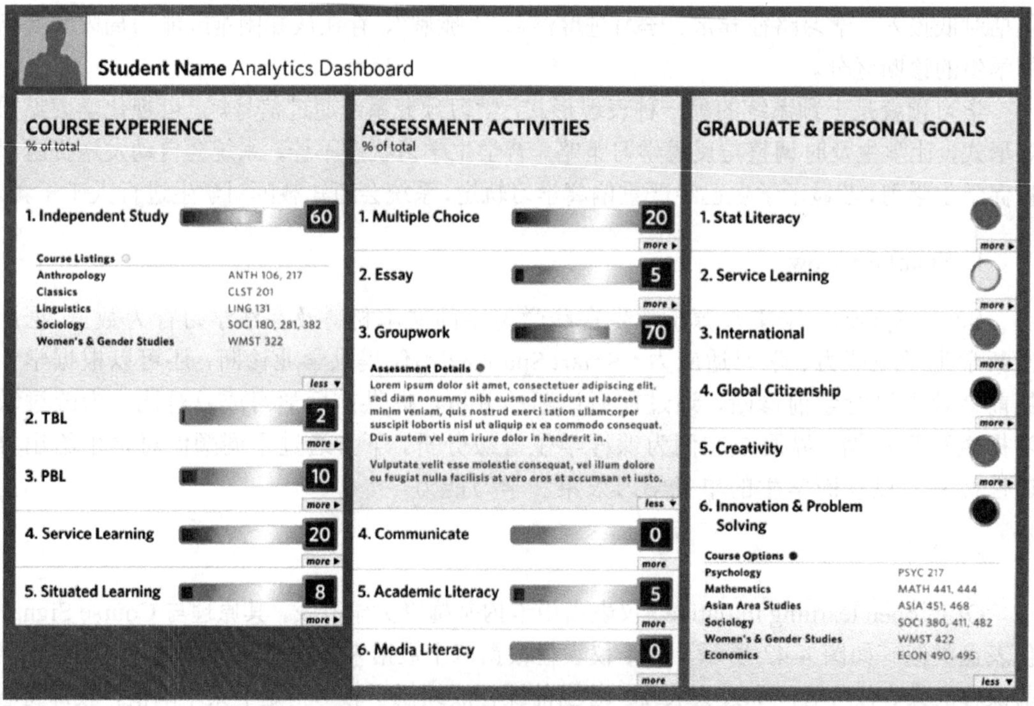

图 4-42　OLI 仪表盘的学习预警界面

在个性化学习推荐中提到的 Degree Compass 系统，也具有学习干预的功能。国内的海云天教育测评平台是通过测试、问卷、成长档案袋和量表等多种数据来源，提供考试评价、教育质量综合评价与监控、学生综合素质评价、学校评价等服务，并以可视化的形式呈现报告，其主要面向教育主管机构、中小学教师和学生。该平台不仅能够为学生提供评价诊断，还可以根据诊断结果提供处方性建议。慕华尚测平台同样专门为各级教育主管机构、高校、中小学校和个人提供发展性学业评价、学业潜能考试和素质测评等教育诊断服务。其诊断依据与海云天教育测评平台不同，慕华尚测数据分析来源于测试卷，通过命题技术、自适应考试技术、认知诊断技术、试卷等值等技术，对测试卷中的数据进行深度挖掘，据此提供认知过程和结果的诊断数据。

4.5.5　自适应学习系统

自适应学习系统，是能够根据学生的特征，如目标、兴趣、先前知识、其他偏好等，提供个性化内容呈现和导航支持的学习系统。自适应学习系统的运行机制可归纳为“用户建模与系统适应的循环”。在收集学生行为数据的基础上，自适应学习技术常常在综合指示板上显示可视化的数据以供教育者定期监控。自适应学习系统通常会包含若干学习仪表盘，以帮助学生更好地理解自己在课程中的进展，以及哪些习惯和活动能够更有效地帮助他们学习。教师仪表盘则展示更微观层面的数据，能识别出哪些学生可能处于课程不合格的风险当中，以达到增加学生保持率的目的。

1. Knewton

Knewton 是一种通用的自适应学习平台，能够支持跨学科、跨年级的自适应学习。通过数据收集、推断及建议来提供个性化教学。建立在大数据分析和推荐系统基础上，Knewton 能够实时根据学生的知识现状、学习兴趣、学习目标等因素，给学生推荐之后的学习活动，除提供智能辅导之外，还可为教师提供学习分析服务，为内容提供商提供学习内容分析服务，支持教师和内容提供商参与到优化学习的过程。图 4-43 给出了教师视角的学生特征分析，饼图是根据学生前期的课程数据分析显示的学生技能水平评估，从不熟悉到精通分成多个等级，随后各等级学生将根据其等级划分获得不同的课程与练习推送。

Knewton 采用了知识图谱、持续自适应、融合记忆曲线和建立终身学习档案等技术来实现个性化学习。知识图谱包含课程内容中概念和概念间的关系，系统根据学生在知识图谱中已经掌握的知识和学生的学习方式来自动生成学习路径。Knewton 的另一大机制是持续自适应，通过持续挖掘学生的成绩数据，对学生的学习活动进行实时反馈。基于该机制，学生完成一个给定的学习活动后，系统会指导学生进行下一个学习活动。当学生对某些问题感到困惑时，系统通过分析与试题相关的概念，能发现学生不熟悉的概念，然后会给学生推送关联的学习内容以加强对该概念的理解。此外，Knewton 还融合了人类记忆曲线，能够捕捉学生知识的起伏变化，依此判断给学生提供学习资料的时间和方式。与此同时，该系统会为学生建立个人档案，包含学生学过的知识及学习方式，能较好地作为个人学习情况和课堂教学质量的分析工具，实现可视化学习过程，尤其是对学习效果、参与程度和知识滞留做出可视化分析，从而实现对不同水平学生的“自适应”。

图 4-43 Knewton 自适应分析界面

Knewton 系统基于项目反应理论把学生的能力建模为问题表现水平，而不是测验表现水平。例如，在耗时 10 分钟且包含 10 道题目的小测验中，其中 2 道题目特别简单，2 道题目特别难，另外 6 道题目是中等难度。在参加考试的所有学生中，其中两个学生都答对 9 道题目，一个学生答错 1 道简单题，而另一个学生答错 1 道难题。在传统分级方法中，这两个学生都得 90 分，等级都是 A，并且安排他们进入相同的下一场考试。但在 Knewton 中，由于答错的题目对应的是不同难度，还有可能对应不同的知识点，对学生能力的测试结果会大不相同。

Knewton 的内容推荐系统可以满足不同兴趣和不同学习风格学生的需求，并根据学习的顺序和进度不断调整。不同学生的 Knewton 教材会因为他们的使用习惯而存在差异，同一篇文章篇幅的长短也取决于学生的具体表现。如果某位学生对“细胞分裂”的注意力在开课 15 分钟后持续下降，那么下次上课的时候，Knewton 会在第 14 分钟时停止推送“细胞分裂”的内容。同样，如果某位学生对视频教学反馈良好，系统会持续推送视频内容而不是文本和音频内容。

2. MyMathLab

培生教育集团的 MyMathLab 产品使用了 Knewton 引擎，其 Study Plan 模块即为学习路径生成模块，不仅展现了 Knewton 中的知识图谱，而且用不同颜色对概念进行了标注。例如，绿色表示已掌握的概念，红色表示未掌握的概念，蓝色表示当前推荐的概念，白色表示学生还没有接触过的概念。2012 年，美国东卡罗来纳州立大学开始使用 MyMathLab 来教授大学代数这门课程，通过比较 2007～2011 年使用该平台的平均成绩，以及 2012～2013 年使用该平台的平均成绩发现，春季的成绩中得到 A、B、C 的比率从 53.2%上升到 70.9%，表明具有学习路径规划功能的学习分析系统能显著提升学生成绩。

3. DreamBox

DreamBox 适用于基础教育领域的数学课程，是辅助课堂教学的智能导学工具。DreamBox 能够在课程中和课程间进行持续的形成性评估，每小时能分析超过 48000 个数据点，通过对间隔时段数据点的分析，在合适的时间推送课程，以此来保障个性化学习体验。在课程中，DreamBox 会持续捕捉学生学习数学知识时，因为理解错误而造成的误差，通过填补理解误差来确保学生在进入新课程之前都能够理解概念。

DreamBox 中集成了仪表盘工具 DreamBox Insight。DreamBox Insight 使管理员和教育工作者能够轻松访问实时性能数据。图 4-44 给出了有关学习趋势的信息、学生活动和熟练程度等信息，教师可以根据学生的实时熟练度数据快速识别班级、小组或特定学生的学习进度。

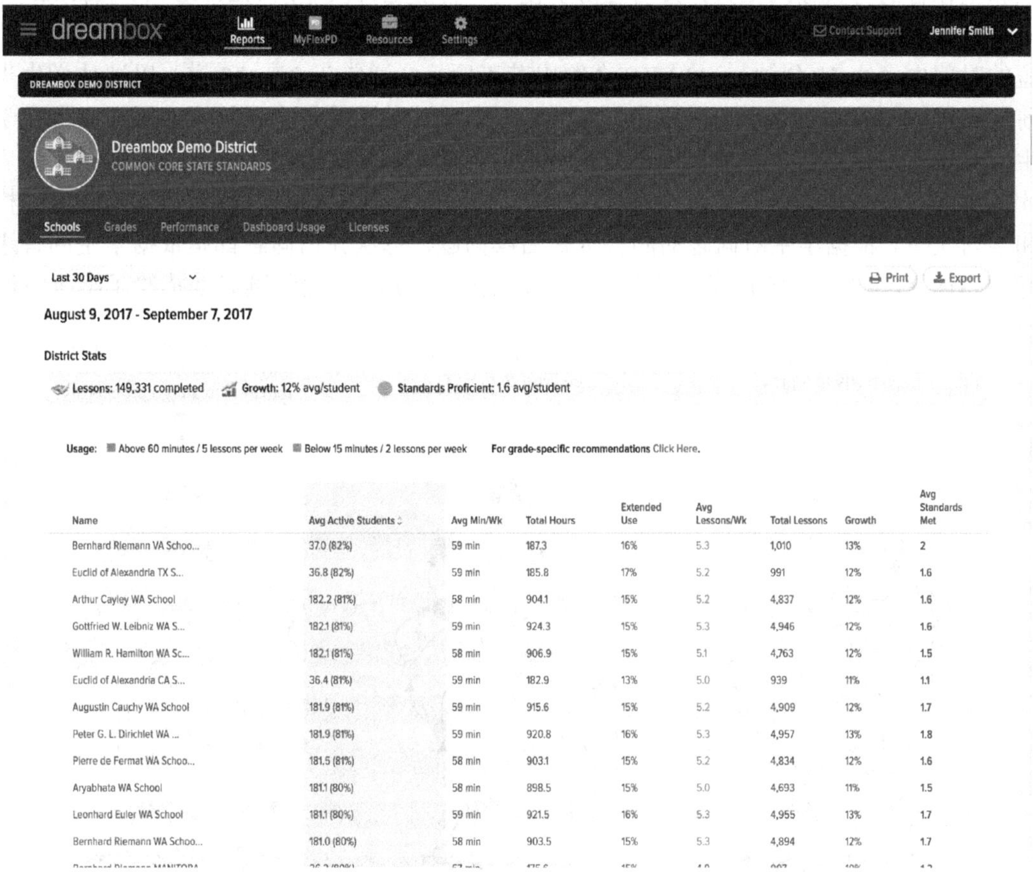

图 4-44　DreamBox Insight 中学生学习课程报告

4. ALEKS

ALEKS（assessment and learning in knowledge spaces）由来自美国纽约大学和加利福尼亚大学欧文分校的团队联合研发，团队组成具有跨学科背景，成员包括软件工程师、数学家和认知科学家等。ALEKS 系统是以世界知名数学家和认知科学家“知识空间理论”

为基础，通过吸收一系列的研究成果开发而成。ALEKS 的核心是人工智能引擎，能够对每个学生进行连续不断的测试。ALEKS 使用适应性提问快速准确地确定学生的知识掌握情况。在学习主题中，学生可以选择准备学习的主题。ALEKS 提供了关于主题的若干练习题，这些问题具有足够的可变性，学生只有在深入理解的基础上才能正确作答。若学生不理解某个特定主题，系统会给出完整的解释。当学生能够多次在问题解决中做出正确的回答，系统会认为该学生已经学会了这个主题，从而为其选择下一学习主题。当学生学习新主题时，ALEKS 会更新学生的知识地图。

为了确保学习的内容能够长时保留在记忆中，ALEKS 会定期重新评估学生，并根据结果调整学生的课程网络。学生必须通过即时产生的多种问题的测试，通过 ALEKS 的课程测试表明学生真正地掌握了该课程。ALEKS 避免了多项选择问题，使用类似于纸和笔作答的答案输入工具，灵活且易于使用。当学生首次登录 ALEKS 时，ALEKS 先向学生展示一个简短的教程以帮助其了解如何使用 ALEKS 答案输入工具。之后，在较短的时间内（约 45 分钟），ALEKS 会给出若干题目（通常为 20～30 道）以评估学生当前的课程知识。在主题学习过程中，ALEKS 还为学生提供了配套的练习题，只有在学生学完所有主题内容，答对所有的练习题后，ALEKS 才认为学生掌握了该主题，然后才能进入下一个主题学习。每当完成主题学习后，ALEKS 会及时更新学生的知识结构和学习状态。根据学生对问题的回答选择后续问题，每次评估问题都是依据学生回答进行动态选择。如图 4-45 所示，当学生完成评估时，ALEKS 已经准确地描绘了学生对课

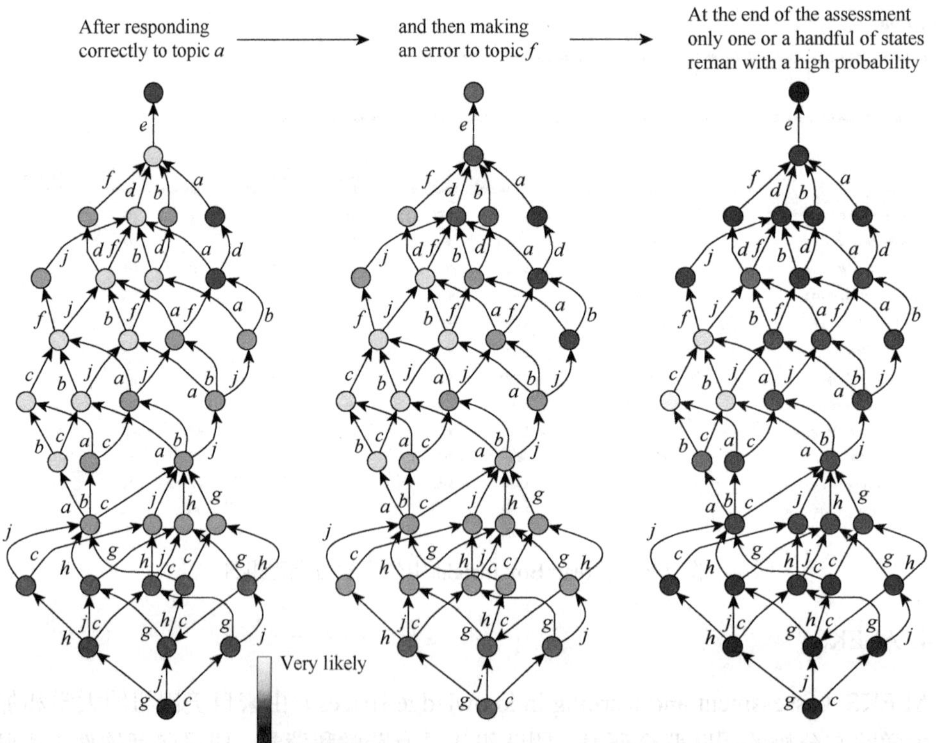

图 4-45　ALEKS 课程多色网络图

程的掌握情况与解答路径，从而形成学生的课程多色网络图。图中各题目知识点的相似性用不同颜色表示，色谱图从下方到上方代表非常相似到非常不相似，相同的知识点不具有连接性，连接线代表了某个知识点在学习中的题目解答路径。

5. TOEFL Online

TOEFL Online 是国内首款自适应英语学习系统，TOEFL Online 由在线英语学习平台设计开发，旨在明确学生的能力缺陷，提供更好的针对性训练。自适应英语学习系统的关键是构建学生的英语能力图谱，即能够描述英语学生能力状态的图表。TOEFL Online 通过对有经验老师的访谈、采集，构建出人们的英语能力模型，再经过算法实现。在具体的学习流程上，TOEFL Online 由方法课、线上练习和陪练课组成。进入练习环节的学生将首先进行测试，依据测试结果，系统将为学生推送未来十天的练习规划，并在接下来的学习过程中以十天为单位进行测试，根据学生状况不断调整学习计划。图 4-46 给出了面向学生的学习仪表盘截图，包含了课程进度、已有课程和相关资源等信息，该部分内容受前期测试和已学课程的影响，不同的学生会收到不同的推荐资源，以安排符合其技能的课程计划。

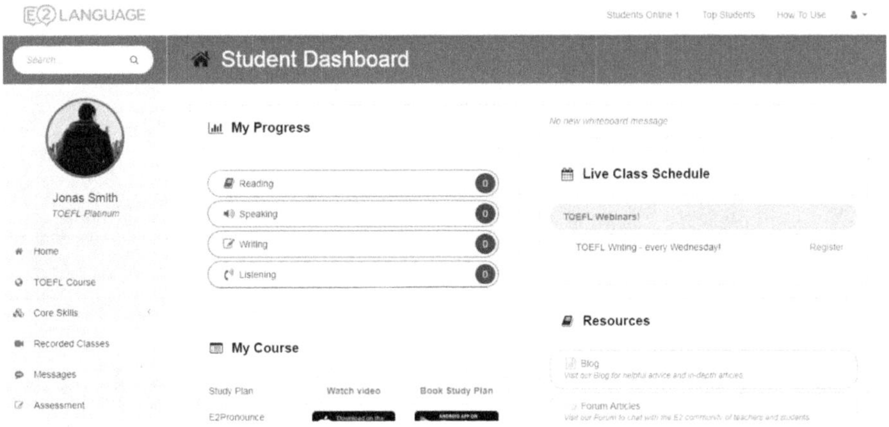

图 4-46 TOEFL Online 学习仪表盘

以上分别对个性化学习诊断、学习路径规划、个性化学习推荐、学习诊断与预警及自适应学习系统进行了介绍。可以看出，学习分析工具早已走出实验阶段，一大批项目已成功应用到实际教学过程中，甚至进入商业推广阶段，服务于成千上万的学习者。无论是基础教育还是高等教育都正尝试利用学习分析技术来提升教学效果，并取得了令人瞩目的教学效果。需要指出的是，上述分类并非有十分明确的边界。例如，学习诊断与预警是很多学习仪表盘的功能之一，个性化推荐通常也会包含路径规划的要素，自适应学习系统通常又包含多个学习仪表盘的呈现。伴随智能教育时代的来临、研究与应用的不断深入及智能学习者模型、领域模型和适应规则的迭代更新，建立在更开放平台及更多维海量教育数据基础之上的学习分析工具一定有更广阔的应用前景。

思考题

（1）结合所学专业，根据本章所学建模方式，设计学习者画像并展开阐释。

（2）对比本章 4 种个性化推荐方法，阐述各推荐方法的优缺点，并举例各推荐方法在教育中的适用性。

（3）结合可视化思维指南，举例对过程性学习数据进行描述与展示，并解释选择该可视化方式的原因。

（4）根据信息设计的定义与内涵，设计一个学习分析工具。

（5）阐释学习仪表盘的本质，从量化学习的角度论述其对教学的作用。

（6）根据学习内容，任选 2 种学习分析工具，进行深入了解和尝试使用，并撰写研究报告。

第 5 章　学习分析工具设计

学习目标

（1）理解学习分析工具的一般设计流程。

（2）例证如何应用学习分析支撑个性化教学。

（3）掌握学习分析在教育领域中的应用类型。

（4）理解学习行为投入的概念。

（5）了解学习行为投入可视化分析工具的设计过程。

核心概念与内容结构

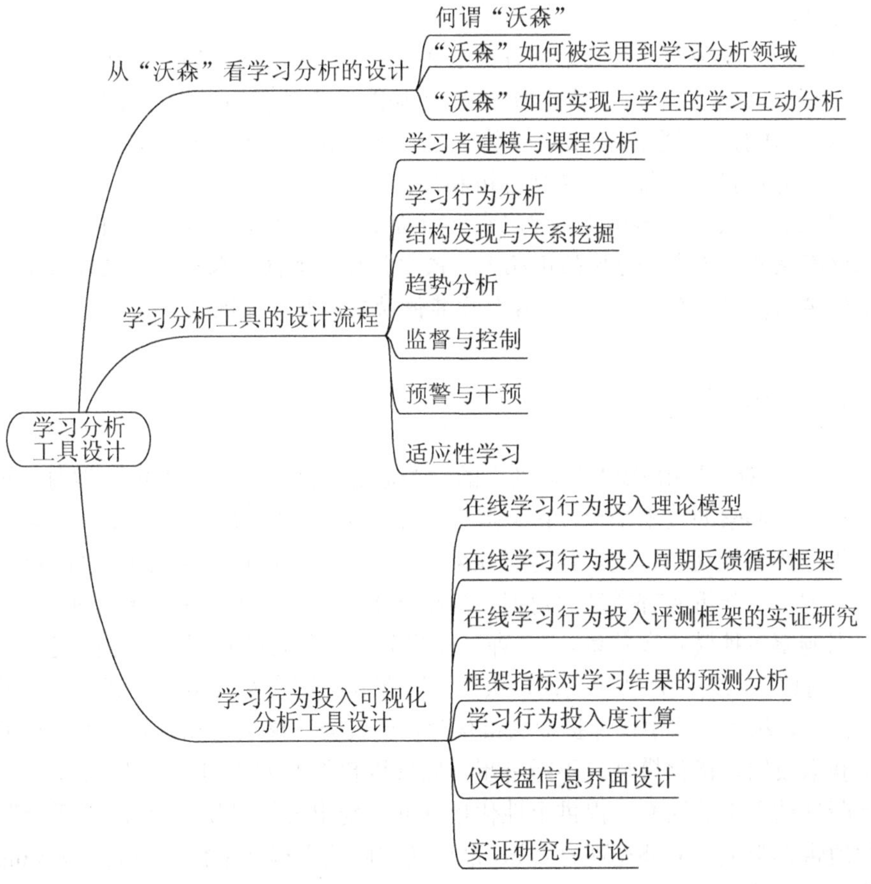

5.1　从“沃森”看学习分析的设计

学习是一个动态的过程，学习过程在教学资源、教师和学生的交互中产生。学生的学习交互能力也是衡量学习效果和学习质量的一个重要指标。我们可以通过应用学习分析技术对教学环境中各种要素之间的互动过程进行探究，挖掘学习互动行为对学生学习质量的影响，进而阐释学习分析工具的设计流程。

一般来说，教学过程中存在着三种类型的交互，包括学生与学习内容的交互、学生与教师的交互及学生与学生之间的交互。教学中交互行为水平的高低，是影响学生知识建构水平和学习质量的关键因素。教师、学生、环境等都是影响学习过程和学习效果的主要因素，其中教师是最核心的因素，起着非常关键的作用，直接影响学生的行为和师生互动的产生。学生与内容（资源）的交互是非常重要的环节，学生在此过程中可以获得新的知识与技能，学生的认知结构、偏好和对知识的认识都可以在与内容的交互中改变。学生与学生交互则强调学生共同解决问题、分享观点及信息，能帮助学生建立所需的知识和技能。学生之间的互动在运用和评估新知识方面尤为重要，能发展学生的人际交往能力，促进协作技能的提升。

教学系统中的各种交互行为之间存在着关联关系，通过记录学生交互内容的数量和质量，教师可以判断学生的学习互动能力，并对互动能力比较弱的学生进行有针对性的辅导。我们以美国 IBM 公司开发的智能互动系统“沃森”系统为例，为大家详细呈现学习互动是如何发生，并在我们的监控下实现分析和反馈的。

2016 年夏天，美国乔治亚理工学院在一门研究生课程中试行了一个叫“沃森”的教学助理，在没有宣布“沃森”身份的情况下，校方就让这个机器人助教通过线上平台为学生答疑，通过实验，学生们评价说“沃森”比其他助教回复得更迅速。

5.1.1　何谓“沃森”

实际上，“沃森”是由 IBM 公司推出的一个通过自然语言处理和机器学习、从非结构化数据中解释和洞察的技术平台，它是基于交互性对话、自动化问题生成、学习分析、差异化技术集成的智能互动系统。作为一款采用认知计算系统的人工智能，“沃森”能够通过自然语言理解、分析所有类型的数据，包括文本、音频、视频和图像等非结构化数据，并透过数据洞察各种模式和关系。“沃森”能将散落在各处的知识片段连接起来，进行推理、分析、对比、归纳、总结和论证，从而获取深入的洞察及决策的证据，再通过基于证据的学习能力，从大数据中快速提取关键信息，像人类一样学习和认知，在交互中通过经验学习来获取反馈，优化模型，不断进步，实现以自然的方式与人互动交流。“沃森”助教可以不断评估学生的回答，提供个性化指导并识别出常见错误。此外，“沃森”助教还能针对性地告诉学生如何补充现有知识，最后通过向他们提问来检查他们对知识的理解程度，并明确指出他们在哪些方面取得了进步，在哪些方面仍需努力。

与传统遵循严格的决策树的计算方法不同，“沃森”采用的是认知计算方法。“沃森”及其认知能力可以反映人类专业知识中一些关键的认知元素，这些系统能够像人类一样经过观察、推断、评估、决策四个关键步骤，思考并推理问题，从而进行有效的决策。传统计算方法只能处理井井有条的结构化数据，如储存在数据库中的数据。与传统方法不同，“沃森”能够理解占当今全部数据的 80%的非结构化数据。这些信息包罗万象，由一批人创造，又由另一批人使用，灵活而又模糊。作为自然语言，人类语言难以解析，某些习语更是十分具有挑战性。在面对文本时，“沃森”不仅像搜索引擎那样进行关键字匹配或查找同义词，更会像人一样去解读文本，他会从上下文语境、语法规则等多方面对文本进行理解与解读，从而更准确地去理解每一个学生所要表达的观点或提出的疑问，对学生意图进行更准确、更有效的把握。

5.1.2　“沃森”如何被运用到学习分析领域

图 5-1 以数据流的形式呈现了“沃森”系统的实现方式。

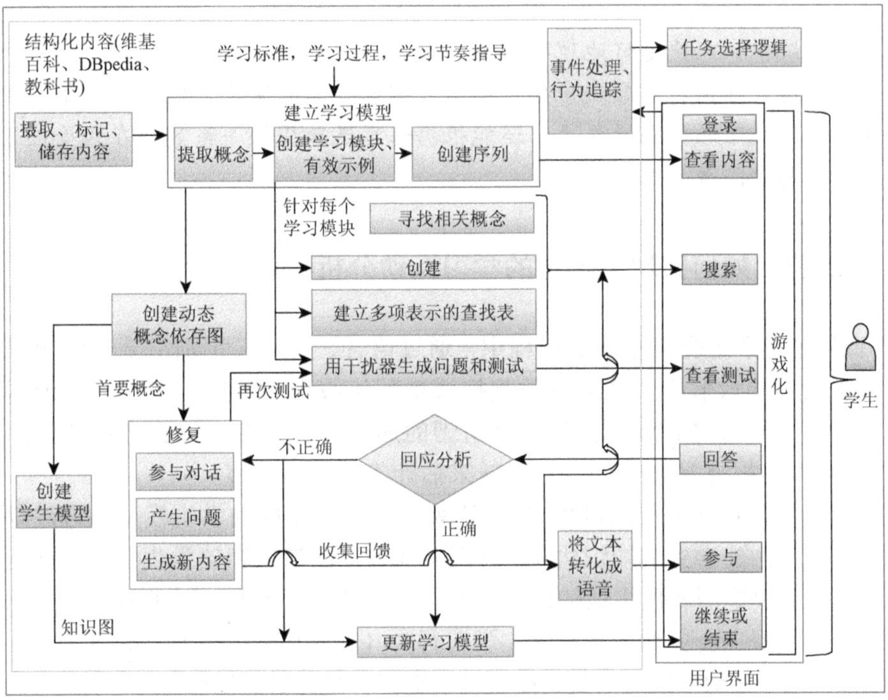

图 5-1　“沃森”系统数据流框架

“沃森”的主要功能就是基于学生模型的学习互动分析应用。当“沃森”初次被应用到教育领域时，它会学习教育领域特有的语言、术语及思维模式。“沃森”会基于教育实践和教育领域内多达数千页的最优秀的技术文献进行标准评估。例如，从 OER、Commons、Khan 等开放资源中获取结构化和非结构化内容并将其摄取到学习内容中心，使用内容分析来进行标记、索引和提取概念，检测主题并注释非结构化数据。

由于不同地区的教学节奏、教学进度是不同的，统一的规模化教学设计就存在着明显的劣势。"沃森"互动系统使用如下一代科学标准和指南等对课程进行排序，并创建种子概念依赖图。图中的节点将是概念，边缘将是如"先决条件"或"部分"之类的关系，同时参考模型（如 SCORM）之类的标准指定用户可以体验学习对象的格式和顺序。图的每个节点都将与一组学习内容、工作示例和评估问题相关联。

除此以外，在专家的指导下，"沃森"能够建立教育学领域的知识语料库，收集各特定分支领域的知识信息。语料库收集从装载文献的相关部分开始，语料库构建还需要一些人工辅助，对信息进行精选，摒除对教育领域而言所有过期的、欠考虑的或者不重要的信息。接下来，"沃森"会对数据进行"摄取"，构建索引和其他元数据，创建一个知识图谱以便更准确地回答问题。在摄取语料库之后，"沃森"需要接受人类专家的培训，学习如何理解信息。

为了使"沃森"学习如何最佳响应并且获得发现数据模型的能力，"沃森"合作伙伴和专家会通过机器学习方法来训练它，专家会把训练数据以基本问答的形式上传到"沃森"，但这并不是为"沃森"提供所有问题的明确答案，而是教会它这个领域中数据含义所对应的语言模式。在接受了问答训练之后，"沃森"会通过持续交互继续学习并将反馈输入系统中，以便更好地理解信息。同样，新信息发布后，"沃森"会进行更新，以便能够不断适应任何特定领域中知识和语言阐释方面的变化。现在"沃森"已经具备回答高度复杂情况下的问题的能力，还能根据证据迅速提供一系列潜在的响应或推荐，同时也能发掘其中隐藏的信息。

5.1.3 "沃森"如何实现与学生的学习互动分析

"沃森"在与学生交流互动的过程中，通过语音、文字等识别出某个问题或查询中的部分词语后会生成假设，然后寻找支持或推翻该假设的论据，根据每个论据的统计建模结果对每个片段进行评分，也就是所谓的加权得分。在对论据进行评分和排名过程中，"沃森"会根据答案响应率的高低来估计答案的可信度。

同样，在学习互动分析的过程中，"沃森"会建立相应的学生模型，通过叠加简单的贝叶斯模型来创建学生的知识状态，进而创建知识图谱来存储学生在各种问题和测试中的原始表现。模型需要使用最初稀疏的数据进行验证。但是，随着收集的数据越来越多，将使用的模型也会更加丰富。学生学习行为（如与内容的互动，包括点击、提问、回答、鼠标移动、互动持续时间等）都可以被选择性地跟踪，以衡量对学生行为的影响，也可以用来预测并干预学生的下一个行为。例如，如果交互日志显示学生在某些材料上花费了过多的时间，则可以根据内容的不同进行建议。除此以外，智能辅导系统也能根据学生模型或之前的表现给学生定制课程计划和学习方法，还能实时回应学生的测验内容来判断学生的答题情况。如果学生选择了错误的答案，系统将遍历相应的推理路径以帮助学生及时纠正。

"沃森"互动系统主要提供游戏化和对话两种参与方式。通过游戏化的方式，可以观察并对学生活动做出反应，从而实现对学生的指导。为了保证学生参与的持续性，系统通过积分进行奖励，根据学生课程计划解锁学习模块。当学生对测验做出错误回答或寻求帮助时，“沃森”的对话服务将被触发以帮助他们解决问题。对话服务使用自然语言处理、概念匹配、模糊逻辑和启发式搜索，能够提供非常有吸引力的、反应迅速的、富有表现力的对话服务，并以高可信度为特定类型的问题提供答案。为了获得一些更深层次问题的最佳答案，系统会使用问答配对进行训练并生成多个答案，同时，会使用复杂的技术来选择最佳候选答案。

如下案例更好地呈现了“沃森”系统是如何进行互动的。

如图 5-2 所示，一个初二学生 Dave 想要学习物理知识并通过考试，关注的重点是“宇宙”这一章内容。Dave 之前使用过辅导系统，因此“沃森”根据之前的数据保留了他的学生模型。一旦 Dave 登录，“沃森”就会注意到他正在学习引力概念，并建议对该主题进行辅导。在辅导期间，如果 Dave 希望学习重点内容“加速度”中涉及的相关概念，系统就会使用各种互动技术对 Dave 进行评判。当 Dave 准备好时，系统会先提供一个测验，如果在测验中 Dave 的答案不正确，那么“沃森”就会尝试通过围绕先决条件概念作为问题来进行排除，以对话形式来帮助 Dave 解决问题。如果 Dave 决定学习某个先决条件概念（如自由落体），那么系统就会为其提供更多的相关内容。

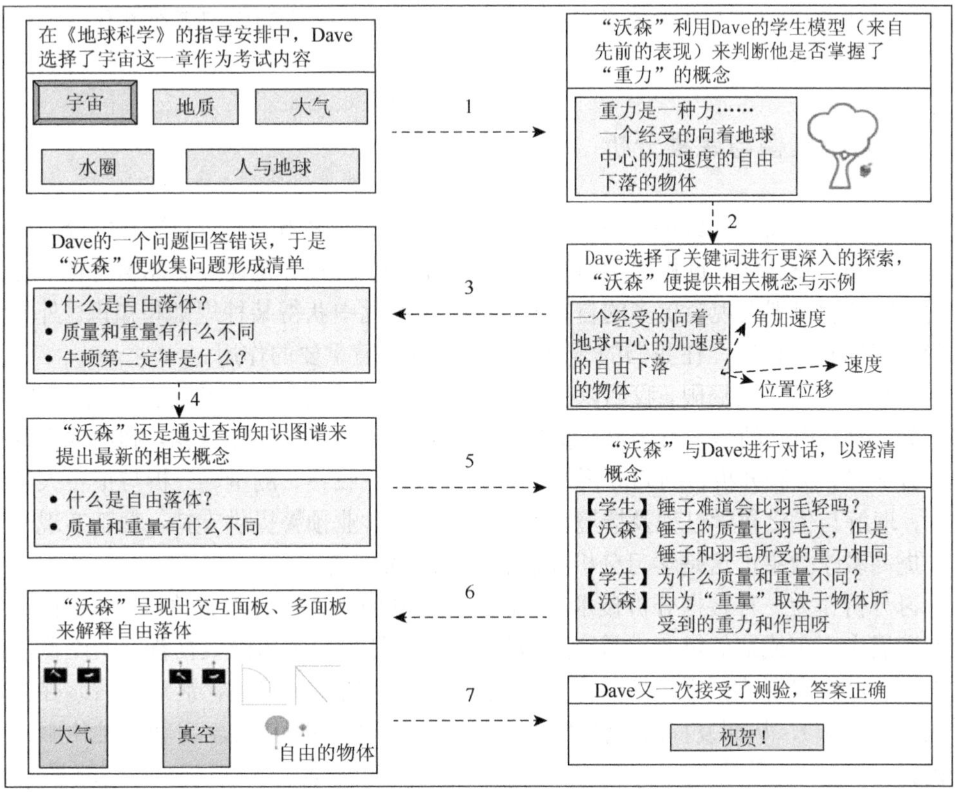

图 5-2　“沃森”系统互动案例

实际上，“沃森”能够对大量数据进行分析，并且能够将洞察到的东西转换成具有创造性的想法来协助学生发散思维、帮助教师做出更为科学有效的决策。在学生的学习与教师的教学过程中，“沃森”不但能够为某个问题提供精确的回答，还可以从大量数据中挖掘相互关系，从而提高师生对专业知识的获取速度。更有趣的是，智能辅导系统是个“有个性”的系统，它会根据学生的反应不断调整自己的声音、语调和口音，以满足每个学生的适应性和个性化。

从上述案例中可以看到，学习互动行为是影响学生学习质量的主要因素。基于大数据的学习分析不仅能够通过运用学生学习行为数据来预测学生的学业成绩，发现学生的不良学习行为及影响学生个性化学习的因素，鉴别出在学业上需要帮助的学生，还可以预测学生的学习行为，帮助学生设定自己的目标，并跟踪他们的学习进展，让学生获得自己的学习数据。学生可以使用数据点的交互信息，确定他们的目标是否达成或确定采用什么策略。这些数据还可以对学生进行指导，使学生在自己的学习过程中发挥更大作用。

5.2　学习分析工具的设计流程

本节从学习者建模与课程分析、学习行为分析、结构发现与关系挖掘、趋势分析、监督与控制、预警与干预、适应性学习等方面，详细介绍学习分析在教育领域中的具体应用，为大家呈现如何让学习者产生的学习行为数据说话，让数据成为学习者个性化学习和教师决策依据的重要支撑。

5.2.1　学习者建模与课程分析

学习是个体获得行为经验的过程。从学习的意识水平来看，人们的学习可分为外显学习与内隐学习。外显学习过程中学习行为一般受意识的控制，是需要意志努力的、有目的的学习。内隐学习则表现为更多的自动性，在不知不觉中获得某种规则和知识。外显学习与内隐学习的相互作用，在我们的学习和生活中发挥着重要的作用。

由于技术与工具的局限，我们以往对学习者的分析只局限于那些能直接测量的、可观察的行为，而对内隐的学习行为潜能的研究，一直缺乏一手的实践数据。利用数据挖掘算法、机器学习、关联分析、回归分析等学习分析技术，收集、测量、分析与报告大量的学生数据，理解与优化教学过程及情境，为教学决策、学业预警提供支持，真正实现个性化学习，提高教学效果，这是学习分析在教育领域的价值所在。

学习分析作为一种数据分析技术，被越来越多地应用在各种教育情境中，正在成为促进教育发展中不可或缺的核心力量。它通过对学习者外显或者内隐数据背后所隐藏的信息加以挖掘（结构发现或关系挖掘）、分析（学习行为、情感、趋势、活动评估）并有效利用（预测或干预），从而发挥最大的教育效益。这也为实现适应性学习和个性化服务带来了契机。

面对成千上万的不同学习者，我们如何对他们的信息加以分析，真正实现不同个体的个性化服务呢？

一般来说，在个性化服务系统、个性化搜索引擎、社交网络及电商网站中，对用户进行个性化服务都要对用户进行兴趣建模。同样，在数据分析之前，我们需要构建合理的用户数据分析模型，也就是我们常说的学习者建模。用户数据分析模型是关于单个用户或一个用户组的信息与假设的集合，这些信息与假设存储在一个知识库中。概括地说，学习者建模是对用户信息的一种表示，即什么样的数据代表什么样的信息，这些信息对教学过程的各个方面又有着何种意义。在没有用户模型的系统中，系统的表现对所有用户都是一致的。

学习者建模一般可以通过两种方法实现：一种方法是通过示例学习者建模，它是指由用户提供与自己兴趣相关的示例及类别属性来建立用户模型。用户对自己的兴趣和偏好等最有发言权，因此由用户提供的有关自己兴趣的示例最能集中、准确地反映用户的兴趣偏好等特点。另一种方法是自动学习者建模，它是指根据用户的浏览内容和浏览行为自动构建用户模型，建模过程无须用户主动提供信息的建模方法。自动学习者建模实际上是改进了示例学习者建模方法中的示例获取途径，将其转化为无须用户标注的自动示例获取方法。通过对用户浏览页面的聚类和分类，就能够得到用户感兴趣的主题，从而实现自动建模。

在诸多个性化服务中，因为建模目的不同而需要分别采用不同的建模方案。下面我们通过案例的对比来感性地认识一下学习者建模的过程。

某学校要建立一个面向学生用户的学习分析系统，实现对学生的个性化学习推荐。在做前期的模型设计时他们遇到了一些问题，是建立学生模型呢，还是学生兴趣模型呢？

【思路解析】

由于每个用户都有很多不同的特征，人们对哪些特征可以帮助分析学生的学习有不同的看法，对不同特征的提取就会构造出不同的用户模型。一些用户模型的主要功能是去识别用户的学习计划、跟踪其学习进度；另一些用户模型主要用来评价学生的学习情况、学生解决问题的能力；还有一些用户模型是用来描述学生在学习中所犯错误等。因此，我们要明确学校建立学习分析系统的目的。

【学生模型】

如果学校想构建一个学生模型，可能无须过多深究就可以知道它大概包括学生基本信息、认知水平、兴趣爱好等因素。而学生基本信息又可以包含教育背景、学习条件、学习环境等，认知水平则可以包含知识基础、学习能力、已掌握内容等，兴趣爱好可以包含学习习惯、学习动机、个人偏好等。学生模型并不是学生所有特征的表示，而是根据不同需要，对满足系统需要的部分学生特征因素进行描述和表示。

【学生兴趣模型】

如果学校想了解不同学生的个人学习兴趣爱好，那就需要建立一个学生兴趣模型。这时我们需要思考收集学生的什么数据，哪些数据能够表征学生的个人学习兴趣和爱好（即如何获得用户的有用信息）；同时还要对收集的数据进行学生兴趣的提取和表示（即学生模型的表示方法问题），以及长期兴趣、近期兴趣、即时兴趣的组织与维护，并在这基础上产生出学生兴趣模型。

通过案例我们可以看到，用户模型主要是用于捕捉并记录用户的需求兴趣点，通过建立模型来记录、管理用户的信息，描述用户可能的潜在需求。信息的获取、模型的表征、模型的维护机制，这些过程共同构成了学习者建模的体系。各环节之间联系紧密，前一个环节是解决后一个环节的前提或基础。模型采用的表示方法决定了信息收集时必须记录的信息，同时也决定了模型维护机制的组织结构。

1. 信息获取

模型的最底层由大量的学习者数据组成，因此，在进行学习者建模时，我们要考虑的第一件事就是获取用户的基础数据。教育领域中的数据量巨大，结构化数据、半结构化数据和非结构化数据并存。学习者的数据来源涉及学习者产生或发布的如学习管理系统、学生信息系统、个人学习环境、社会网络服务等数据，以及与学习者关联的智能数据，如课程数据、语义数据及其他可能关联的数据。要收集这些海量数据，尤其是学习者隐性学习行为的数据，从中获得对教学有价值的信息，需要复杂、高效的数据收集、技术和工具。前面的章节详细介绍了数据采集和处理的工具方法，这里不再赘述。

2. 模型表征

大数据时代，数据的采集是教育大数据生态较为重要的环节，数据的质量不仅体现了所表征的客观世界，同时决定了后期数据分析与成果转化的效果。因此，采集什么数据已经成为数据处理流程中最基础的环节。前面我们获取了学习者的基础数据，完成了对待分析数据的清理、标准化转换、整合、离散化、规约化的预处理。这里我们要做的工作就是按照我们的目的设计相应分析机制，也就是实现对行为数据的特征的提取，对模型进行表征，建立具有学习效益的行为特征数据库。

在认知心理学中，“表征”一词用来阐述我们如何在头脑中描绘外部世界，如何将表象组织成我们记忆中的知识，以及如何在其他情况下检索知识。“表征”是人们在认识复杂事物的过程中，为了达到相互理解而寻找的问题呈现方式。我们也可以简单地理解为是人们为了达成一定目的，通过赋予客体实际意义，进行知识传递、加深理解的过程。

特征提取是保证用户模型准确率最重要的工作之一。如何提取特征直接关系到数据分析和解释的结果。特征过少不能有效展示其与分类结果的关联程度，并且容易造成丢失信息的情况；特征过多会导致有一些冗余的干扰维度，反而干扰到最后的分析结果。因此，只有选择出合适的特征，才能使用户模型输出最准确的分类结果。

学习行为数据生长于教学与管理的实践中，因其聚焦于人，所以我们的数据表征就不能脱离学习者的内在精神世界与外在行为操作。其中不仅涉及社会不同场域，也涉及学习者单独个体的特殊性，如个体在教育过程中的行为、态度、情感、价值观等人们精神世界的外在表现。

教育是个复杂的系统，教育数据表征的内容，无论是涉及面，还是表现的形式等方面都具有多样性。对于同样的教学事件，我们可以从用户个体的立场出发，给予与该教学事件相关的数据以不同的表征方式，满足不同用户对数据的需求。同时，也可以从多维视角加深人们对事物的认识，促进更完整的理解，就像可以通过对学生的登录行为、资源浏览行为刻画学生的学习投入度一样，也可以通过学生信息交互行为等其他方面的数据来表征。

当然，在信息不充分的情况下，有可能导致对事物的理解是片面的。单一应用数据的表征呈现，尽管可以给出相关领域的某些统计学分析，但由于其以偏概全，表征的结果往往容易对教学决策行为产生误导。只有对与问题相关的各种要素进行多角度考察，寻找到有丰富意义的关联，才可得到用户行为数据的深层次价值。

3. 模型维护

在用户模型的数据表征过程中，我们要关注行为特征数据库中各因素间的关联与内涵的探究，针对分析结果提供即时反馈，对用户数据模型进行不断的更新和调整。

影响学生的个性化参数的信息类型大致可以分为静态和动态两个部分。静态信息是相对固定的，如个人信息，它可以由每一个学习者在学习之前通过注册来获得。动态信息是在学习过程中随着学习者动态更新的数据。由于用户信息会发生转变，对于动态信息的采集，只能通过一些跟踪机制来获得，以分辨出用户特征变化的差异，如学习者每次登录时间、各页面的停留时间、向老师申请答疑的次数等作为用户信息的获取方式。举个例子，用户兴趣模型的变化主要表现在兴趣度的衰减和强化两方面，并由此表现出用户兴趣的迁移。从整个用户行为历史来看，每个兴趣点被访问的次数是单调增长的，因此相应的兴趣度都在被强化；一个兴趣点如果在最近一段时间内没有被访问，则其兴趣度应该被衰减。

用户模型的维护是个需要不断迭代、调整、完善的复杂过程，具体涉及用户行为数据的方方面面，如对学习者的行为分析机制的维护、结构关系发现机制的维护、诊断与反馈机制的维护等。如下案例阐释了模型维护的具体过程。

某学校在实现学习行为数据的特征提取、分类和存储等工作后，需要对其特征数据库建立一套分析处理的维护机制，对学习者接下来可能发生的行为给出相应解决的策略。例如，对学习者进行个性化推荐时需要提前了解学习者的学习需要，同时可能要获取学习者的学习风格和偏好、学习适应度等。对学习诊断、学习反馈的机制和分析方法进行明确，这样才能实现资源的精准推送。

【学习需要的维护】

学习需要可以理解为学习者的学习动机，是学习者追求成功的一种心理倾向，包含内容兴趣和过程兴趣两部分。前者指学习者对学习目标及主题感兴趣；后者则反映学习者对学习策略的可预期，二者共同决定学习者对后续学习的参与程度。我们可以利用学习者在线经常访问的页面数据的不断更新来调整对学习者学习需要的预测。

【学习风格的维护】

对于学习主体，由于长期下意识行为而形成的学习习惯，可通过对学习者在使用在线学习平台产生的访问路径、对象、频率等数据的采集和分析，预测出每位学习者的个人风格及偏好，以利于后续学习计划的制订，以及系统资源的推送。

【学习适应度的维护】

学习者在使用系统的过程中是否与学习环境相融合，以及在学习过程中的学习状态是否良好，我们可以通过对学习者功能操作的交互顺畅度数据，或者是学习者停留页面的时间长短等数据的综合分析，实现对学习者学习适应度的动态分析和调整。

【学习诊断的维护】

为了便于学习者及时了解自身学习效果，使教师能够及时进行教学干预，应该建立一套包含即时性学习诊断与阶段性学习诊断的机制，以此对学习者将来可能出现的状态进行预先推断。可通过可视化技术、回归分析、人工智能、机器学习及人工神经网络，在建立因素与任务相关性映射的基础上，发掘学习者的学习动机、归因和自我效能感，从认知、效果、矢量关联的角度进行应用，对学习者的学习风格及偏好、学习计划、学习需要等诸多状态进行诊断。

【学习反馈的维护】

学习反馈用以描述和解释以当前时间点为终点的过程情况，包含对学习资源使用的反馈、对学习者学习状态评价的反馈等。在学习资源的反馈机制中可加入自适应引擎进行资源的智能化调整，更好地配合学习者的学习需求。学习者状态评价反馈可通过聚类分析、时间序列分析、规则推理、知识获取等技术的整合，实现客观、全面反映学习者学习记录的数据，以及同层次的比较数据，为学习者当前的状态进行解释，便于及时进行学习改进。

（1）学习者建模的作用。

学习者建模的过程是学习分析中最基础也是最重要的一项工作，其决定了我们能获取哪些数据，提炼哪些信息。在进行学习分析的过程中，最为核心的问题是构建能满足学习跟踪、评价及改进需求的用户分析模型。只有在此基础上，才能进行后续的学习行为等一系列的情感分析、关系发现、评估预测、预警干预及监督控制，真正实现针对不同用户的信息需求提供不同服务。

学习者建模的质量直接关系到课程设计的成效。在教学系统中，课程作为学校教育的另一个重要组成部分，除了受到社会、文化的影响之外，还受到学生的影响。那么，如何建立一个满足用户个性化需求的课程模型就成了另一个关键的问题。

（2）个性化课程资源表征。

对于一门课程来说，各个教学资源之间可以归纳为先后关系，或者是并列关系，或者是有一定的交叉关系。根据这些关系，我们可以构建出一种基于学习对象的树状资源组织模型。我们可以将组成课程的每一层都看成是学习对象，树的根节点为课程学习对象，然后设计树的子节点（即子学习对象），它所包含的学习内容是课程中掌握的相对完整的知识点，最后构建下一层节点。这样的树状结构模型是根据课程知识点之间的关系构建出的一种模型，可以实现同一门课程针对不同的学生呈现不同的表现形式，从而实现个性化。

通过基于学习对象的树状组织模型，讨论学习对象的粒度大小问题更具有针对性和实际意义。同一门课程对于不同的学生，知识点可以细化或合并形成不同粒度大小的学习对象。学习对象的粒度在这种模型中可根据学生需求和课程知识的特点来确定，也可以进行广度或者深度的分解，形成不同的树状模型，以适合不同的学生群体。

（3）基于知识点的课程设计。

课程设计的过程中，最重要的是确定基本的设计单位，即确定组成课程的学习对象。我们可以将课程的学习目标细化为多个子学习目标，每个子学习目标对应一个学习对象的学习目标，从而确定课程的学习对象。首先确定这门课程的教学目标，其次根据这门课程的学习目标进一步将其细化为多个学习目标，最后以知识点为核心设计和确定组成这门课程的学习对象。

在进行教材分析、教学设计、学习评价等教学阶段的过程中，都是以知识点为核心基础，设计教学情景、教学活动，构建知识体系，最终考察对知识点的掌握情况及学习目标的完成进度。知识点是学习内容的核心单元，任何教学资源都应该包含对知识点的阐述及应用等内容。在以知识点为核心的学习对象的设计中，与知识点相关的教学内容、评估等都是该教学的重要组成部分，而知识点之间的关系也是学习者构建知识体系的基础。

在课程设计的过程中，教师的作用就是分析课程的知识点，根据学生的不同需求设计学习对象，构建课程的不同树状学习模型，通过学生模型不断反馈的数据情况调整学习对象的设计及树状结构。经过不断反馈、更新、迭代，形成稳定的树状模型，从而针对不同用户实现个性化服务。

5.2.2　学习行为分析

数字时代背景下，大多学习行为发生在网络环境中，表现出了与传统面对面课堂中不同的特征，如行为过程的开放性与虚拟化、行为控制的自主性与个性化、行为技能的科技化与专门化等。过去由于对学习行为缺乏相应的记录，很多的用户行为得不到深入的研究和应用。学习分析技术的日益成熟帮助我们更好地记录学习者的成长数据，通过对学习行为数据的深层挖掘和分析，促进教育部门的精细化管理。

上海闵行区教育局采用学习分析技术推动校园建设。基于大数据进行数字化校园建设，依托各种先进技术全面客观地记录学生成长轨迹，教育局沉淀和积累了多维度的学生成长数据，让反映学生发展状态的数据完整显示出来。闵行区教育局为每个学生建立电子成长档案，为学生和家长提供全方位的数据支持。对家长而言，孩子每天早晨上学是从哪个校门进的，中午吃了什么，选了哪些兴趣课，有没有去图书馆，孩子喜欢看哪些课外书等，这些情况家长从家里的交互式网络电视中都能看到，甚至通过登录学生电子档案的个人门户网站，孩子的成长信息家长便可一览无余。

上海闵行区教育局为学生建立的电子成长档案内容包括身心健康、学业进步、成长体验、个性技能 4 个维度，围绕这 4 个维度，设立了 14 个一级数据采集指标、38 个二级数据采集指标、53 个三级数据采集指标。在多元化的考核体系下，学校不再仅仅注重学生的学业成绩，借助学生电子成长档案，可以让学校认识到在促进学生全面发展某些方面的管理“缺位”。

基于客观数据的科学分析，改变了以往传统以资料检查、调查访谈和印象评分为主的教育评价，让数据告诉学校、学生、家长、教育工作者等在某些方面的缺位。基于数据支撑的教育评价体系探索，将为未来学生的全面发展、教师专业发展、学校特色发展等方面提供充分的参考依据。只有充分借助大数据学习分析技术，才能推进教育质量观的转变，引导学生培养模式和教育质量管理方式的科学发展。

1. 学习行为的分析过程

人类行为是人与环境之间双向交互的过程，它包括行为主体、行为客体、行为工具、行为主体所在的群体团体、该群体的组织规则和任务分工等要素。行为活动是通过具体操作来完成的，要想理解学生的学习行为，必须分析学生的学习行为系统及其结构。一般来说，用户从特定的活动中能够辨别出活动的特性，并且能够在参与和不参与的过程中了解到具体的发展规律。不同的用户行为所表现出的信息有所不同。举例来说，人们在工作的过程中，在选择工作任务与工作目标时，会根据要求的高低来选择适合自己的信息，同时在不同的场景下也会从不同的角度来分析问题。

基于过程性数据的分析，能使学习者学习行为自然地呈现。这些学习行为常常是无意识的、零散的，行为之间潜在关联结构不显著，但比外显学习行为更能体现学习中微妙而复杂的逻辑关系，能折射学生最真实的思维与学习情况，是教师或其他评价机制不易捕获到的。

在学习过程中学习者会产生大量信息，包括注册信息、浏览的页面、查询、提问和解答、主题讨论和留言、访问各种辅助学习资源留下的数据库信息（如讨论的主题、内容，在问题解答中提交的问题，查询的概念或关键词等）、考试记录等。隐藏在学习过程中的学习行为，犹如丰富的矿藏，如果采用适当的方式进行挖掘，这些反映学习者学习行为（包括学习者的态度、动作、语言）的数据，能够成为跟踪学习、评价学习及改进学习的最佳数据来源。

一般而言，各类教学系统中对学习行为数据获取的方式都可归结为最根本的两种：学习者的输入和系统的自动采集。尤其是后者，我们可以通过使用工具软件实时、动态追踪学习者学习行为，进而发现其与学习绩效的关系。那么，我们该如何进行学习者的行为分析呢？下面我们可以通过案例的解读，简单了解一下学习行为分析的具体过程。

学生在课堂中产生的诸多学习与互动行为会被记录下来，这些行为究竟对最终的学业结果有何影响？

【思路解析】

学业影响因素分为主观行为因素、客观因素及环境策略因素等。其中，主观行为因素是指学生自主触发的行为，客观因素是指学生被动触发的行为，而环境策略因素则是学校、班级环境等产生的影响。通过行为影响因素分析，可以找出影响学业的关键因素，针对性地对学生有所引导，达到促进学习的目的。

【学习行为影响因素分析】

通过选取学生行为指标数据，通过相关性分析、多元回归分析和因子分析等多种方法，建立对学习成绩影响的分析模型，综合分析不同方法计算结果，得出对学生成绩有显著影响的指标。

【学习行为路径分析】

学生的学习行为在时序上有一定的先后性，通过将学生在某个时间段内的学习行为进行可视化处理，可以得出指定学生群体在学习行为上表现出的同一性。

以行为类别为节点，以行为发生关联为边构建行为路径有向图。通过选取学生行为指标进行时序性分析并构建行为路径有向图，根据行为路径有向图的可视化分析，可进一步挖掘不同学生群体之间的行为模式差异，进而主动服务于教学策略的制定。

【学习行为关联分析】

相似的学生具有近似的行为，通过选取学生行为指标，采用关联规则分析建立数据模型，最终通过模型运算结果挖掘群体行为之间的关联性。在上述构建的可视化行为路径基础上，将指定学生群体中发生频率较高的模式通过数据挖掘算法寻找出来，针对不同学生群体进行比较，从而得出对教学结果有意义的干预策略。

2. 基于分析视角的学习行为分析维度

学习分析技术的应用是情景化的，不同的研究目标决定着提取的学习者学习行为数据的不同。例如，若研究教师教学水平与学习者学习效果的关系，则要提取教师的教学行为数据和学习者的学习行为数据；若分析教学支持工具与学习者的学习效果的关系，则要提取学习者使用教学支持工具的行为数据与学习者最终的课业成绩的数据。分析的变量会根据教学意图、教学目的的不同，而进行不同的提取。

从需求的角度来说，我们可以将学习者的行为分析分为数据采集、数据存储、数据分析挖掘和应用四个层级。

数据采集层和数据存储层主要负责采集与学习行为相关的数据（包括课程管理、学习管理和学习行为等数据），并将采集到的数据存储到分布式数据仓库中，底层基于分布式文件系统。这是数据处理的初级阶段，涉及数据包括学习开始时间、学习持续时间、视频点击次数、在线试题测试结果等初级数据。存储时将大量的数据进行分类，有利于进一步有针对性地进行数据挖掘、分析等系统操作。

数据分析挖掘层主要负责将存储层归类的初级数据进行分析与归因，系统针对具体的学习内容、学习路径和空间使用记录等进行深度挖掘。所得数据一方面可以为解释行为背后所涉及的成因提供很好的支持，包括学习者与学习资源的适应性、学习者与学习路径的协调性及学习空间的体验效果等；另一方面为学习预测、推送及策略的制定提供可借鉴的依据。

应用层的主要目的是向学习者提供相应个性化的应用服务，并尽可能地为对象提供全面的数据参考。相关人员可以实时掌握所关心的学习者学习路径及相关路径点的学习情况，包括学习者的学习进度、学习效果、学习兴趣等。数据结果将以图表的形式更直观地呈现给用户，便于相关人员做下一步的学习或指导计划。

总体来说，学习分析所解读的学习行为数据不仅来自于学习者明确的学习行为，如作业情况、测试情况等，还包括一些内隐的学习行为，如在线的社会交往、学习以外的操作、论坛上的发言等，这些行为很多时候并没有被纳入正式的学习过程，但其对学习的影响作用却不容小觑。此外，随着泛在学习带来的多元化学习渠道，学习者可以同时参加多个学习系统，分析数据的来源也将不止一处。只有转变以往在单一学习服务平台下对学习行为的认识范畴，从更为全面、分散的角度搜集学习者的行为数据，这样开展的学习分析才能更强劲、细微而深入地反映学习者的全貌，真正实现智慧教育的终极目标。

随着网络学习的普及，越来越多的学习者习惯在各种学习平台上发表自己的观点和对事物的看法。从广泛的文本信息中分析出学习者的情感倾向，在对事物的分析判断上具有十分重要的作用。然而由于信息庞大，仅凭人工不足以全面掌握这些数据，这也助推了学习分析在情感分析方面的应用，通过技术手段找出文本与情感间的关联，从而帮助人们做出判断。

情感分析是实现社会媒体计算的一项关键技术，其任务是借助计算机帮助用户快速获取、整理和分析相关评价信息，对带有情感色彩的主观性文本进行分析、处理、归纳和推理。情感分析中有两个关键问题：一个是文本的表示，另一个就是文本的情感分类。文本表示是用计算机表示文本的可行性、有效性的一般方法，是一种数据结构与控制结构的统一体，既考虑文本的存储又考虑文本的使用。情感分类是指根据文本所表达的含义和情感信息将文本划分为“褒扬或贬义”或“快乐、愤怒、惊讶、恐惧、厌恶、悲伤”等的两种或几种类型的研究。

无论是哪种方法，我们都需要建立一个情感语料库作为支撑。为了使情感语料库能够反映真实的语言使用情况，在语料选择过程中应尽量坚持语料分布的普适性与平衡性原则。普适性体现在语料库的选择尽量关注语料的通用性，以别于专业性和地域性。平衡性主要体现在领域平衡上，如多学科、多平台领域间语料来源的平衡。

5.2.3　结构发现与关系挖掘

中国工程院李国杰院士曾说过：“数据背后是网络，网络背后是人，研究网络数据实际上是研究人组成的社会网络。”在社会网络中，个体与群体是一对对立统一的关系，个体与群体处于不可分割的相互依存、相互联系中。每个个体都以个体而存在，同时又以群体中的成员而存在。

结构发现就是通过对社会网络的分析，由一系列的角色和角色之间的二元关系集合构成，是一个研究比较多和比较成熟的领域。结构发现与关系挖掘，不但能够促使人们加强对系统学习层次的理解，更重要的是能够理解群体之间的复杂关系。在教育系统中，我们可以通过学习分析来发现学习者与学习者之间，以及学习者群体与群体之间的结构关系，对信息加以更深入和全面的挖掘。

一般来说，我们可以把社群网络的结构分为单模网络和双模网络。单模网络也称关系网络，它是研究学习者之间关系的集合，如同学关系、师生关系、朋友关系等。一类学习者与一类事件所构成的网络称为双模网络或者隶属关系网络，如学生参加某种团体、亲属关系等都可以构成这种网络。下面我们通过一个案例来了解一下网络分析中的结构发现与关系挖掘的过程。

在学习者交流互动形成的网络中，网络节点是学习者，节点之间的连线是学习者之间的交流互动。将学习分析应用于结构发现与关系挖掘领域，教师可以追踪学习者的学习活动，通过对生成的可视化图形进行分析，发现在学习过程中孤立的学习者并给予帮助。

【关系挖掘】

在单模网络结构关系挖掘中，我们可以把每个学习者看作一个节点，学习者之间在某种条件下只要相遇过就可以算作有联系，这种联系作为节点之间的连线。学习者之间的联系可以是多次，也可以是零次，并且一个学习者可以与多个学习者进行联系。我们可以通过一个单模网络关系图来呈现学习者与学习者在社群网络中的关系，如图 5-3 所示。

图 5-3 显示了结构关系中由 5 个学习者构成的一个简单示意图。节点 v1 到 v2 有一条单向弧，值为 3，说明 v1 学习者与 v2 学习者有 3 次联系；节点 v2 到 v3 是一条双向弧，值为 1 和 2，说明 v2 学习者和 v3 学习有 1 次联系，v3 学习者和 v2 学习者有 2 次联系等。

当然，仅靠节点之间的联系弧的数量还不能完全度量社群中的结构关系，我们还需要通过入度、出度等特征指标来刻画社群结构中的关系。

入度是指所有指向该节点的弧上的值的和。在一个有向带值的联系图中，一个节点的入度与所有节点的入度和的比值 α 越高，就说明该用户与其他用户的联系越密切，该用户所处的地位就越重要。如图 5-3 中，节点 v1 的入度为 0，则 α 为 0/12 = 0；节点 v4 的入度为 1，则 α 为 1/12 = 0.083；节点 v2 的入度为 7，则 α 为 7/12 = 0.583。

出度是指该节点指向其他节点的所有弧上的值的和。同理，在一个有向带值的联系图中，一个节点的出度与所有节点的出度和的比值 β 越高，就说明该用户在联系中越活跃。如图 5-3 中，节点 v1 的出度为 5，则 β 为 5/14 = 0.357，节点 v5 的出度为 2，则 β 为 2/14 = 0.143。

【结构发现】

学习者之间除了因为相遇而有联系以外，还会因为做了同样的事情，有着同样的兴趣爱好、生活规律而产生联系。我们可以通过一个双模网络关系图来呈现学习者与事件在社群网络中的结构关系，如图 5-4 所示。

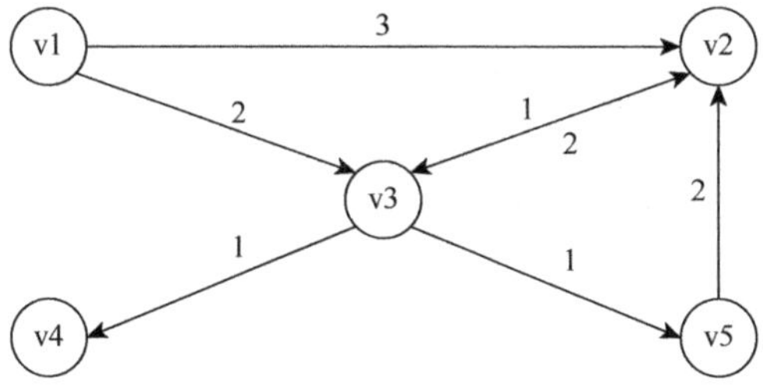

图 5-3　单模网络关系图

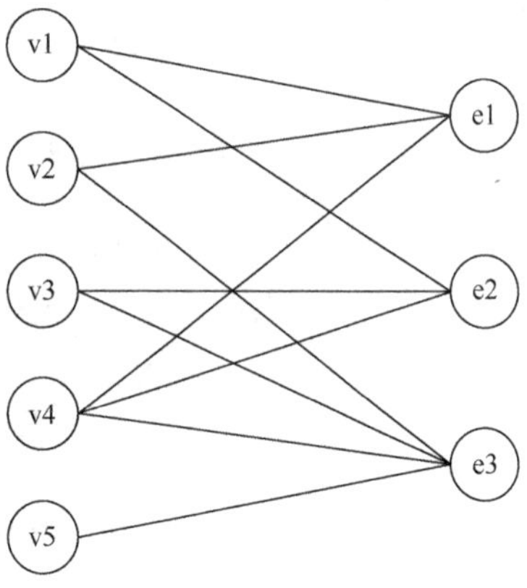

图 5-4　双模网络关系图

图 5-4 显示了由 5 个学习者和 3 个事件构成的一个简单示意图，图中的线连接学习者与事件。v1 学习者分别到 e1 事件和 e2 事件上有连线，说明 v1 学习者参与了 e1 事件和 e2 事件。通过每个事件的学习者参与人数和总人数个数相比较，我们不难发现，在 e3 事

件上有 v2 学习者、v3 学习者、v4 学习者、v5 学习者参与，且是 3 个事件当中参与的人数最多的一个事件，这说明了这 4 位学习者之间因为参与了同样的事件有着相同的兴趣爱好而产生了联系。

我们可以通过一些具体的如基于相似度的算法来进行社区结构发现。同一数据集，任务不同，最佳相似度往往也不同，一个合适的相似度度量会因为属性多，目标任务不明确而很难选取。当找到合适的相似度度量之后，这类方法便很好解释了。

如图 5-5 所示，如果通过数据分析发现某两个学习者在一些事件上有很大的交集，那么他们将来成为朋友的可能性会远远大于两个没有事件交集的学习者。同理，有着同样交友圈的两个人也会比其他人有更大的机会成为好朋友。再或者，两个本身没有交集的人，因为共同认识一个好友，或者有着相同的兴趣爱好，在将来的某一天产生交集，成为好朋友。

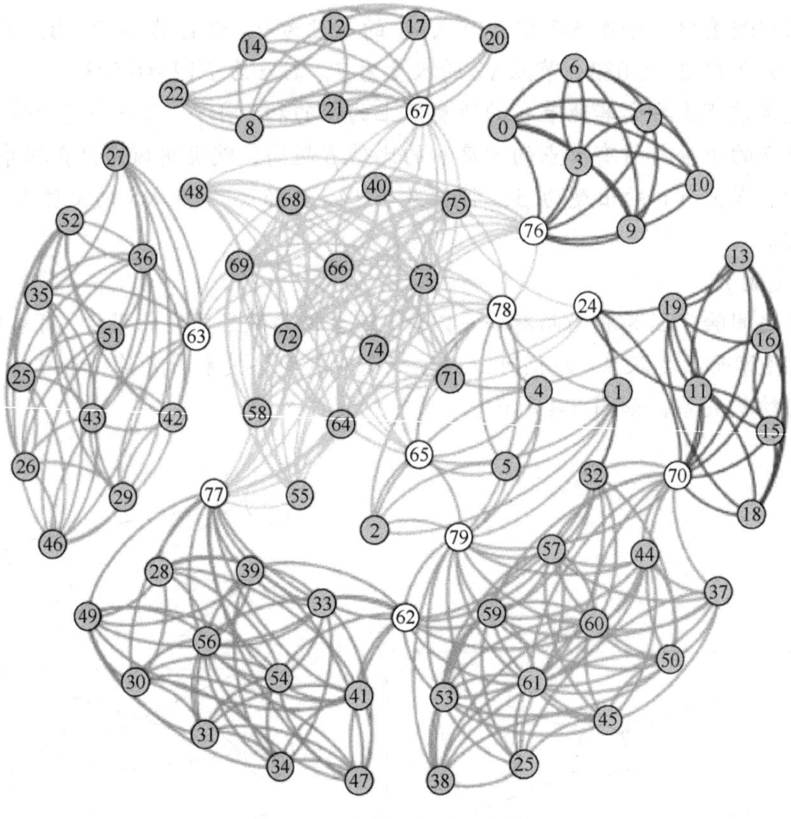

图 5-5　社群网络内部结构

很多时候，学习者常常有多个兴趣和习惯，导致他们可能属于很多不同的结构关系中。例如，一个学习者可能同时对钢琴和简笔画感兴趣，那么他在社群网络中将同时出现在钢琴社群结构及简笔画社群结构中。

实际上学习者社群之间存在很多的重复，在大多数情况下，大部分人在寻求良好伙伴的同社群结构时，基本上都是通过自己已有的社交网络来寻找合作对象。因此，在结构发现与关系挖掘中，我们可以通过对核心要素及结构关系主要特征的刻画来实现，核心要素主要由行动者、关系纽带、子群、群体、关系等构成，其主要特征指标包含规模、密度、中心度、团聚度、多重度。详细解释如表 5-1 和表 5-2 所示。

表 5-1　社群结构分析核心要素

要素	解释
行动者	存在于社交网络中的个体、实体或事件
关系纽带	社交网络中行动者之间的关联模式称为关系纽带，并且行动者之间的关系是多方面的
子群	社交网络中行动者之间所构成的子集称为子群
群体	群体关系得到测量的所有行动者的集合
关系	群体成员间所有联系都可称为关系

表 5-2　社群结构分析主要特征指标

指标	解释
规模	包含行动者数量的总和
密度	行动者之间的联系的程度
中心度	行动者在网络中所处的位置
团聚度	行动者之间相关关联的程度
多重度	网络中多重关系的密度

在结构发现与关系挖掘中，我们可以利用一些成熟的技术对学习者的交互行为数据进行可视化。例如，运用社会网络分析技术对学习者之间的社会网络进行可视化，通过分析社会网络结构能够识别处于边缘的学习者，即没有积极参与学习活动的学习者，教师能给予实时干预。这些分析结果能够帮助教师提升教学质量，帮助学习者提升学习效果。

5.2.4　趋势分析

学习分析的目的是更好地促进教师的教和学习者的学，提高教师的教学效果与效率，为学习者提供个性化的学习指导。挖掘学习者行为数据背后的意义，可以帮助教师更好地设计课程，为真正实现因材施教提供了科学的依据。在传统的教育模式中，学习评估是基于教师、辅导员或管理者的专业知识及与学习者日常交互的经验而展开。教师经常会使用标准的考试分数和测试数据来指导自己的教学计划，然而这种测试无法立即给予学习者实时“可操作”的反馈。

随着数据类型的多样化，学习者数据来源也变得多样化。尽管教师能够进行个性化的评估活动与互动，运用自身丰富的学习经验和方法来记录每个学习者的优势和不足，但这种课堂活动所反映出来的数据通常是片面的和短暂的，而且不易携带，难以分享，也难以进行快速分析。单纯靠来自教师的学习评估已凸显出它的弊端，更全面的学习评估需要大数据学习分析技术作为支撑，为学习评估提供更为准确且有效的实时数据。

随着学习分析技术的日趋成熟，越来越多的学校使用大数据来预测学生学业的发展情况。如美国堪萨斯州威奇托州立大学在每年的招生过程中，工作人员都能通过软件系统采集每名学生的论文成绩、学习时间及来自家庭的财务投入等数据，准确判定学校新一届本科生获得学业成功学生占比，辍学学生占比或面临学业危机学生占比，准确率高达 96%，远远高于顾问人工预测的 82%。大数据学习分析技术的应用，使得对学习者的学习预测评估比教师的评估更高效。

另外，对于教育管理者来说，基于大数据的学习分析也可以帮助他们更高效地进行活动评估和教育决策，尤其是对关乎学校毕业生就业的相关趋势预测。当学校开始设计新的课程方案时，需要时间来开发新的课程，还要通过认证机构无休止的审核。有时等拿到应有的资格或证书，该雇佣市场已转向或雇主已搬往他处。大数据可以帮助他们更好地预测产业是如何变化的，调整学院的相关课程和其他项目。通过构建数据库，采集雇主对技能需求和学院人才供给的最新数据，然后运用人工智能预测何时某些地区或技能就业需求会扩大，使用预测性数据分析来设置新的学位或证书计划，以此扩大就业的机会。

下面我们以某学校 2013 级和 2014 级学生的学习成绩数据为基础，采集学生在日常校园活动中产生的各种行为数据，通过学习分析方法挖掘学生行为数据中与学习成绩相关的因素，并在此基础上根据行为数据对成绩进行预测。

1. 描述性数据统计

现在几乎所有的学校都在使用各种信息管理系统来辅助日常的教学和管理工作，这些信息管理系统分布在学校的各个职能部门中，如教务处的学生成绩系统、图书馆的借阅系统、食堂的消费系统、宿舍的门禁系统等。那么，学生的这些学习行为数据是否可用来进行趋势分析与活动评估呢？

实际上，我们可以按照数据的类型对学生数据进行分析，以不同类别的学生作为数据分析的依据，观察不同类别学生的同维度数据在某些指标上表现出的差异。通过对这些指标之间差异的分析，找出能唯一标识某个或某几个类别的指标，达到区分不同类别的目的。

【图书馆门禁数据分析】

在对门禁数据的分析中，学生的数据可能出现在宿舍区、图书馆，通过观察学生在宿舍和图书馆的活动轨迹和活动时间分析出学生的一些行为特点。例如，不同的学生群体一学期去图书馆次数的差别和学习成绩呈一定的正相关关系，这是一个比较明显的特征。当然，也可以从不同学生群体在一学期当中每个月去图书馆次数的变化中来观察学生每个月去图书馆次数的差异，试图从变化差异中发现规律以实现对学生的区分。

从图 5-6 中我们大致可以看出，不同的学生群体变化趋势大致相同，都是前三个月比较稳定，在 12 月期末考试周达到了一个峰值，到了 1 月次数明显回落，一方面由于 12 月月初考试比较多，另一方面由于 1 月放假后大部分学生离校。当然，我们也可以对在图书馆停留时长进一步分析，如图 5-7 所示。

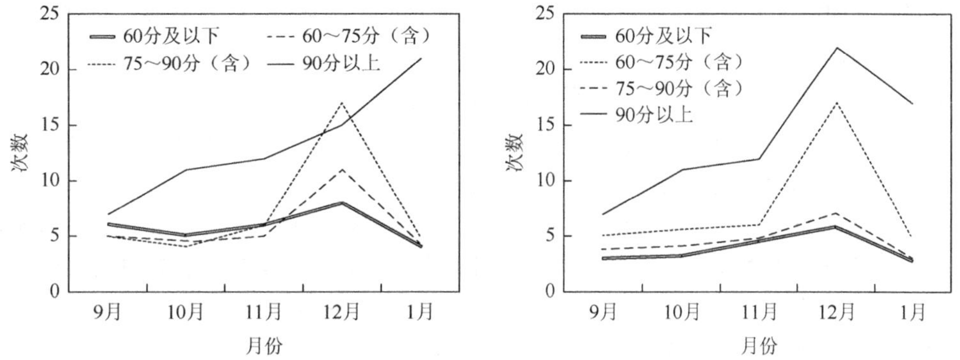

(a) 2013级学生　　(b) 2014级学生

图 5-6　图书馆每月频次统计图

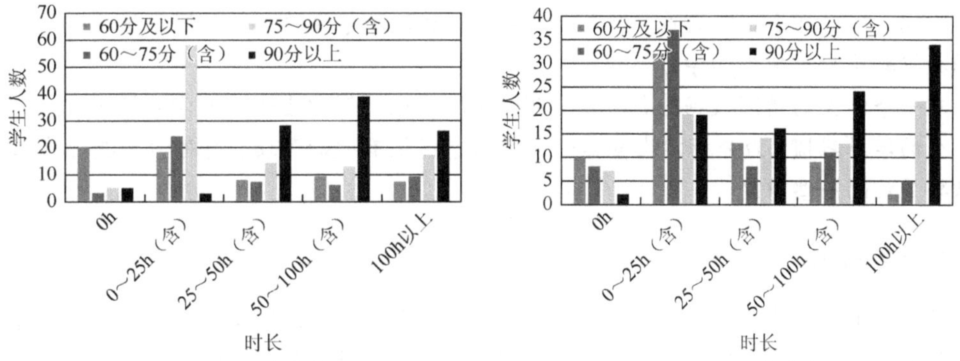

(a) 2013级学生　　(b) 2014级学生

图 5-7　图书馆停留时长统计图

注：时长不满 1h 的按 1h 计

从图 5-7 中可以看到，在 2013 级的学生中，分数为 60 分及以下的群体只有不到 10 人停留时长高于 100h，而在 2014 级的学生中这一人数更是低到了 2 人，远远低于 90 分以上人群。可见，成绩好的学生不仅去图书馆的次数多，而且在图书馆学习的时间更长。学生的停留时长是随着成绩的提高逐渐变长的，两个相邻群体之间的数值差异较小。

通过对图书馆门禁数据的分析，可以很明显地看出，学生成绩与他去图书馆的次数和在图书馆的时长有着较强的相关性。成绩越好的学生去图书馆的次数越多，在图书馆学习的时间越久，特别是临近期末的数据更是体现了这一点，因此去图书馆次数和学习时长是对学习成绩趋势预测的两个有效的特征。

【消费数据分析】

学校食堂记录反映了学生的消费习惯，为从消费数据中挖掘学生的行为模式提供了可能。学校食堂为师生提供三餐，对学生来说去食堂吃饭不仅省钱，同样也省时间，因此稳定地去食堂吃饭是个十分好的习惯，去食堂的次数是这种习惯的直观体现。

我们可以从最重要的早餐习惯入手，分析不同群体的早餐习惯，比较不同群体之间早餐次数和早餐时间的差异，我们还可以对早餐的时间区间进行分析。通过数据分析可以发现学生早餐次数和成绩确实有着较强的相关性，成绩较好的学生有着固定的生活习惯，且早餐时间基本上都在 8：20 之前，而成绩较差的同学早餐次数较少。

对午餐和晚餐的分析结果发现，大部分学生对待午餐和晚餐有着相同的消费习惯，因此在进行特征提取时不能作为重要的参考依据。

除了以上的分析之外，学生消费数据还可以从学校超市的开支、学生打热水的消费、洗衣服的频率等数据中获得。消费数据的分析为我们揭示了学生的消费习惯及生活习惯，为下一步对学生特征的提取奠定了基础。在对消费数据进行分析的过程中也可以明显看到，学生的消费习惯和学习成绩确实存在着一定的关系。

【借阅数据分析】

图书馆是一座宝库，是全校师生获取知识的源泉。很多学生在正常的课堂教学之余，都会选择去图书馆继续学习，一方面是为了巩固课堂上学到的内容，另一方面是为了获取新的知识，拓宽自己的知识面。如果说消费数据反映了学生的消费习惯和生活习惯，那么借阅数据就反映了学生的学习习惯。

对一个学生的借阅数据进行分析，可以较准确地了解学生课外的学习情况，从而总结出学生的学习习惯，为分析学生整体的学习状态提供有效的帮助，是对学生进行特征选择时需要关注的一些维度。

2. 成绩预测

通过对上述学生行为数据的分析，可以确定影响学习成绩的核心关键指标。经过对学生行为的特征提取，我们可以对每一个学生生成一个特征向量，所有特征向量组成特征矩阵，便于使用学习分析技术对特征建立成绩预测模型。

成绩预测问题本质上是数据挖掘中的分类问题。成绩预测就是利用学生的特征，使用分类算法将学生分类到对学生所划分的不同的成绩区间，又或者是用回归算法找到一个函数，将学生的行为特征映射到某一个具体的分数，这个分数就是学生的成绩。

我们可以通过一些数据挖掘算法建立预测模型，包括成绩预测模型、毕业去向预测模型、社交关系挖掘模型等。通过不同的算法对预测模型进行评估对比，从而优化整个成绩预测模型。

作为学生数据分析平台，学生画像系统为用户提供了丰富的功能。从基本信息的整合与展示，到学生行为的预测和异常学生的挖掘，画像系统能够满足用户的大部分数据分析的需求。

成绩预测在画像系统中有着比较深度的应用。在学生画像系统中，为了追求最大化的预测准确率，除了在算法方面改进外，还可以进行差异化建模，对于不同学院、不同专业、不同年级甚至不同性别的学生分别建立预测模型，以解决不同人群之间的生活习惯、学习习惯乃至课程设置上的差异性问题。

图 5-8 显示了系统的成绩分析与成绩预测展示页面：左上侧区域以折线图的形式展示了学生不同学期的排名情况和系统对学生的排名进行预测的结果，实线是学生的实际排名，虚线是学生的预测结果。

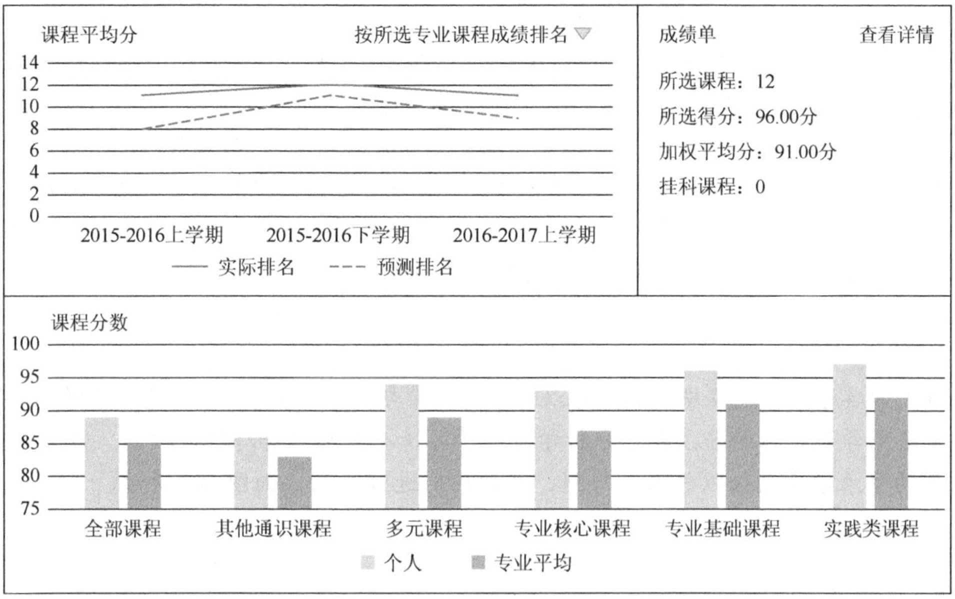

图 5-8　学业趋势预测图

除了校园，教育大数据学习分析在企业领域应用也越来越广泛。美国纽约州波基普西市玛丽斯特学院与运营数据分析公司 Pentaho 合作发起开源学术分析计划，旨在一门新课程开始的两周内预测哪些学生可能会无法顺利完成课程。该计划通过收集分析学生的学习习惯（如点击线上阅读材料、是否在网上论坛中发言、完成作业的时长等）来预测学生的学业情况、及时干预帮助问题学生，从而提升毕业率。

趋势预测是一项具有现实意义的工作，趋势预测的意义对于教育工作者来说，预测的实现给予了他们一个新的了解学生学习状况的途径，相比以往只能通过考试或者测验成绩来了解学生的学习状况，新的途径更加灵活、及时而且高效，管理者只需要通过学生日常的行为就可以预知学生大概的学习情况，对于异常状况可以及时进行干预和引导，提高管理效率。而学生则可以通过成绩预测发现自身问题，及时改正，同时以学习成绩优秀同学的行为模式为学习榜样，纠正自己不正确的行为习惯，从而提高自己的成绩。

5.2.5　监督与控制

学习过程是评价学习者学习效能的重要依据，是教育信息反馈的重要来源。有效的学习过程记录，不仅是学生网上学习的次数与时间的记录，还包括学生在进行学习活动中涉及的课程学习、在线辅导、讨论、课程作业、课程考试等多方面的活动。基于学习分析的应用，我们可以有效还原学生的学习过程，对学生学习过程的行为进行监督，使教育者对学生的学习有一个更为客观科学的认识，为学生学习评价提供重要的科学依据。

学生学习过程监督分析是一个复杂的过程，它是建立在以学生学习平台和学生管理平台为基础上并与之紧密关联的数据分析过程。学习监督的数据基础是学生学习过程中发生的一系列学习行为，由此进行的记录、统计、分析，形成结果并予以反馈。学习监督的主要功能在于对学生学习轨迹的记录和学习过程的检测，这就要求相应的监督策略能够全面、详细地记录学生的学习信息，尽量还原学生的学习过程。下面我们以外研社大学英语教学管理平台为例，为大家呈现学习分析在学习监督中的应用。

本案例选取了来自 5211 名大一学生的网络学习数据共计 50 万余条，包括页面浏览信息、在线时长、在线测试等数据表。结合教务管理平台数据库中的学生信息表和成绩表进行教育数据挖掘，分析学生的网络学习状况，总结学生学习规律，为教师监督和控制学生的网络学习过程、给予合理的网络学习效果评价提供途径。

1. 周登录率统计分析

在大学英语学习过程中，教师可以对学生一学期 16 周的完整学习进行监督，通过学生每周登录学习平台的登录率来分析学生的学习情况并加以针对性地控制。周登录率按照每周的登录学生数除以总人数得到，并按性别进行统计，如图 5-9 所示。

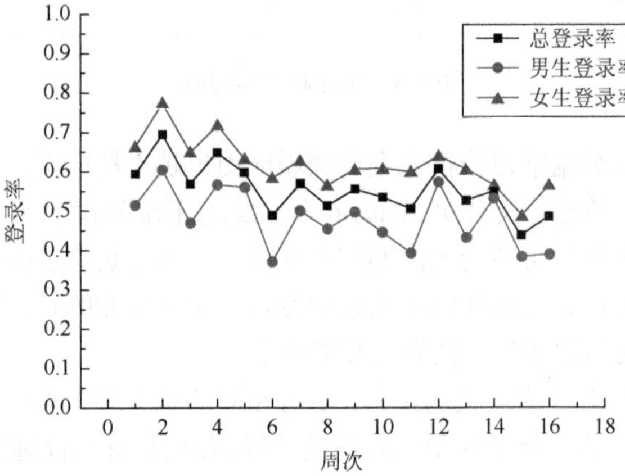

图 5-9　周登录率图

由周登录率图可以看到，开学第一周即有 60%的学生登录平台，此后总登录率一直维持在 50%～60%，学期最后有所下降。从图中我们能发现有价值的信息是女生整体登录率高于总登录率，男生登录率远远低于女生。通过对学生过程数据的监督，我们就能够为教师实时提供过程数据的反馈，提醒教师需要对男生重点关注并给予针对性控制。

当然，对于教育管理者来说，可以通过学院周登录率对教师的教学工作进行监督反馈，如图 5-10 所示。

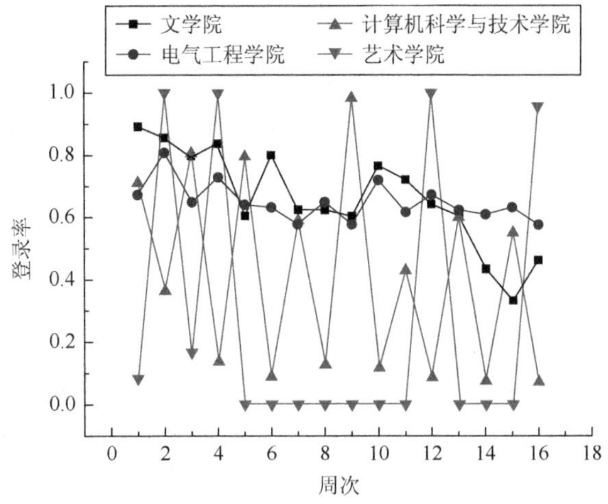

图 5-10　学院周登录率图

按学院统计周登录率，我们可以看到艺术学院、计算机科学与技术学院的登录率波动非常大，说明学生的投入持续性较低，而电气工程学院的登录率走势非常平缓，说明该学院学生的学习稳定性和持续性保持良好。各学院间的登录率差异大，从另一个角度来说，能够为教育管理者定期监督任课教师的教学效果提供一个参考依据。

2. 学生偏好页面统计分析

有效的学习监督和控制策略对家长来说，其分析结果可以提供深入了解孩子学习状况的渠道，使家长能够具体关注到孩子学习过程的各个细节，弥补教师在教学过程中无法兼顾每位学生的空缺。另外对教师而言，学习分析结果便于教师实时地、全面地掌握整体的学习情况（如什么时候学生准备好进入下一阶段学习，哪些学生需要给予特别关注），对学生学习过程有更清晰的认识，从而开展适宜的教学活动及教学干预。当然，对课程领导者而言，相关管理人员可以得到关于某门课程甚至学校的总体教学诊断情况，便于其进行课程方案、教学方案及相关教育决策的制定。对学生本身来说，通过学习全过程的监督，学生可以清晰地知晓自己当前的学习状态与未来可能的学习结果，从而提前采取措施，及时修正学习行为和计划。

在线学习平台中，我们可以监督学习过程中关于首页、读写页面、听说页面、在线测试的学习时间。如果大部分学生的偏好页面为首页，说明学生在无实质学习内容的首页花费时间最多，可能存在“挂时间”的情况，这时就需要引起教师的关注，及时对该部分学生进行针对性的干预。

5.2.6　预警与干预

通过学习分析挖掘学习者学习行为数据，发现潜在价值，并使其转换成有意义的教学信息，进而优化学习过程、提高教学效果，成为教师、学习者及教育研究者的共同诉求。

从学习分析技术的教育应用视角，利用学习分析技术发现影响学习者学习绩效的预警因素，提供及时的干预支持，是优化教学效果、实现个性化学习的有效途径。我们可以通过追踪、积累并筛选学习行为数据，利用各种分析法判定影响学习者学习绩效的预警因素，在此基础上制定干预策略。

1. 学习预警的分类

学习预警是按照一定的标准综合评估学习者的背景信息、学习行为、考试成绩等因素，按照评估结果向学习者、教师等发出提示信号，并及时提供有效且针对性强的干预建议。根据预警对象的不同，我们可以将学习预警分为三种类型。

第一种是针对学习者进行的预警，系统为学习者提供在某一具体情境下的学习预警反馈。比较有代表性的案例有：Sean P. Goggins 采用情境感知活动通知系统，将学习者的双向日志数据进行计算，综合考量学习者课堂互动比、跟踪测评通过率等数据，通过对学习者的同期横向对比差异，为学习者提供反馈警示。密歇根大学的 Tim McKay 采用 E2Coach 系统实现了学习者与资源之间的对接，通过设定学习任务、反馈进度及发放奖励等具有针对性的学习方案，激励学习者采取增加练习量及学习时间等具体行动来提高成绩。

第二种是针对教师提供的预警，系统为教师提供学习者在某一门课程中的宏观学习预警反馈及相关教学方案完善建议。例如，我们可以通过课程可视化系统，跟踪学习者答题时间、答题次数、评价反馈等数据并生成图表。系统根据学习者在远程学习中的学习活动过程数据进行直观评估，帮助教师快速了解学习者掌握情况，并发现需要特别关注的学习者，教师根据预警信息，进一步优化教学活动设计以进行有效干预。

第三种是针对教师和学习者同时提供的双向预警，系统帮助教师制订针对个别学习者的培养方案，以有效提高学生的学习成绩。例如，普渡大学的 Course Signals 系统，利用算法对学生的考试分数、排名、学习进度等数据进行分析计算，确定学生存在学习失败的可能性，分别向教师和学生发送不同的预警信息。教师根据预警信息，结合学生的学业表现，及时给予课外谈话、心理辅导等形式进行干预支持。

要使学习预警能够有效精准地预测学习者的学习结果，需要对学习者的全学习过程数据进行采集和分析。学习者学习方式的多样化和学习场景的分割性，决定了学习预警要体现在不同学习环境下的多样化学习行为数据并对其进行整合与评估，以形成一条以学习者为中心的学习数据链。

在运用学习分析对学习者行为进行预警的过程中，我们可以利用数据挖掘与分析工具对学习管理系统存储的大量影响学习者学习成绩的学习行为数据进行整合分析，以了解学习者当前阶段的学习情况，并运用可视化技术将分析结果以图表、数字等形式呈现给学习者，促进学习者对自己学习行为进行自我监察、自我控制与自我调节，实现对学习者在线学习动机的激发，唤醒和提升学习者的在线学习元认知策略。

2. 学习干预

在考虑学习者学习数据隐私、伦理与道德的基础上，要针对性地通过班级干预、小组干预、个体干预或者相结合的形式为学习者提供恰当的干预服务，帮助学习者及时解决学习过程中遇到的问题，及时调整和改善自己的学习行为。例如，我们可以依据分析结果呈现的学习情况，结合学习者在学习管理系统的学习表现，判断当前阶段学习者是否存在学习危机。如果当前阶段的诊断结果显示学习者可能存在学习危机，则可以为学习者提供适当的干预对策；如果诊断结果显示的是学习者不存在学习危机的可能性，那么可以持续对学习者产生的相关学习行为数据进行收集分析，对分析结果进行可视化输出，时刻监控学习者的学习过程、明晰学习情况，以防遗漏可能在下一阶段的学习中出现学习危机的学习者。

下面我们通过一个例子来了解如何对学习者的行为数据进行预警并给出相应的干预策略。

为了优化教学效果，有效提高学生学习成绩，某学校需要建立一套针对学生学习情况的预警机制，并针对性地给出干预策略，以实现对学生学习过程的有效管理。

【思路解析】

在制定预警机制和干预策略之前，我们需要将其解构为 3 个主要问题：如何从学生产生的大量学习行为数据集中筛选影响学生学习绩效的活动变量？如何确定哪些活动变量最能影响学生的学习绩效？教师应该对哪些学习活动给予及时的关注、修改与优化？

【筛选影响变量】

学生在课程学习过程中会留下多种学习痕迹，如阅读授课资源次数、任务提交情况和实施评价情况等，这些学习痕迹自动保存在学习平台中。我们可通过收集这些数据并进行数据的过滤与筛选，形成学习初始数据集。这些变量可以是总学习时间、浏览授课资源次数、在线测试次数、阅读讨论帖子量、发布讨论帖子量、回复讨论帖子量、总讨论帖子量、查看网页链接、使用搜索工具、访问成绩单、访问学习网站、访问聊天室、浏览新闻、查看新事件、查看课程动态、自我评价、同伴评价、教师评价、阅读任务要求、提交任务和完成任务时间等。

【确定关键变量】

为了进一步发现影响学生学习绩效的关键变量，我们需要将各变量与学生的学习成绩进行相关性分析，确定与学生成绩显著相关的变量数据集。这些数据集中的变量可能存在着不同强弱程度的关系，如总发帖数量、在线测试次数、同伴评价、自我评价、提交任务与浏览授课资源次数等与学生的学习成绩之间的相关程度更强，其他的更弱。

我们可以对这些确定的关键变量做出相应的解释，例如，总讨论帖子量对学习成绩的影响最显著，说明讨论交流活动促进学生之间的思维碰撞与信息共享，有助于激发学生学习的积极性；同伴评价能够使学生通过评价他人提交的任务弥补自己任务中的不足之处，取长补短以改善完成任务的质量；以任务驱动的方式促使学生完成任务并及时提交，有利于巩固学生习得的知识与技能，了解学生对学习内容的掌握程度；浏览授课资源可以帮助学生更好地理解学习内容，娴熟地运用所学知识完成学习任务，提高学习效率，促进学生积极完成学习活动。

我们可以通过对这些关键变量的相关性分析，形成影响学生学习成绩的回归方程，通过回归方程来设计构建学习干预模型。

【构建学习干预模型】

有了影响学生学习成绩的回归方程，我们就可以依据它的计算结果来设计构建学习干预模型，提出有针对性的干预对策，实施个性化指导，以解决学习危机。

在干预过程中，我们可以分别从学习进度条、电子邮件、数字仪表盘、弹出测试窗口、资源推荐等方面提取干预对策，为学生提供学习支持。

学生通过查看自己的学习进度条可以起到自我监控的作用，访问他人的学习进度条则可以激励自己提高学习速度，积极完成学习任务，从而快速融入学习过程，以保证学习的可持续性与持久性，增强学生的学习毅力。

通过电子邮件的形式向学生发送警示通知信息，提醒学生按时登录学习平台，及时提交学习任务并进行讨论交流与任务评价，从而帮助学生完成阶段性课程内容的学习，为顺利开展下一阶段的学习提供支持。

数字仪表盘中呈现的学习活动完成情况，既可以帮助学生准确地评估自己的学习成效并进行自我反思，又可以作为学生评价他人的依据为其提出客观合理的学习建议，促进学生之间的相互学习，加强学习经验的交流，共同提高学习的质量。

以弹出窗口的形式向学生提供当前学习内容的相关测试题，促使学生进行自主测试，发现存在的学习盲区并及时给予弥补，以保证学生的学习质量，同时起到缓解学习疲劳的作用。

以资源推荐的形式向学生推送能够帮助其脱离学习困境的各类资源，包含学习伙伴的选择、课程学习资源的补充及学习工具的利用等，通过给学生推荐适当的资源供其有效运用来优化学习过程、提高学习效率。

当然，我们也可以用数字徽章的形式认可学生付出的努力，借以激发学生的学习兴趣，鼓励学生充分发挥学习主动性来完成课程内容的学习，增强学生的学习动机，进而提高学生取得课程成功的概率。

在构建的学习干预模型中，对于学生学习危机的诊断应伴随着学习活动的持续开展而循环进行，通过学习管理系统存储数据的不断更新，实时分析学生的学习情况，时刻监督学生的学习进展。

通过学习分析的应用，我们可以将大量学生数据转换成有价值的教学信息，通过对最终分析结果的可视化展示，能够发现影响学生学习成绩的关键因素，识别可能存在学习危机的学生，从而为学业预警、教学干预、教学决策等服务提供有力支持，以促使学生取得学习成功，提高学习质量，达到优化教学效果的目标，实现真正意义的个性化学习。

5.2.7　适应性学习

1. 个性化学习与适应性学习概述

人本主义心理学家认为，要理解人的行为，就必须理解行为者所知觉的世界，即要从行为者的角度来看待事物。在了解人的行为时，重要的不是外部事实，而是事实对行为者的意义。如果要改变一个人的行为，首先必须改变他的信念和知觉，当他看问题的方式不同时，他的行为也就不同了。换言之，人本主义心理学家试图从行为者，而不是从观察者的角度来解释和理解行为。

从某种意义上来说，人本主义的学习观揭示了个性化学习的某些本质特征。在基于各种系统平台的适应性学习环境中，学习虽然不是绝对自由的、脱离社会需要的学习，但从学习者角度来看，适应性学习正是以学会学习、学会“自由”、实现个性化发展为目的，自主选择最适合自己需求的学习目标、学习内容、学习风格等，从而实现个性化学习。从这个意义上来说，人本主义学习理论是进一步肯定和尊重了学习者个体差异的客观存在，这也是实现个性化学习所追求的。

适应性学习是针对个体学习过程中的差异性而提供适合个体特征的学习支持，其本质上可以说是对个性化的学习支持。基于大数据的学习分析使教师和机器能够从海量数据中挖掘学生学情变化规律的数据，开展学情分析，依据学习者的学习行为数据分辨出隐含的关联，了解每个学习者的真实情况，准确地预测学习者的学习路径及发展趋势，为学习者提供更具有针对性的课程资源、学习内容及学习反馈和建议，定制适合其自身发展的学习方法和学习策略，促进学习者个性化发展。

国内外已有很多机构应用大数据进行学习分析，为学习者提供个性化的学习服务。

“希维塔斯学习”（Civitas Learning）公司基于机器学习技术，分析了海量的学生数据以预测学生课程分数、出勤率、辍学率等主要趋向，让学生预测性地知道导致辍学和学习成绩不良的警告性信号，从而提高学生成绩。该公司能够通过基于第三方的各种应用程序，根据学校的需求提供个性化服务，学生和老师可以在其中规划自己的课程和安排。该公司在高等教育领域建立起了最大的跨校学习数据库。通过这些海量数据，能够看到学生的分数、出勤率、辍学率和保留率的主要趋势。通过使用 100 多万名学生的相关记录和 700 万课程记录，这家公司能够探测出导致辍学和学习成绩表现不良的信号并针对性地对学生发出警告信号。

培生（Pearson）集团的“我的实验室/高手掌握”（MyLab/Mastering）能够让学生获得真实可靠的学习数据，让学校更加了解学生，促进有效教学，降低成本。

TenMarks 根据学生的不同水平，为学生提供个性化的数学概念和技巧的练习。

“狸米个性化教学平台”依托互联网大数据技术，通过个性化记忆管理、适应性错题辅导、适应性推荐训练不断了解每个学生的学习状态，并根据数据分析为不同学生在不同时间提供不同的训练与评测内容，从而实现个性化学习。

“猿题库”基于大数据技术依据学生考试内容、考频、难度分布及对考试内容的掌握程度，利用人工智能算法进行一对一智能出题，实现个性化学习。可见，大数据学习分析使个性化学习的实现成为可能，在大数据变革教育时代如何“促进有效教学、推动学生个性化发展”已成为教育可持续发展关键所在。

毋庸置疑，学习分析在个性化学习领域中的应用中，对分析结果的解读占有举足轻重的地位，对结果的有效解读可以起到点石成金的效果。对数据的理解偏差与错误使用则会产生一系列的不良影响，更会影响教育决策的有效性。只有将分析结果转换为合理有效的教育决策才能够真正达到学习分析的目的，为后续教学活动提供足够的支持。

2. 适应性学习的前景

在适应性学习领域中，我们要明确大数据如何应用，充分认识学习分析在个性化学习中的应用价值是推进大数据在个性化学习中有效应用的起点。学习分析改变了现有的管理流程、教学、学习及工作等，有益于促进教育公平，回归教育本质，使个性化学习得以真正实现。可以说，学习分析在个性化学习实施过程中对其利益相关者，包括学习者、教师，乃至教育管理者均产生了积极影响。

对于学习者来说，它可以预测学习者个性化的学习行为，让学习者获得自己的数据，给予学习者积极的反馈。学习者可以依据自己某一时期的学习状况进行分析与预测，设定自己的目标，制定符合自己个性化发展的学习路径。此外，学习分析还可以跟踪学习者的学习进展，让学习者可以计划自己的学习活动。这些数据可以对学习者进行指导，使学习者做出最适合自身发展的决策。

对于教师来说，学习分析通过总结相关问题的关联，发现学习者发展趋势，识别学习者未来可能存在的任何问题，以评估问题出现的可能性。它可以帮助教师识别出学习者在学习过程中的潜在问题，在学习者遇到问题时帮助学习者，使学习者更容易获得成功。此外，大数据可以在与学习者成功直接相关的细节、工具和内容上帮助教师进行预测。在教师教学的过程中，通过对学习者数据进行有效的分析，掌握学习者学习状况与发展需求，有利于提高学习者的学习质量，促进有效教学，推动学习者快速发展。学习分析技术还可以更加精确地记录学习者的学习行为，准确记录到每位学习者使用学习资源的过程细节，使教师更准确地追踪学习者学习轨迹和学习时长，从而给予学习者实时的、可操作的反馈。

对于教育管理者来说，为推动学习者个性化的发展，可以通过跟踪多种类型的数据，为学习者创建个性化的学习环境，使学习者个性化学习得以实现。并且，教育管理者需要帮助学习者丰富个人的学习成果，大数据可以提供预测工具，以确保学术课程达到高质量标准。通过制定学术课程，在学习者学习过程中的每一步收集数据，定制模块、任务、反馈和学习步骤满足学习者需求，促进更有效、更丰富的课程学习。利用大数据工具分析个别学习者的技能和技术水平，可以更好地为学习者分配个性化的资源，并设计一个个性化的学习经历，以满足其特定的学习路径需求，从而实现个性化学习。

总体来说，基于大数据学习分析的个性化学习已成为教育技术的新范式，不仅可以完善个性化的学习档案，有利于构建个性化的学习环境，还能预测学习者个性化的学习行为，为教师做出教学决策和评估并给学习者个性化的学习建议提供依据。同时也强调了大数据学习分析技术在个性化学习中使用的必要性，若想通过设定的指令来满足每个学习者的个性化需求，一定离不开技术的帮助。大数据学习分析技术，使教育回归本质，关注每个学习者的个性化发展，实现真正的个性化学习。

5.3 学习行为投入可视化分析工具设计

利用技术促进自我导向的学习是信息时代个性化学习的核心特征。鉴于基础教育特性，国内电子书包应用场景均为“混合式学习”，即以“课前导学”“问题诱发”“课堂协作”“教师阐释”为一般流程，利用翻转教学或微视频展开基于“双主”理念的教学活动。这种新型学习环境设计强调“以学习者为中心”，更加关注“学习者如何建构学习内容”。若提供回顾和分析个人历史的可视化工具，对学习者学习会有诸多帮助。例如，提升个体洞察力，增加自我控制力，以及提升积极的行为表现。因此，迫切需要针对信息技术的教学场景设计全新的评估方式，采用一种既有信度又有效度的指标体系考量学习情况。

当前，在教育领域，与教育投入为主的传统教学质量观相比，侧重学习者开展各种有效学习活动的行为投入研究正日益受到重视。大量研究表明，学习行为投入是影响学习绩效的重要因素，在线学习行为投入与学习结果有密切的联系，对学习行为投入的反馈与干预会有效提升学习绩效。

基于上述考量，本节旨在建立在线学习行为投入的评测体系，量化学习者的投入状态，通过设计在线学习行为投入可视化学习分析工具，使相关指标直观、实时、智能化地介入学习过程之中，以践行“数据驱动教学”理念，革新课堂教学的交互方式。具体来讲，该设计问题集中在以下 4 个方面：

（1）如何基于“互联网＋”混合学习场景，从学习过程的视角，构建相关理论模型，进而阐释学习行为投入的本质特征？

（2）基于对理论模型的深入剖析，如何建立核心评测指标，以量化在线学习投入的水平？

（3）在线学习行为投入指标中，哪些可以预测学习结果，解释力与预测精度如何？

（4）如何实现学习仪表盘的个性化设计，使之在呈现核心数据指标的同时，也能满足学习者的动机与兴趣方面的需求？

5.3.1　在线学习行为投入理论模型

已有研究基于“传统”混合学习场景对在线学习行为投入进行建模及探索与学习绩效的关系，认为学习行为投入是学业成就的重要预测因素。LMS 日志可以量化学习行为投入。技术与教学整合度越高，在线学习行为投入就越能表征真实的学习情况。基于电子书包的“互联网＋”混合学习场景，已与传统“混合学习”有了明显区别。在电子书包智慧云平台的支撑下，学习者可以基于平板或手机根据不同的学习场景无缝切换，动态评价、师生交互及学习诊断贯穿整个学习过程，实现了课前、课中、课后学习的融合，同步和异步学习的结合。“互联网＋”混合学习环境中，技术常态化“内嵌”于教学过程，是在线学习行为投入的外部基础。

从活动系统的角度看，基于电子书包的“互联网＋”混合学习环境是由学习者、环境、资源、工具、共同体、活动、行为等组成的复杂系统。在线学习行为投入发生于该系统中，要素之间具有动态演进的变化关系。

在线学习行为投入理论模型包含两个双向交互阶段。一是学习行为序列与信息交换活动之间的引发与重组。在目标和需求作用下，操作行为日益变成无意识的行为序列，是信息交换活动的前提；另外主体与客体的交互作用导致个体能力增强、知识水平增长与认知结构改组，会影响及生成新的操作。二是信息交换活动与学习行为投入之间的驱动与阻碍。信息交换过程会驱动学习行为投入，学习者自我观察、持续性进行认知活动及持续性反思循环的过程，驱动学习行为投入的不断提升；另外学习者对投入程度的评估与归因则会影响行为意向，决定学习者寻求开启新学习循环的渴望程度，从而进一步影响学习行为投入的水平。此外，该模型还包括一个单向过程，即学习行为投入度的高低导致学习绩效的相应变化。

基于以上分析，可以将在线学习行为投入做如下界定：基于学习目标和动机，在学习活动系统的调节作用下，与在线学习环境进行信息交换活动所达成的积极、持久行为活动。其本质特征是基于线上线下的双重教育供给，整合认知与元认知策略的适应性调节学习行为。

在线学习行为投入理论模型中，学习行为序列、信息交换活动与在线学习行为投入整合于统一框架内。学习者基于学习目标和动机，在目标定向的指引下，在活动系统中达成对任务目标的检测、调整与控制。因此，在线学习行为投入可以从学习者对信息交换活动的适应性调节过程进行描述。

1. *多维度、自定步调是信息交换活动的本质特征*

传统“混合学习”并不突出移动设备的实时在线、互联及跨边界特性。“互联网＋”混合学习环境中移动媒体的便携与联通特性，更强调多维度的信息交换活动。多维度特性体现在四个方面：一是学习者利用学习内容与资源的便捷性、充分性、途径多样化性；二是学习行为序列聚合与重组的跳跃性与敏捷性；三是活动系统内部体现的跨时空特性；四是立体化学习方式带来多维学习体验。

信息交换的多维度特性，极大拓宽了活动的种类、实施灵活性、自组织化及操作的弹性。学习者可以按需参与互评、反馈、沙龙、竞赛、讨论、演讲、投票、展示等多样的学习活动，围绕不同学习场景展开认知加工、信息联通与群体互动，这对学习者自控能力提出了极高的要求。信息交换活动中，自定步调体现在时间管理、进度管理、自我约束、主动构建等方面，更反映出学习者对学习活动进行适应性调节，不断优化学习状态的过程。

2. *周期反馈循环是信息交换活动与学习行为投入的中介*

“互联网＋”混合学习环境中，学习空间、物理空间、虚拟空间、混合空间融为一体，充分延展了学习的边界，并根植于学习者日常的生活与体验之中。在此情境下，信息交换活动与在线学习行为投入之间调节作用更为密切。基于社会认知论的自我调节学习视角，学习者在计划阶段的表现和信念会影响之后行为或认知阶段的调节活动。开始任务之前，学习者会努力确定学习任务的要求，拟定计划或处理该类问题的程度。在混合学习环境中，这一阶段的作用被强化，学习者更倾向于意识活动中的细节、期望取得的目标及达成目标的方法。在学习过程中，学习者不断进行信息交换活动，从横向上体现在个体基于一定步骤达成学习目标或在提示下获得对任务状态的反馈；纵向方面，体现在学习者置身于多个共同体之中，实现与其他学习者的协调。此外，学习者也会综合考虑精力分配、策略运用。以上环节相互影响，其结果指向积极、持续、有效的学习行为与学习目标的达成。

5.3.2　在线学习行为投入周期反馈循环框架

基于以上分析，构建了在线学习行为投入周期反馈循环框架，确定了持续性（persistence）、反思性（reflection）、主动性（initiative）、专注性（concentration）四维指标，即 PRIC，以表征在线学习行为投入的水平。研究从框架层次结构、周期反馈循环、框架内部交互机制、PRIC 评测维度展开阐释。

1. 框架层次结构

该框架包括在线学习行为投入、周期反馈循环及信息交换活动三个层次。

圆心位置的核心层为在线学习行为投入。从可观察的形态上表现在问题解决能力提升、学习行为持续、任务目标达成等积极有效的行为状态。从学习结果上体现在学习者新旧概念的转换、认知结构的变化。

中间层为线上线下周期反馈循环层（虚线箭头的环状标识），包括设定计划、行为策略、任务执行、观察评价组成的动力循环结构。周期反馈循环作为中间变量，直接指向个体学习时产生并保持高学习行为投入的状态。

最外层为信息交换活动层。如前所述，信息交换活动是学习行为序列在主体、客体、共同体、中介、工具、混合学习环境等要素的作用下，不断凝聚与重组，有目的地满足学习需要的最终结果。

2. 周期反馈循环

基于信息交换活动与周期反馈循环的理解，以及借鉴 Zimmerman 的自我调节学习模型，确定包含设定计划、行为策略、任务执行、观察评价的“周期反馈循环”。其中，设定计划是学习者在任务开始之前，设定成果或进程目标并提出学习计划以实现学习目标；行为策略是自我调节中的“策略和方法环节”（segment focuses on tactics and strategies）；任务执行过程是指学习者致力于学业任务，基于已有知识和信念解释任务的属性和需求，通过建构的解释，设置新的目标或者应用行为策略；观察评价是在上述表现评判基础上，判定自身成就与结果的过程。在学习过程中，学习者更有可能将自己的成败归因于所用策略，并据此做出调整，以期未来取得更好的表现。根据动力循环结构框架，学习者会不断重复以上四个调节步骤。

3. 框架内部交互机制

框架的内部交互机制参考 4.2.7 节的阐述。

4. PRIC 评测维度

1）持续性

持续性贯通“设定计划、行为策略、任务执行及观察评价”四要素，使周期循环层内部呈现顺序流动。持续性是学习行为投入产生和维系的关键。为了维系学习行为投入，学习者对动机进行调节尤为重要。持续性反映动机调节的结果，指向学习者有目的增强对任务意愿的达成过程，是周期反馈循环的核心。

2）反思性

反思性从两个方面决定了学习者保持学习行为投入的状态。首先，反思性决定学习者对周期反馈循环各阶段的适应性调节。其次，反思性决定学习者对各阶段之间的协调与控制。此过程中，学习者会从整体层面回顾任务进程与策略分配，反思所用策略的有效性，并为改善表现做必要的战略调整。

3）主动性

“主动性”调控周期反馈循环各阶段与信息交换活动，决定了学习者的行为控制与达成潜能的方式。主动性是探索与自控产生的根源，反映学习者稳定的对信息交换活动做出积极反应的态度和倾向。

4）专注性

专注性反映了周期反馈循环与学习行为投入之间的匹配程度，包括学习效率、围绕目标的深入程度及学习过程中的认知深度。这一过程的重要性在于，它在根本上决定了学习者的心理配合度与集中程度。专注性不仅会影响其学习行为投入，也会影响个体自我调节周期反馈循环中认知投入的程度。

首先建立“评测维度-学习活动”的映射关系，将学习行为投入各维度分解为不同学习场景的学习活动。根据 PRIC 评测维度的界定，“专注性”体现在学习效率、认知深度及“自我-动力”信念方面。平台对应的学习活动包括：学习者利用“课件点播”预学的掌握情况，利用“及时测评”回答教师提出的问题，以及利用“互动答疑”发表的高质量内容。“持续性”体现在与坚持、规律相关的连续程度方面。平台对应的学习活动包括：学习者利用电子书包平台学习的规律性，以及利用“课件点播”预学的规律性。反思性体现在学习者对学习各阶段的整理与回顾方面，以及从整体层面回顾任务进程情况。平台对应的学习活动包括：学习者利用“学习笔记”记录学习中的相关问题，利用“测评考试”回答拓展与迁移类问题。主动性体现在学习者主动与外界建立关联，构建自身学习网络的探索与分享方面。平台对应的学习活动包括：学习者利用“互动答疑”提出问题及回答问题，利用“三屏互动”进行演示或分享。

利用平台指标的“时间、数量、掌握情况”衡量活动的达成度，根据学习活动与平台指标的对应关系，最终建立“评测维度-学习活动-平台指标”的在线学习行为投入评测框架，如表 5-3 所示。该框架摒弃了基于平台功能、学习的不同阶段或者操作的高低层次作为界定在线学习投入的指标，以涵盖课前、课中、课后的学习活动作为关联学习行为投入与指标的桥梁，具有较好的可操作性与合理性。

表 5-3　在线学习行为投入评测框架

维度划分	学习活动 主体 + 行为 + 客体	场景	评判指标	对应平台指标
持续性	学习者利用电子书包平台学习	课前、课中、课后	时间	总计学习时间
			数量	总计学习次数
	学习者利用“课件点播”预学	课前、课后	数量	课件点播学习次数
			时间	课件点播学习时长
反思性	学习者利用“测评考试”回答拓展与迁移类问题	课后	掌握情况	课后测试分数
	学习者利用“学习笔记”记录学习中的相关问题	课前、课中、课后	数量	学习笔记条目数量

续表

维度划分	学习活动 主体＋行为＋客体	场景	评判指标	对应平台指标
主动性	学习者利用“互动答疑”以文本形式提出问题	课前、课中、课后	数量	文本形式提问数量
	学习者利用“互动答疑”以多媒体附件（图片、语音和视频）形式提出问题	课前、课中、课后	数量	多媒体形式提问数量
	学习者利用“互动答疑”以文本形式回答教师的提问	课前、课中、课后	数量	文本形式回答数量
	学习者利用“互动答疑”以多媒体形式（图片、语音和视频）回答教师的提问	课前、课中、课后	数量	多媒体形式回答数量
	学习者利用“三屏互动”进行演示或分享	课中	数量	三屏互动展示数量
专注性	学习者利用“课件点播”预学	课前	掌握情况	课件点播得分
	学习者利用“及时测评”回答教师提出的问题	课中	时间	及时测评时间
	学习者利用“及时测评”回答教师提出的问题	课中	掌握情况	及时测评分数
	学习者在“互动答疑”发表的高质量内容	课前、课中、课后	掌握情况	主题被推荐数量

5.3.3　在线学习行为投入评测框架的实证研究

1. 数据预处理

2014 年起，实验校高一年级 16 个班近千名师生使用电子书包云平台进行常态化教学，平台 5 大功能模块适用于全学科教学。为扩大学科样本，提升模型的适用性，选取语文、英语、数学 3 门具有代表性的学科，以 14 个班级学生（高一年级 1 班至 14 班）作为研究样本，对持续一学期的平台数据进行分析。

汇总数据表，学生样本量 662 人，均不存在缺失值问题。研究将三门学科加权成绩作为学习结果的度量标准，包括课程期末成绩与课堂表现打分。期末成绩从教务平台统一导出，课堂表现得分现由各班主任提供。参照校教导处分管领导的建议，最终成绩中期末成绩占 70%，课堂表现占 30%。

2. 评测框架效度分析

1）框架指标与成绩的相关分析

相关分析的结果表明，所有行为变量均与成绩显著相关：“课后测试分数”与成绩呈现高相关（$r=0.67$），解释了学习成绩中 44.6%的变异；“学习笔记条目数量”与成绩中等程度相关（$r=0.34$），解释了学习成绩中 11.6%的变异；“及时测评时间”“及时测评分数”“课件点播学习次数”“课件点播学习时长”“课件点播得分”“三屏互动展示数量”“文本形式提问数量”“多媒体形式提问数量”“文本形式回答数量”“多媒体形式回答数量”“主题被推荐数量”“总计学习时间”“总计学习次数”与成绩低相关（$0.09 < r < 0.18$），解释了 0.7%～3.3%的成绩变异。

2）框架指标的探索性因子分析

为了验证理论模型的有效性，分析数据指标的内在结构。采用探索性因子分析考察体系的最佳因素结构，以保证模型各维度之间的显著差异，以及包含的题项所代表的潜在特质具备相似性。Bartlett 检验的 $\chi^2=4359.003, P=0.000<0.05$，达到显著水平，拒绝相关矩阵是单元矩阵的假设，表明该数据集有共同因子存在，适宜做因子分析。采用主成分分析法对 15 个指标进行探索，提取特征值大于 1 的 4 个因子，4 个因子积累方差解释率为 64.96%。

其中“三屏互动展示数量”因子载荷为 0.401，故考虑删除。对删除后的 14 个指标，再次进行因子分析。转轴前 4 个共同因素的特征值分别为 3.575、2.491、2.125、1.389，4 个因子积累方差解释率为 68.43%。利用正交转轴的最大方差法后，各因子位置相对不变，4 个共同因素的特征值为 3.189、2.758、2.179、1.456，4 个因子积累方差解释率同为 68.43%。数据分析表明，提取后保留的因素适切，4 个因子能很好地解释变量作用，效度较好，因子载荷为 0.628～0.943，表示潜在变量可以有效反映各指标变量。

因子 1 包括课件点播学习次数、总计学习次数、总计学习时间、课件点播学习时长 4 个指标，指标载荷为 0.815～0.938，解释率为 25.54%，是学习行为投入的首要因子，该维度与先前构建的理论体系吻合，故将该因子定义为“持续性”。

因子 2 包括文本形式提问数量、多媒体形式提问数量、文本形式回答数量、多媒体形式回答数量、及时测评时间 5 个指标，指标载荷为 0.680～0.847，解释率为 17.80%。与先前理论体系构建相比，该维度增加了及时测评时间，研究对及时测评的应用场景进行再次考察。教学过程中，教师为了及时了解学生对若干概念、相对明确问题的评判、反应和理解，会以客观题形式向学生推送若干问题，要求学生立即作答，系统自动进行统计。根据系统对及时测评时间的界定（教师指定时间阈值减去学生作答的时间），及时测评时间在很大程度上反映出学生乐意参与、积极分享、敢于抢先的态度，应归属“主动性”的范畴。故对原体系维度进行了调整，该因子定义为“主动性”。

因子 3 包括及时测评分数、课件点播得分、主题被推荐数量 3 个指标，指标载荷为 0.713～0.922，解释率为 15.17%，3 个指标均体现出对学生学习程度的判断，与预设体系相比，减少及时测评指标，根据之前的分析，将该因子定义为“专注性”。

因子 4 包括课后测试分数、学习笔记条目数量 2 个指标，指标载荷为 0.690 和 0.869，解释率为 9.92%，指标与预先构建理论体系一致，故研究将该因子定义为“反思性”。

3）框架指标主成分回归分析

利用因子分析抽取变量主成分，利用回归方法计算并存储各因子得分，计算各因子得分与成绩的相关系数。由表 5-3 可知，4 个因子得分均与成绩显著相关，其中持续性因子、主动性因子与专注性因子与成绩呈低相关（$0.13<r<0.14$），反思性因子与成绩呈高相关（$r=0.55$）。

以 4 个因子得分为自变量，成绩为因变量，采用“进入”方法进行回归分析，以考察 4 个维度对成绩的解释程度，其中 DW = 1.518，残差自相关性较弱。利用容忍度（tolerance）及方差膨胀系数（VIF）与条件指标（CI）进行共线性诊断，预测变量之间不存在多元共线性问题。

表 5-4 给出了回归分析的详细数据。由表 5-4 可知，回归模型 P 值为 0.000，小于 0.05 的显著水平，表示回归模型整体解释变异量达到显著水平，模型回归效果显著。4 个自变量标准化系数均为正值，表示对学习结果呈现显著正向影响，4 个因子对成绩具有 36%的解释力。

表 5-4　在线学习行为投入主成分回归数据

模型	B	标准误差	Beta（β）	t	P	B 的 95%置信区间下限	B 的 95%置信区间上限
（常量）	115.332	0.656		175.915	0.000	114.045	116.620
持续性	2.967	0.656	0.141	4.522	0.000	1.679	4.255
主动性	2.652	0.656	0.126	4.042	0.000	1.364	3.941
专注性	3.082	0.656	0.146	4.698	0.000	1.794	4.370
反思性	11.694	0.656	0.554	17.823	0.000	10.406	12.982
$R=0.604, R^2=0.364$，调整后 $R^2=0.360, F=94.132$，$P=0.000$							

结合因子分析的结论及主成分回归的结果可以看出，基于“PRIC”周期反馈循环框架，根据“评测维度-学习活动-平台指标”建构的评测框架效度良好，可以较好地表征在线学习行为投入。

5.3.4　框架指标对学习结果的预测分析

1. 多元回归分析

多元回归的结果表明，课后测试分数、多媒体形式提问数量、总计学习时间、主题被推荐数量、文本形式提问数量 5 个指标变量先后进入回归方程。每个模型中的行为变量 P 值均为 0.000，小于 0.05 的显著水平，说明各模型总体回归效果显著，最终模型中的 5 个变量对成绩具有 53.4%的解释力。结合表中的 Beta 系数，最终成绩预测公式如下：

最终成绩 = 51.911 + 0.515×课后测试分数 + 0.712×多媒体形式提问数量 + 0.01×总计学习时间 + 1.285×主题被推荐数量 + 0.499×文本形式提问数量

对余下 2 个班（高一年级 15 班、16 班）学生成绩进行对比，以检验预测方程的准确率。利用 MATLAB 绘制 90 名学生实际成绩与预测成绩的对比图，如图 5-11 所示。其中，圆圈标识线为实际成绩，矩形标识线为回归方程计算的预测成绩。可以看出，预测成绩曲线与实际成绩曲线走势趋于一致，预测成绩数值能拟合大部分的数据点，证明预测模型有效。

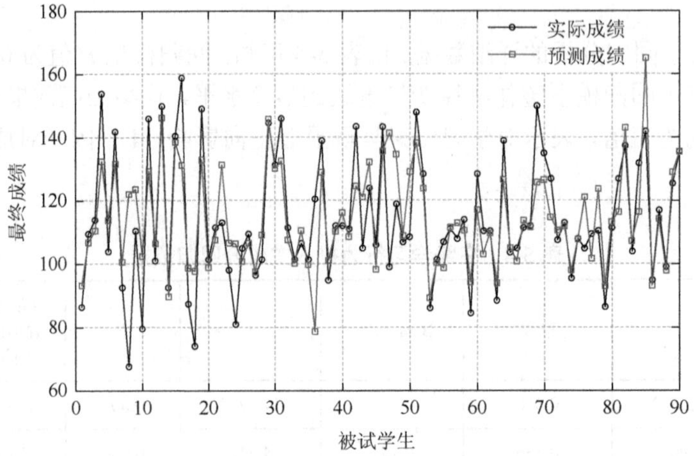

图 5-11 学生实际成绩与预测成绩对比图

研究利用平均绝对百分误差做进一步检验。平均绝对百分误差用以衡量预测值与实际值之间的误差大小，进而评判预测效果，其公式如下：

$$E_a(\%)=\frac{1}{n}\sum_{i=1}^{n}\left|\frac{y_i-\hat{y}_i}{y_i}\times 100\right|$$

其中，E_a 为平均误差；y_i 为实际值；$\hat{y}_i$ 为预测值；n 为样本数。计算平均绝对百分误差，E_a 值为 8.51。

模型有效精度为

$$100\%-8.51\%=91.49\%$$

根据专家建议，可接受误差在 10%以内。该模型满足精度的条件，具有较好的预测效度。

2. 在线学习行为投入指标权重计算

基于在线学习行为投入指标框架，利用层次分析软件 yaahp 建立层次结构模型。创建“在线学习行为投入权重调查表”，以电子档的形式分发给 7 名专家进行指标评判。调查问卷根据层次分析法的形式设计，衡量尺度划分为 9 个等级，其中 9，7，5，3，1 的数值分别对应绝对重要、十分重要、比较重要、稍微重要、同样重要，8，6，4，2 表示重要程度介于相邻的两个等级之间。综合上述结果，汇总各维度权重及计算各项指标合成权重，得出在线学习行为投入权重体系，如表 5-5 所示。

表 5-5　在线学习行为投入权重体系

一级指标	权重	量化指标	合成权重
持续性	0.3393	课件点播学习次数	0.0995
		总计学习次数	0.0319
		总计学习时间	0.0318
		课件点播学习时长	0.1760
反思性	0.2752	课后测试分数	0.1661
		学习笔记条目数量	0.1090
主动性	0.2460	多媒体形式提问数量	0.0867
		文本形式提问数量	0.0568
		多媒体形式回答数量	0.0565
		文本形式回答数量	0.0309
		及时测评时间	0.0152
专注性	0.1395	及时测评分数	0.0616
		课件点播得分	0.0482
		主题被推荐数量	0.0297

基于以上分析，由层次分析法确定在线学习行为投入指标体系，权重分值合理，符合电子书包云平台的教学实际。通过该权重指标，可以清晰地勾勒在线学习行为投入各维度及指标的重要程度，通过后续对数据指标的归一化处理，结合权重值，可以进行有效的评测。

5.3.5　学习行为投入度计算

通过标准化计算解决数据的可比性，将其转化为无量纲的数值，以便不同单位或量级指标进行比较与计算。基于在线学习行为投入评测框架，消除数据间的量纲关系，采用 min-max 标准化方法，对原始数据进行线性变换，使结果落到[0, 1]区间，转换函数如下：

$$S_{ab}=\frac{X_{ab}-m_b}{M_b-m_b},\quad a=1,2,\cdots,n;\quad b=1,2,\cdots,14$$

其中，a 为学生编号；b 为在线学习行为投入权重体系中指标编号；X_{ab} 为原始数据；S_{ab} 为标准化数据；M_b 为指标 b 的最大值；m_b 为指标 b 的最小值。

根据权重体系进行逐项分层加权计算，可以得出各学习者学习行为投入度的总分值及各一级指标的分值。加权分值可以方便地乘以相应倍数，使之转换为十分制、百分制或其他标准。

5.3.6　仪表盘信息界面设计

本节主要围绕学习仪表盘设计展开讨论，包括学习仪表盘功能框架设计及原型设计，重点探索了不同线索与数据可视化形式在仪表盘设计中的有效性。此外，对仪表盘教师端的呈现内容也进行了描述。

1. 学习仪表盘功能框架设计

1）学生端设计

结合学习仪表盘的功能、数据指标及移动终端物理尺寸，对呈现内容框架进行设计，划分界面区域。根据“复制自适应方式”建立静态呈现区域（区域 A 至区域 E）及动态呈现区域（区域 F），如图 5-12 所示。

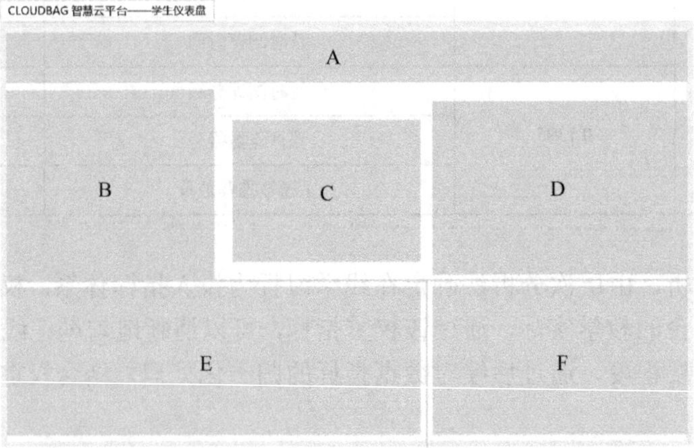

图 5-12　学习仪表盘界面功能划分

区域 A：学习者相关信息显示区域。

区域 B：PRIC 评测维度的可视化呈现。

区域 C：PRIC 评测维度的相关说明及学习提示。

区域 D：学习行为投入分值动态及分值趋势。

区域 E；核心行为指标。

区域 F：动态呈现区域。

其中，区域 A 包括学生姓名、头像图标及个人学习行为投入分值排名；区域 B 为持续性、反思性、主动性、专注性分值的可视化呈现；区域 C 为上述维度的相关说明与提示；区域 D 以“周”为单位对学习行为投入的总分值可视化呈现，并呈现分值趋势图；区域 E 为回归方程中预测学习成绩的核心行为变量，包括课后测试分数、多媒体形式提问数量、总计学习时间、主题被推荐数量、文本形式提问数量等指标；区域 F 为复制自适应区域。以上呈现数据均包含学生个体的数值及班级平均数值。各区域数据可视化方式如表 5-6 所示。

表 5-6　各区域数据可视化方式

线索类型		数据可视化方式			
AOI1	AOI3	AOI2	AOI4	AOI5	AOI6
线索（图示、放大、加粗）	线索（加粗、下划线、信号灯、三角图示）	雷达图、结构化图形（颜色）	折线图（个人分值） 折线图（班级分值） 触发折线图（个人趋势） 结构化图形（颜色）	簇状条形图 结构化图形 （颜色、触发文字）	簇状条形图

2）教师端设计

为了便于教师及时了解学生的学习进展，发现问题并及时干预，对仪表盘教师端进行设计。界面设计思路是层次简明、数据全面、方便对照与检索。教师呈现区域分为 3 个层级，首先是班级数据呈现，以折线图的形式呈现各班级在线学习行为投入的水平与各维度分值，教师可以在班级之间进行快速比较，如图 5-13 所示。

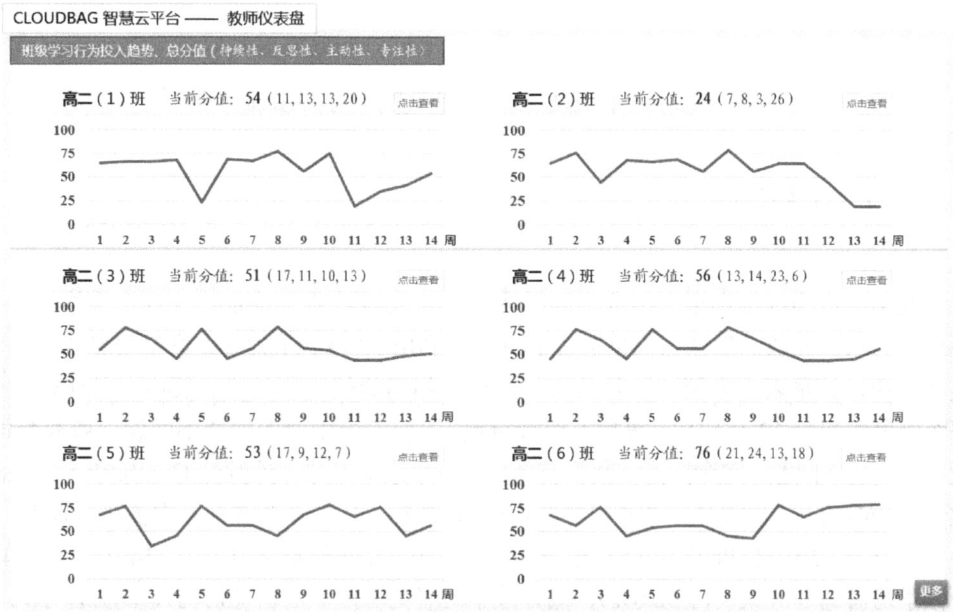

图 5-13　仪表盘教师端“班级数据”呈现界面

其次，教师可以随时进入各班级，查看班级内学生的相关状态，如图 5-14 所示。左上角为班级选择区，教师可以直接在各班级之间跳转；右侧检索区可以对学生个体进行检索；中间部分为主显示区域，包括学生姓名、在线学习行为投入趋势图、总分值及各维度分值，并给出了周排名，配以上升、下降的符号，方便教师快速把握学生的学习状态。仪表盘还呈现了学习结果的预测分值，供教师参考使用。界面左下角，教师可以通过学号排序、学习行为投入分值排序、预测学习结果排序等进行比对呈现。此外，教师也可以随时单击“详细”按钮，进入每个学习者的学习界面，查看更详细的学习状态。

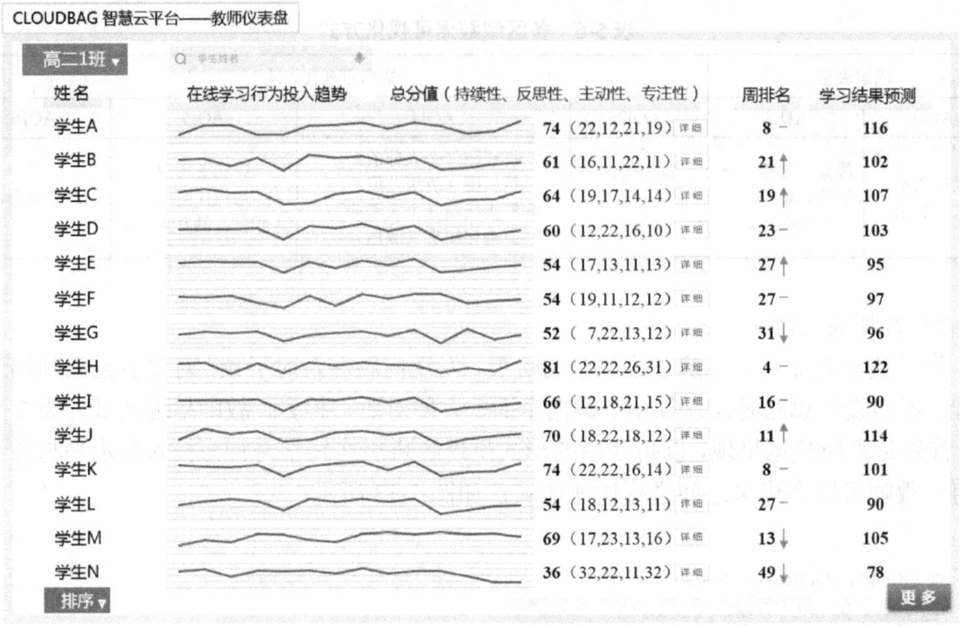

图 5-14　仪表盘教师端“学生数据”呈现界面

2. 自适应区域设计

1）在线学习行为挖掘

在线学习行为挖掘利用“模式识别技术”判定人格特质，选定“大五”人格特质中的“外倾性”与“开放性”作为人格分类的标准。利用 NEO-FFI 大五人格量表显式获取学习者人格特质，该量表内容简洁，且具有与完整版相同的信度和效度。其中，外倾性和开放性每个维度均包括 12 个题项。采用 5 级计分制，1 至 5 分别对应完全不同意、基本不同意、一般同意、基本同意、完全同意。回收有效问卷 662 份，其中，外倾性 Cronbach α 为 0.805，开放性 Cronbach α 为 0.701。“外倾性”均值为 40.56，标准差为 5.81，中值为 40.68；“开放性”均值为 42.89，标准差为 6.53，中值为 43.02。其中，低外倾学习者为 314 人（占 47.4%），高外倾学习者为 348 人（占 52.6%）；低开放学习者为 309 人（占 46.7%），高开放学习者为 353 人（占 53.3%）；独立样本 t 检验的结果显示，低外倾人格分值显著低于高外倾人格分值（$t=-30.955, P<0.001$）。低开放人格分值显著低于高开放人格分值（$t=-32.570, P<0.001$）。综合以上结果可以看出，NEO-FFI 大五人格量表适合作为本研究的分类标准。

利用分类算法对在线学习行为进行挖掘。为排除冗余变量，依次剔除平台记录指标中的“分数”变量，通过比较每次的预测精度，得出最优化模型。结果显示：基于决策树 C4.5 算法建立的模型“外倾性”预测精度为 77.42%，“开放性”预测精度为 74.24%；基于随机森林算法的预测精度有较大幅度的提升，“外倾性”预测精度为 93.94%，“开放性”预测精度为 93.89%。

2）自适应界面呈现内容

在验证“模式识别技术”判定人格特质的可行性基础之上，围绕“自适应”区域呈现内容展开研究。探索如何根据不同的人格类型，设计与之匹配的呈现内容。

（1）“人格特质-学习行为倾向-匹配场景”分析框架。

根据先前的理论阐述，建立“人格特质-学习行为倾向-匹配场景”的自适应界面分析框架。定义人格特质 P = {P1, P2, P3, P4}，其中，P1 为“高外倾、高开放”，P2 为“高外倾、低开放”，P3 为“低外倾、低开放”，P4 为“低外倾、高开放”。具体来看，外倾性的本质是衡量“社会关注”——个体在人际行为领域中建立联系的程度，行为倾向方面体现出工具使用的差异性。

教育云平台中，“高外倾”学习者通常倾向使用“合作策略”，关注社交工具使用，以及表达类数据指标；“低外倾”学习者倾向使用“自我监控策略”，关注建模工具使用，以及计划类数据指标。开放性人格的本质是衡量“创造与体验”——个体获得体验和经验的程度，行为倾向方面体现出信息分享的差异性。教育云平台中，“高开放”学习者更倾向社会性、拓展性学习，关注拓展工具使用及探索类数据指标；“低开放”学习者多采用自我定向学习，关注反思工具使用及评价类数据指标。

（2）自适应区域内容设计。

基于“人格特质-学习行为倾向-匹配场景”的自适应界面分析框架，确定自适应呈现内容。呈现内容包括“前置工具”和“数据指标”两部分。“前置工具”从教育云平台的学习工具中选择，“数据指标”排除 5 个核心指标，从平台记录的剩余指标中遴选。根据理论假设，列出每一种人格类型对应的工具使用倾向与关注数据指标，两两组合后，进行归类、排序与合并，得出最终的自适应呈现内容，如表 5-7 所示。

表 5-7　自适应呈现内容

人格类型	学习倾向及关注指标	个性化呈现内容
高外倾、高开放（P1）	工具使用倾向：交流类、拓展类； 关注数据：表达类、探索类	前置工具：互动答疑、课外阅读； 数据指标：三屏互动展示数量、多媒体形式回答数量、课件点播学习次数、课件点播学习时长
高外倾、低开放（P2）	工具倾向：交流类、反思类； 关注数据：表达类、评价类	前置工具：互动答疑、思维导图； 数据指标：多媒体形式回答数量、文本形式回答数量、及时测评时间、及时测评分数
低外倾、低开放（P3）	工具使用倾向：建模类、反思类； 关注数据：计划类、评价类	前置工具：知识地图、思维导图； 数据指标：总计学习次数、学习笔记条目数量、课件点播得分、及时测评分数
低外倾、高开放（P4）	倾向：建模类、拓展类； 关注：计划类，探索类	前置工具：知识地图、课外阅读； 数据指标：总计学习次数、学习笔记条目数量、课件点播学习次数、课件点播学习时长

5.3.7　实证研究与讨论

1. 设计原型的感知比较

1）实验设计

借鉴 Davis 修订的“技术接受度问卷”制定使用意向问卷与感知有用性问卷。使用意向问卷包括 4 个题项，感知有用性问卷包括 5 个题项，问卷采用 5 级计分制，1 至 5 分别对应完全不同意、基本不同意、一般同意、基本同意、完全同意。根据 P1 至 P4 四种人格类型相匹配的呈现内容设计界面 1 至界面 4。学习者浏览界面原型设计，对其内容呈现完成问卷评分，利用差异性检验并结合访谈的形式以验证理论假设与设计。

2）实验结果

（1）“高外倾、高开放”学习者感知有用性和使用意向差异。

以人格特质为自变量，学习者感知有用性得分作为因变量，进行方差分析。结果表明：该类学习者感知有用性存在显著性差异（$F = 93.261, P = 0.000$），表现为学习者对界面 1 的感知有用性显著高于其他界面。

而以人格特质为自变量，学习者使用意向得分作为因变量，进行方差分析。结果表明：该类学习者使用意向存在显著性差异（$F = 98.827, P = 0.000$），也表现为学习者对界面 1 的使用意向显著高于其他界面。

（2）“高外倾、低开放”学习者感知有用性和使用意向差异。

以人格特质为自变量，学习者感知有用性得分作为因变量，进行方差分析。结果表明：该类学习者感知有用性存在显著性差异（$F = 76.596, P = 0.000$），表现为学习者对界面 2 的感知有用性显著高于其他界面。

而以人格特质为自变量，学习者使用意向得分作为因变量，进行方差分析。结果表明：该类学习者使用意向存在显著性差异（$F = 99.597, P = 0.000$），表现为学习者对界面 2 和 4 的使用意向显著高于界面 1 和 3。

（3）“低外倾、低开放”学习者感知有用性和使用意向差异。

以人格特质为自变量，学习者感知有用性得分作为因变量，进行方差分析。结果表明：该类学习者感知有用性不存在显著性差异（$F = 0.313, P = 0.816$）。

而以人格特质为自变量，学习者使用意向得分作为因变量，进行方差分析。结果表明：该类学习者使用意向存在显著性差异（$F = 88.046, P = 0.000$），表现为学习者对界面 3 的使用意向显著高于其他界面。

（4）“低外倾、高开放”学习者感知有用性和使用意向差异。

以人格特质为自变量，学习者感知有用性得分作为因变量，进行方差分析。结果表明：该类学习者感知有用性不存在显著性差异（$F = 0.289, P = 0.833$）。

而以人格特质为自变量，学习者使用意向得分作为因变量，进行方差分析。结果表明：该类学习者使用意向存在显著性差异（$F = 64.876, P = 0.000$），表现为学习者对界面 4 的使用意向显著高于其他界面。

由以上结果可知，“高外倾、高开放”人格类型对应的界面 1 及“高外倾、低开放”人格类型对应的界面 2，在感知有用性和使用意向上均显著较高；“低外倾、低开放”人格类型对应的界面 3 及“低外倾、高开放”人格类型对应的界面 4 在使用意向上均显著高于其他界面，理论假设得到了初步验证。研究还对 16 名“低外倾、低开放”和“低外倾、高开放”学习者展开了访谈，进一步验证了自适应呈现内容设计的合理性。

2. 学习有效性分析

二次实验围绕学习仪表盘的学习效果，即对学习行为变化、学习成绩及相关关系展开进一步探索。搭建基于 R 的随机森林环境，根据学习仪表盘个性化设计进行系统开发。选取实验校高二（3）班（52 人，系统平台整合学习仪表盘）、高二（4）班（49 人，不整合学习仪表盘）为实验对象，两个班级师资配备相同、教学进度一致，时间从 2016 年 11 月持续至 2017 年 1 月，共计 3 个月。

1）学习行为差异

借鉴 Park 等开发的学习行为测量问卷，分析学习行为水平。该问卷针对学习仪表盘使用场景，包括 6 个题项。BC1：学习仪表盘刺激了我的学习动机；BC2：我会定期参照仪表盘的信息；BC3：我会根据仪表盘信息进行反思；BC4：学习仪表盘支撑了我的时间管理策略；BC5：我使用学习仪表盘制订学习计划”；BC6：参考学习仪表盘的行为指标会让我更加自信。问卷采用 5 级计分制，1 至 5 分别对应完全不同意、基本不同意、一般同意、基本同意、完全同意。利用独立样本 t 检验比较实验组和对照组在学习行为水平上的差异。结果显示：实验组显著高于对照组（$t=7.667$、$P<0.001$）。从各题项上看，BC1（$t=4.727$、$P<0.001$）、BC2（$t=7.445$、$P<0.001$）、BC3（$t=6.782$、$P<0.001$）、BC6（$t=3.629$、$P<0.001$）均存在显著性差异。这表明：在学习仪表盘的介入下，学习者的学习动机、反思能力、计划个人成就及自信方面显著增强，并且可以把仪表盘信息和个体行为变化联系起来。因此，可以认为学习仪表盘强化了预期的学习行为。

2）学习成绩差异

以语文、数学、英语的期末均分作为最终成绩衡量标准，利用独立样本 t 检验比较实验组和对照组在成绩改变上的差异。结果显示：实验组显著高于对照组（$t=2.592$、$P<0.05$）。

3）学习行为与成绩的相关关系

利用双变量相关考察学习行为水平与成绩之间的相关关系，相关系数为 $r=0.683$、$P=0.000$，两者显著正相关，利用平均数加减一个标准差，划分为学习行为水平高中低分组。其中，学习行为水平低分组与成绩的相关系数为 $r=0.6831$、$P=0.001$，中分组与成绩的相关系数为 $r=0.464$、$P=0.006$，高分组与成绩的相关系数为 $r=0.210$、$P=0.512$。结果表明，对于低分组与中分组，学习行为水平与成绩之间存在显著正相关。以学习行为水平高中低分组（分别对应图 5-15 中组别 1、2、3）为自变量，成绩为因变量，进行方差分析。结果表明：三组学习者在成绩上存在显著性差异（$F=88.046$，$P=0.000$），表现为低分组成绩显著低于中分组。

图 5-15 可以清晰地看出这一趋势，随着学习行为水平的提升，成绩逐步上升，随着组别的增加，递增幅度呈下降态势。作为学习分析系统的“意义建构”重要部分，基于个性化设计的学习仪表盘通过遴选特定的数据指标，促进学习者将目标状态和当前任务状态进行对照，从而提升特定的行为表现；通过恰当的呈现方式放大学习者的感知，使其学会自我监控与监督；通过推送匹配人格特质的数据指标强化使用动机，使学习者将学习作为一个积极的过程去追求，从而增加自我控制能力，助力学习目标的达成。

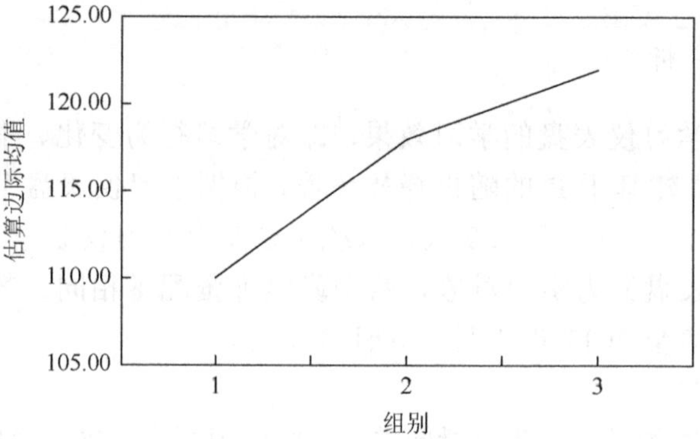

图 5-15　成绩的估算边际均值

这在对学习行为与成绩的差异分析中得到了证实。研究也发现，学习行为水平更高的学习者，并未体现出更高的学业成就。推测其原因是不同学业成就学习者对数据指标理解程度的差别造成的。特定数据指标的强化与反馈可能对中低学业成就者更有效果，因为他们不能较为全面地了解与其他人的差距，而这种比较对高学业成就者可能不是必要的。此外，高学业成就者本身具备较强的学习动机，他们的目标设置多为提前自发的行为而很少被外界因素激励，这会导致学习仪表盘的干预作用减弱。

"互联网 + "教学的弹性与开放特征允许学习者实施更多自我导向的学习。学习仪表盘通过扮演提示的角色，让学习者了解自我调节过程中目标和当前状态的差异，从而促进学习绩效的提升。因此，学习仪表盘呈现信息是否能满足具有差异的学习者是设计的关键。基于人格特质的"复制自适应"方式可以很好地解决数据呈现的全面性与有用性，以及个性与共性之间的矛盾。在个性化呈现内容的同时保持界面相对稳定，具有较好的应用前景。

思考题

（1）阐明学习分析工具的设计流程。

（2）给出学习行为投入理论模型，阐释在线学习投入评测框架的研究思路。

（3）结合所学内容，设计一个可视化学习分析工具，使用原型制作工具制作其原型。

（4）案例研讨

材料 1：美国马里兰大学"自我检查活动"。

美国马里兰大学在 2007 年开设了"自我检查活动"（CMA），这个学生自我检测评估工具利用数据仓库集合从学生管理系统中获取的背景资料、等级等学习者档案信息数据，以及从 Blackboard 平台中收集的课程访问次数、时间、点击次数等学习者与系统的交互数据，作业成绩等智能数据。该系统在集成两类数据后通过 Google Analytics 对学生数据进行提取分析，形成可视化分析报告提供给师生。学生根据分析报告中的可视化描述，可清晰地了解自己的学习情况及学习活动的参与度，同时该系统支持同学之间进行匿名比较，使他们能快速了解自己在班级中的活跃度及所处位置等。学生通过实时更新的个人化反馈，及时修正自己的行为；对于使用的教学材料，教师也可以进行相关干预。

CMA 项目的实施对学生的学习起到积极的推动作用，在为期两年超过 110 门课程的跟踪调查中，有 39%的学生等级有较为明显的提升。

材料 2：美国普渡大学“Course Signals”。

“Course Signals”项目于 2007 年实施。基于 Blackboard 平台，Course Signals 系统对学生数据进行搜集。数据来源主要有两类：一类包括学术地区、种族、性别、奖惩、前期学业历史、与系统交互次数、课程努力程度等一系列学生特征的数据，此类学生信息帮助生成学生档案；另一类来自课堂表现，即学生所获学分百分比的数据。系统结合两类数据，并根据 SSA 分析计算得出每位学生的数据，根据数据在学生和教师端显示红、黄、绿三色信号灯预警。系统进行有效干预，推送合适的学习资源帮助学生完善学习过程；学生也可以及时进行自我修正，有效避免了毕业周期延长的现象；同时教师也能及时发现学生的各类问题。对比数据发现，使用 Course Signals 系统后，成绩为 A、B 的学生增加了 10.37%，学生的整体学习成绩有了明显提升。

问题探讨：

①以上两个案例体现了学习分析应用的哪些优势？

②两个案例的分析方法有何差异？

③在获取相关教育数据的时候，要注意哪些方面的问题？

参考文献

崔华春. 2013. 信息设计. 北京：中国建筑工业出版社.
戴伟辉. 2018. 现代远程教育发展新转变：从 Internet + 到 AI + 和 Neuro + . 现代远程教育研究，(2)：3-13.
葛道凯. 2012. 教育数据挖掘. 北京：教育科学出版社.
郭炯，郑晓俊. 2017. 基于大数据的学习分析研究综述. 中国电化教育，(1)：121-130.
韩锡斌，黄月，马婧，等. 2017. 学习分析的系统化综述：回顾、辨析及前瞻. 清华大学教育研究，38 (3)：41-51，124.
何克抗. 2016. “学习分析技术”在我国的新发展. 电化教育研究，(7)：5-13.
李爽. 2016. 基于学习分析的在线学生支持. 北京：中央广播电视大学出版社.
李爽，钟瑶，喻忱，等. 2017. 基于行为序列分析对在线学习参与模式的探索. 中国电化教育，(3)：88-95.
李香勇，左明章，王志锋. 2017. 数据驱动的自适应学习分析模型研究. 现代教育技术，27 (10)：19-25.
刘清堂，王洋，雷诗捷，等. 2017. 教育大数据视角下的学习分析应用研究与思考. 远程教育杂志，35 (3)：71-77.
刘三（女牙），杨宗凯. 2018. 量化学习：数据驱动下的学习行为分析. 北京：科学出版社.
刘三（女牙），李卿，孙建文，等. 2016. 量化学习：数字化学习发展前瞻. 教育研究，(7)：119-126.
毛刚. 2018. 学习分析促进学习的作用机制与内在逻辑. 电化教育研究，(5)：79-85.
王星. 2013. 大数据分析：方法与应用. 北京：清华大学出版社.
王志军，陈丽. 2014. 联通主义学习理论及其最新进展. 开放教育研究，(5)：11-28.
吴军. 2016. 智能时代：大数据与智能革命重新定义未来. 北京：中信出版社.
吴永和，李若晨，王浩楠. 2017. 学习分析研究的现状与未来发展——2017 年学习分析与知识国际会议评析. 开放教育研究，23 (5)：42-56.
武法提，张琪. 2018. 学习行为投入：定义、分析框架与理论模型. 中国电化教育，(1)：35-41.
郁晓华，黄沁. 2018. 学习分析视角下的数字化课堂互动优化研究. 中国电化教育，(2)：12-20.
张琪. 2015. 技术变革视域下学科智慧课程建设——基于“长尾”评价的研创课程探索. 远程教育杂志，(3)：88-94.
张琪，武法提. 2016. 学习分析中的生物数据表征——眼动与多模态技术应用前瞻. 电化教育研究，(9)：76-81.
张琪，武法提. 2018. 学习仪表盘个性化设计研究. 电化教育研究，(2)：39-44.
张琪，武法提，赖松. 2017. 学习仪表盘信息设计研究——基于眼动数据的整合分析. 开放教育研究，23 (6)：94-103.
张琪，谢洵. 2015. 开放教育资源平台教学有效性研究——基于学习者视角. 开放教育研究，(5)：83-91.
张琪，杨玲玉. 2016a. e-Learning 环境学习测量研究进展与趋势——基于眼动应用视角. 中国电化教育，(11)：68-73.
张琪，杨玲玉. 2016b. 基于“FLIPPER”翻转教学模式的“现代教育技术”创新实践与实证研究. 电化教育研究，(1)：110-115.
张枝实，张吉先，林卉. 2015. 量化自我技术教育应用的现状和趋势研究. 中国远程教育，(3)：66-71.
张忠占，谢田法，杨振海. 2011. 应用数理统计. 北京：高等教育出版社.
郑晓薇，刘静，高悦. 2016. 面向对象的学习分析模型的构建与实现. 中国电化教育，(10)：116-122.
周加仙. 2016. 基于证据的教育决策与实践：教育神经科学的贡献. 全球教育展望，45 (8)：90-101.

周英，卓金武，卞月青. 2016. 大数据挖掘：系统方法与实例分析. 北京：机械工业出版社.

周志华. 2016. 机器学习. 北京：清华大学出版社.

祝智庭，沈德梅. 2013. 学习分析学：智慧教育的科学力量. 电化教育研究，（5）：5-12.

Han J W，Kamber M. 2007. 数据挖掘：概念与技术. 范明，孟小峰，译. 2 版.北京：机械工业出版社.

Siemens G. 2009. 网络时代的知识和学习: 走向连通. 詹青龙，等, 译. 上海：华东师范大学出版社.

Wrox 国际 IT 认证项目组. 2017. 机器学习、大数据分析和可视化. 姚军，译. 北京：人民邮电出版社.

Arroyo I，Woolf B P，Burelson W，et al. 2014. A multimedia adaptive tutoring system for mathematics that addresses cognition，metacognition and affect. International Journal of Artificial Intelligence in Education，24（4）：387-426.

Chatti M A，Dyckhoff A L，Schroeder U，et al. 2012. A reference model for learning analytics. International Journal of Technology Enhanced Learning，4（5/6）：318-331.

Clow D. 2012. The learning analytics cycle: Closing the loop effectively. The International Conference on Learning Analytics and Knowledge, Vancouver: 134-138.

Dyckhoff A L，Zielke D，Bultmann M，et al. 2012. Design and implementation of a learning analytics toolkit for teachers. Journal of Educational Technology & Society，15（3）：58-76.

Elias T. 2011. Learning analytics：Definitions，processes and potential. Learning，（23）：134-148.

Gašević D，Dawson S，Siemens G. 2015. Let's not forget：Learning analytics are about learning. Techtrends，59（1）：64-71.

Greller W，Drachsler H. 2012. Translating learning into numbers：A generic framework for learning analytics. Journal of Educational Technology & Society，15（3）：42-57.

Henri F. 1992. Computer conferencing and content analysis//Kaye A R. Collaborative Learning Through Computer Conferencing. Berlin: Springer: 117-136.

Khalil M, Ebner M. 2015. Learning analytics: Principles and constraints. World Conference on Educational Multimedia, Hypermedia and Telecommunications.

Larusson J A，White B. 2014. Learning Analytics：From Research to Practice. New York：Springer.

Sclater N. 2017. Learning Analytics Explained. Oxford：Routledge.

Siemens G. 2012. Learning analytics：Envisioning a research discipline and a domain of practice. International Conference on Learning Analytics and Knowledge，Vancouoer：4-8.

Siemens G，Baker R S J D. 2012. Learning analytics and educational data mining：Towards communication and collaboration. International Conference on Learning Analytics and Knowledge，Vancouoer：252-254.

van Harmelen M, Workman D. 2012. Analytics series analytics for learning and teaching. CETIS Analytics Series, 1（3）：1-40.

Verbert K，Govaerts S，Duval E，et al. 2014. Learning dashboards：An overview and future research opportunities. Personal and Ubiquitous Computing，18（6）：1499-1514.

